인간의 조건

인간의 조건

지금 이곳에 살기 위하여

초판 1쇄 펴낸날 2016년 10월 20일

지은이 지그문트 바우만·스타니스와프 오비레크
옮긴이 안규남
펴낸이 이건복
펴낸곳 도서출판 동녘

전무 정락윤
주간 곽종구
책임편집 최미혜
편집 구형민 이환희 사공영
미술 조하늘 고영선
영업 김진규 조현수
관리 서숙희 장하나

인쇄·제본 영신사 **라미네이팅** 북웨어 **종이** 한서지업사

등록 제311-1980-01호 1980년 3월 25일
주소 (10881) 경기도 파주시 회동길 77-26
전화 영업 031-955-3000 편집 031-955-3005 **전송** 031-955-3009
블로그 www.dongnyok.com **전자우편** editor@dongnyok.com

ISBN 978-89-7297-843-5 03200

• 잘못 만들어진 책은 바꿔드립니다.
• 책값은 뒤표지에 쓰여 있습니다.
• 이 도서의 국립중앙도서관 출판시도서목록(CIP)은 서지정보유통지원시스템 홈페이지(http://seoji.nl.go.kr)와
  국가자료공동목록시스템(http://www.nl.go.kr/kolisnet)에서 이용하실 수 있습니다.(CIP제어번호: CIP2016023568)

ON THE WORLD
AND
OURSELVES

인간의 조건

지금 이곳에 살기 위하여

지그문트 바우만
스타니스와프 오비레크 지음
안규남 옮김

동녘

차례

일러두기

1. 맞춤법과 띄어쓰기는 〈한글 맞춤법〉에 따랐다.
2. 외국 인명이나 지명, 작품명은 〈외래어 표기법〉을 따랐다.
3. 본문에 등장하는 외서 중 국역본은 번역된 도서명을 따랐다.
4. 본문에 사용한 기호의 쓰임새는 다음과 같다.
   《 》: 단행본, 잡지, 신문
   〈 〉: 단편, 논문, 시, 영화 등
   〔 〕: 옮긴이 주

대화의
경이로움

노명우(사회학자)

우리가 존재하는 공간의 형식을 지칭하는 단어로 '세계'를 선택해보
자. 세계관이라고 거창한 단어로 표현하든 혹은 삶의 태도라는 다
소 소박한 단어로 표상하든, 우리가 각자의 촉수로 '세계'를 해석하
기 시작하면 단일한 '세계'는 돌연 단편으로 분리된다. 이렇게 조각
난 '세계'를 '세상'이라 정의해보자. 유물론적으로 정의하는 한 객관
적 실체인 '세계'는 당연히 하나이지만, 주관 영역인 '세상'은 '세계'
내에서 무한의 수로 분화가 가능하다.

때로는 한 개인이 속한 계급적 처지에 따라 '세계'는 여러 '세상'
으로 분리된다. 노동자 계급의 세상에서 자본가 계급의 세상은 별천
지로 보인다. 세대에 따라 한 세계 속에 여러 세상이 동거하기도 한

다. 경제 성장의 기적을 인생의 시나리오로 써 내려 간 세대와 성장기 이후에 태어난 3포 세대는 비록 동일한 세계에 거주해도 각 세대가 속한 세상은 서로 다르다. 여자의 세상과 남자의 세상은 심심치 않게 흑과 백의 인종 차이보다 더 강하게 서로를 밀어낸다. 개인은 각자의 세상을 갖고 있다. 세계는 지극히 개성적인 그 수를 알 수 없는 복수의 세상이 빚어내는 모자이크 형상을 닮았다.

*

폴란드는 하나의 국가 이름이다. 폴란드인도 있다. 당연하다. 지구를 하나의 세계로 본다면 한국인인 나와 폴란드에 살고 있는 어떤 사람은 동일한 세계에 거주하는 지구인이다. 하지만 한국의 세상과 폴란드의 세상은 여간해선 만날 수 없다. 2016년 가을 인천과 바르샤바를 잇는 직항 노선이 마침내 생긴다. 그리고 때를 맞추어 폴란드 출신의 사회학자 지그문트 바우만과 전 예수회 신부인 오비레크의 대화를 통해 폴란드의 지적 세상과 한국의 지적 세상은 첫 만남을 시작했다. 이 책《인간의 조건》은 폴란드가 한국에 건네는 인사말이다. "지엔 도브리Dzień dobry~~"

　　폴란드로부터의 인사말을 듣고 슬며시 자문해본다. 폴란드에 대해 무엇을 알고 있냐고? 나의 폴란드에 대한 상식은 부끄러울 정도로 빈약하다. 제일 먼저 교과서에 실렸던 김광균의 시가 빚어낸 폴란드의 이미지가 떠오른다. 그 시에 따르면 "낙엽은 폴란드 망명 정부의 지폐"다. 또 다른 에피소드도 기억난다. "우리를 다스리는 분은 누구냐?"라는 러시아 장학사의 질문에 "러시아 전체의 황제 알렉산드르 2세입니다"라고 모범 답안을 말하고는 장학사가 사라진 후 선생님의 품에 안겨 울음을 터트린 마리아 스크워도프스카의 이야기다. 이 마리아 스크워도프스카는 후에 노벨상 수상자 퀴리 부인이라는 이름으로 내 머릿속에 입력되어 있다. "폴란드 망명 정부의 지폐"와 "마리아 스크워도프스카"라는 토대 위에 바웬사, 교황 요한 바오로 2세가 그리고 최근에 핫한 아이템으로 떠오른 폴란드산 도자기가 더해져도 폴란드는 여전히 알 수 없는 미지의 지방이다. 내가 기억하고 있는 폴란드에 대한 단편적인 지식과 에피소드는 폴란드라는 퍼즐을 맞추기에는 빈약하기만 하다.

*

바우만과 오비레크는 폴란드라는 퍼즐을 앞에 두고 끙끙대고 있는 우리를 돕기 위해 《인간의 조건》으로 번역되어 우리에게 나타났다. 그들의 대화에서 폴란드는 하나의 기호나 마찬가지다. 폴란드는 봉건제의 세상을 파괴하고 들어섰던 사회주의의 세상에 대한 열정과 기대, 그리고 그 기대가 무너지고 난 이후 뒤늦게 다시 찾아온 자본주의의 세상이 시끄럽게 충돌하는 양상에 대한 언어적 표현이다.

바르샤바를 떠나 영국에 정착하여 영어로 글을 쓰며 국제적 명성을 얻은 사회학자 바우만과 예수회 신부이었다가 속인으로 돌아온 오비레크, 이 둘은 모두 기호화된 폴란드를 자신의 인생의 시나리오로 기록하고 있다. 폴란드의 역사History는 바우만과 오비레크의 인생 이야기history 속에 스며들어 있다.

바우만과 오비레크가 나누는 대화 속에 폴란드는 깊숙이 스며

들어 있지만, 이들의 대화는 폴란드적으로 귀결되지 않는다. 바우만과 오비레크가 대화를 나누기 시작하면 폴란드에서 망명하여 영국에 정착한 바우만의 리즈Leeds도, 폴란드에 살고 있는 오비레크의 바르샤바Warzawa도 아닌 제3의 공간이 창출되기 때문이다. 바우만과 오비레크가 대화를 나누기 시작하면 그들은 '비아워비에자의 숲'으로 상상적 이동을 한다.

오비레크는 폴란드와 벨라루스의 국경지역에 걸쳐 있는 원시림 비아워비에자 숲을 이렇게 설명한다. 그곳은 폴란드인, 벨라루스인, 유대인이 수세기 동안 함께 살았던 터전이다. 비아워비에자 숲은 타타르인들을 받아들인 개방적인 곳이다. 이 숲 지역에는 여러 인종이 어울려 살았지만, 이 숲의 인종 집단은 각자의 개별성을 잃지 않았다. 비아워비에자 숲에서 인종이나 민족을 따지면 눈치 없는 짓이 된다. 비아워비에자 숲은 베스트팔렌 조약 이후 국민국가에 의해 국경으로 세상이 분리되던 이전의 시기, 인종이 강제적 반강제적으로 하나의 국민으로 소환되어야만 하는 '지금' '여기'의 힘이 작동하지 않는 그 어떤 곳이다.

*

사회학자 바우만과 예수회 사제 출신의 종교학자 오비레크의 대화는 어찌 보면 어울리지 않는 조합이다. 사회학은 뿌리부터 지극히 세속적 학문이다. 신을 통해서만 인간이 살고 있는 세상을 이해할 수 있다고 간주한 오랜 기간의 종교의 관점에서 마침내 인간이 벗어났을 때, 그리하여 '생각한다, 고로 존재한다"는 선언을 할 수 있었을 때 사회학이라는 학문은 탄생할 수 있었다. 사회학의 지적 전통에 따르면 종교적 관점으로부터 벗어나는 이른바 사회학의 용어로 세속화 내지는 합리화는 비록 합리화의 역설이 등장한다 하더라도 그 자체로는 긍정적인 현상이다. 세속화된 사회학의 입장에서 종교는 아주 오래전 자신이 이별했던 태고의 흔적과도 유사하다.

바우만과 오비레크는 각자 속한 세상의 차이를 너무나 잘 알고 있다. 전작《신과 인간에 대하여》에서 나눈 대화에서 그들은 각자 오비레크는 이른바 '메시아의 진영'이라는 세상에 바우만은 '프로메테우스의 진영'의 세상에 거주함을 인정했다. 사회학의 세상과 예수회의 세상이 서로 다른 전제 위에 구축되어 있음을 인정함에도 바우만과 오비레크는 대화를 나누었다. 일견 서로 거주하는 세상이 너무 달라 대화의 실마리를 찾고 있지 못한 듯한《신과 인간에 대하여》에 비해 또 다른 대화의 기록인《인간의 조건》에서 바우만과 오비레크는 더욱 성숙한 대화의 기술을 발휘한다.

《인간의 조건》에 수록된 대화에서 이 둘은 상상적 비아워비에자 숲에서 "만남이 갖는 변화의 힘"을 그리고 대화의 "경이"를 보여준다. 그 대화를 경청하고 있는 독자는 바우만과 오비레크가 경쟁적으로 소개하는 우리에게 알려지지 않았던 수많은 폴란드를 비롯한 동유럽 사상가들의 책에 담긴 내용을 보너스처럼 전해들을 수 있는 호사를 누릴 수도 있다.

바우만과 오비레크가 나누는 대화의 내용뿐만 아니라 이들이 우리에게 보여주는 대화의 형식은 어디까지나 "경이"롭다. 이들은 상대방을 제압하기 위해 대화하지 않는다. 상대방을 자신의 세상으로 당기려는 속셈으로 대화의 테이블에 앉아 있지 않다. 바우만과 오비 레크는 서로 다른 세상에 속한 상대방의 이야기를 경청한다. 경청은 자기의 세상을 다른 세상에 속한 사람에게 상세히 전달하지만, 그 전 달이 일방적 웅변으로 귀결되지 않도록 하는 장치이다. 대화는 이기 고 지는 승패를 가누는 경기가 아님을, 대화는 어디까지나 서로를 풍 부하게 만드는 사유의 기법이자 형식임을 바우만과 오비레크는 이 책에서 보여준다. 이 책의 독자는 경청의 '경이'가 대화의 '경이'를 낳는 경이로운 과정의 목격자이자 관찰자이다. 그래서 독자는 이 책 을 다 읽었을 때 '경이'로운 대화에 대한 강력한 충동을 느낄 것이다.

2016년 9월

대안은 '발견되는 것'이 아닙니다.
대안은 만들어지고 창조되어야 합니다.
그것은 저절로 존재하는 것이 아니라
우리의 시도에서 나오는 것입니다.

이 책은 믿음과 세계관의 변화를 다룹니다. 특히 정신적 변화 과정은 일단 시작되면 저지할 수 없다는 것을 이야기합니다. 이 책의 주요 주제를 한마디로 말하면, 만남이 갖는 변화의 힘입니다.

그리스인들은 경이를 지혜의 출발점이자 철학적 열정의 가장 근원적인 원인이라고 보았습니다. 그리스인들의 지적 전통은 우리 모두에게 계속해서 정신적 자극의 원천이 되고 있기 때문에, 그에 관해 의문을 제기하는 것을 일반적으로 꺼립니다. 그러나 역사적 경험은 그리스인들의 지적 전통이라고 해도 수정이 필요하다는 것을 말해줍니다. 경이만으로는 충분하지 않습니다. 새로운 경험이 수정을 요구할 경우에는 기존의 것을 어떻게 수정해야 할지도 알아야 합니다. 예를 들어 20세기의 유럽인들은 비유럽 문명들의 거울에 비친 자신들의 모습에서 유럽 문명의 한계를 보고 기존의 전통을 수정했습니다. 이와 유사하게, 오늘날 신자들은 비신자들이 이루어낸 것들에 마음을 열어놓으면서 자신들의 한계를 깨닫고, 비신자들은 마음의 숱한 괴로움과 불안을 진정시키는 종교의 힘에 놀라고 있습니다.

이와 같은 사유의 역사적 운동들은 일단 한 개인의 삶의 문제가 되는 순간 특히 매력적이 됩니다. 가톨릭 집단에서 성장한 저의 경우에는, 다른 생각을 가진 사람들을 만나면서 이런 일이 일어났습니다. 종교 이외의 원천들로부터 사유의 동력을 얻어온 사람들에게 마음을 열면서, 저는 그들의 삶의 선택들을 이끈 것이 어떤 힘인지 알고 싶어졌습니다. 그들의 선택은 그들을 저의 선택과 놀랄 만큼 비슷한 탐색의 길로 이끌었습니다. 더욱이 그들의 선택은 저의 종교적 유산에 대해 제가 갖고 있던 믿음의 토대를 서서히 잠식했습니다. 10대 시절에 저의 상상력을 사로잡은 것은 문학이었습니다. 저는 몇 년 동안 문학에 몰두했습니다. 비톨트 곰브로비치의 작품을 필두로 해서 타데우시 루제비치, 스와보미르 므로제크, 스타니스와프 렘 같은 많은 작가의 작품을 읽었습니다.

이러한 체험으로 한층 성숙해진 저는 이냐시오 로욜라와 그가 16세기에 창설한 예수회 덕분에 어린 시절의 제 세계였던 가톨릭으로 돌아갔습니다. 저는 다른 종교의 신자들만이 아니라 무신론자들도 존중할 수 있는 열린 마음의 가톨릭이 있다는 것을 발견했습니다. 예수회에서 활동하면서 곰브로비치의 세계와 로욜라의 세계가 반드시 모순되는 것은 아니고 오히려 상호 보완적일 수 있다는 확신을 가질 수 있었습니다. 그런데 제 경험이 소수의 사람들과만 공유할 수 있는 것일 뿐, 결코 일반적이지 않다는 것을 깨닫게 되었습니다. 물론 사람들이 대개 일관된, 그렇기 때문에 폐쇄적인 인생 계획을 세우게 하는 자료들을 선택하고 기억하기 마련이라는 것을 제가 몰랐던 것은 아닙니다. 그래도 얼마 동안은 제가 경험한 것이 예수회 내에서 일반적인 것이 될 수도 있다고 계속 믿었습니다. 하지만 폴란드 예수회원들은 전형적인 길을 택했고 근본주의적 형태의 가톨릭을 받아들였습니다. 결국 저는 2005년에 예수회를 떠났습니다. 이제 저는 새로운 세계를 발견하게 되면 새로운 종류의 행복을 얻을 수 있다는 것을 알고 있습니다. 그것이 제가 경험한 것입니다. 이 책은 단편적이라는 한계가 있기는 하지만 그러한 경험의 기록입니다.

닫혀 있는 정신은 불안을 낳고, 이러한 불안은 비슷한 처지에 있는 다른 정신들을 끌어들여 구원을 모색합니다. 공유된 불안은 다른 사람들을 억압하고 종속시키고자 하는 욕망으로 이어지고, 선동을 조장합니다. 대화에 대한 열린 태도는 선동이나 조작과는 정반대되는 것입니다. 이는 직관적으로 분명히 알 수 있는 사실이지만, 그렇다고 해서 언제나 표현할 수 있는 것은 아닙니다. 지그문트 바우만은 제게 그러한 딜레마에서 벗어날 길이 있다는 확신을 심어준 사람 중 한 명입니다. 그렇기 때문에 저는 예수회 저널에 실린 그의 글로 만족할 수 없었습니다. 그 이상을 알고 싶었습니다. 저자에게 직접 묻고 싶었습니다. 다행히도 소망을 이룰 수 있게 되었습니다. 바우만이 제게 보낸 서한 중 하나를 인용하면 이렇습니다.

대안은 '발견되는 것'이 아닙니다. 대안은 만들어지고 창조되어야 합니다. 그것은 저절로 존재하는 것이 아니라 우리의 시도에서 나오는 것입니다. 그것은 상황을 주어진 그대로 내버려 두기를 거부할 때 탄생하며, 상황을 변화시키려고 노력하는 과정에서 성장합니다. 대화를 지지하는 논증이 계속 펼쳐지고 대화의 미덕과 이익, 장점을 나열하는 것으로는 충분하지 않습니다. 대화를 지지하는 설득력 있는 논증이 제시된다고 해도, 진정한 대화—즉, 우리가 거부하는 견해를 고수하는 사람들과의 대화(악마가 성수로부터 도망치듯이 그러한 대화로부터 도망치는 사람들을 포함해서)—가 대안이 되기를 바란다면 그 외에 '다른 무엇'이 필요합니다. 그 '다른 무엇'은 결코 사소한 것이 아닙니다. 그것은 세계-내-존재 being-in-the-world라는 우리의 존재 양식 자체에 대한 근본적인 재검토, 다시 말해 문화혁명입니다.

그와 같은 문화혁명이 지금 우리 눈앞에서 일어나고 있습니다. 당신과 저의 노력도, 그리고 우리 대화의 두 번째 산물인 이 책도 거기에 일조하고 있습니다. 이 책은 만남과 대화의 산물입니다. 만남과 대화가 우리를 어디로 이끌고 갈지를 미리 알 수는 없지만, 이 책은 만남과 대화가 시도할 만한 가치가 있다는 것을 보여줍니다.

스타니스와프 오비레크

1장

—

고독한
방랑자들의
몽상

좋은 사회가 갖추어야 할 조건은 많지만, 저는
구성원들의 최대 다수가 존엄성을 추구할 수 있
고 존엄성을 획득할 능력을 가질 수 있도록 보
장하는 데 실질적으로 많은 관심을 기울이는 것
이야말로 가장 중요하다고 생각합니다.

지그문트 바우만
Zygmunt Bauman

악은 어디에서 오는가? 이 물음은 뱀의 꼬임에 넘어간 이브가 아담에게 선악과를 따 먹게 해서 인류사가 시작된 이래 인간을 괴롭혀왔습니다(아담이 유혹을 좋아했는지에 대해서는 거의 알려진 것이 없습니다). 이는 인간의 이야기였고, 인간의 이야기이며, 앞으로도 인간의 이야기일 것입니다. 모든 사물과 행위에 존재하는 선악의 가능성에 대한 의식 속에 그것이 계속 살아 있는 한 말입니다. 선악에 대한 의식은 언제나 선택에 대한 의식입니다. 사물과 행위가 늘 있어왔던 대로 존재할 필요가 없고 지금과 다르게 존재할 수 있다는 의식입니다. 그런 점에서 선악에 대한 의식은 우리가 지속해왔고 지금도 하고 있고 앞으로 하려고 하는 행위 방식과 다르게 살아가고 행위를 할 수 있는 가능성에 대한 의식이기도 합니다. 결론적으로 말해, 선악에 대한 의식은 대안들에 대한 의식입니다. 대안들에 대한 의식은 선택의 필요성에 대한 의식이고, 선택의 필요성에 대한 의식은 자유에 대한 의식이며, 자유에 대한 의식은 선택에 따른 책임에 대한 의식입니다. 그리고 바로 이 책임에 대한 의식이 우리를 인간으로 만듭니다.

아담과 이브가 금단의 열매를 따 먹은 이후로, 그들의 후손들은 자유입니다. 인간은 사물이 지금과 다르게 존재할 수 있고 자신이 지금과 다르게 행위를 할 수 있다는 것, 즉 자신이 다른 선택을 할 수 있다는 것을 알고 있기 때문에 자유롭기를 멈출 수 없습니다. 더욱이 인간은 선악의 차이에 대한 의식, 즉 선택의 자유가 책임을 지운다는 것을 알고 있습니다. 선택의 자유에는 선택 결과에 대한 책임이 따릅니다. 자유롭다는 것은 선택에 책임을 진다는 것입니다. 우리가 너무나도 잘 알고 있듯이, 선택은 선과 악 사이의 선택입니다. 더 크거나 더 작은 선과 더 크거나 더 작은 악 사이의 선택입니다. 그러므로 책임과 자유는 최고의 외과의라고 해도 분리할 수 없는 샴쌍둥이 같은 것입니다. 자유에는 반드시 책임이 따르고, 자유가 지속되는 한 책임도 지속됩니다.

악은 어디에서 오는가 하는 물음으로 인한 고뇌는 결국 양도 불가능한 책임으로 인한 고뇌입니다. 그것은 자유로운 인간이 자유를 누리는 대신에 치러야 하는 대가입니다. 그것은 자유를 버리지 않는 한 결코 떨쳐버릴 수 없는 괴로움입니다. 하지만 아시다시피, 아담과 이브의 후예들은 선악의 차이를 모르던 지복 상태, 다시 말해 지복을 인식하지 못하던 지복 상태로 돌아갈 수 없습니다. 케루빔, 천사의 불칼, 그리고 무엇보다도 한 번 갖게 되면 결코 잊을 수 없는 선악의 차이에 대한 의식이 낙원으로 들어가는 입구를 지키고 있습니다. 하지만 그러한 의식과 그 영원한 짝인 책임을 망각하거나 저버림으로써 도달하게 되는 지복은 어떤 면에서는 속박입니다. 일단 자유를 맛본 인간은 자유를 빼앗기면 유황불이 타오르는 지옥의 가마솥 속으로 던져진 듯한 느낌을 받을 것입니다. 요컨대 우리는 결코 천국의 지복 상태로 되돌아갈 수 없습니다. 때로 그것을 꿈꾸는 사람도 있겠지만, 그러자면 위험을 감수하지 않으면 안 됩니다(우리는 그것을 꿈꿀 수 있다는 것을 대개 너무 뒤늦게 깨닫습니다).

책임의 무게를 지고 살아가는 것은 힘듭니다. 그것은 우리를 짓누르고 움직임에 제약을 가합니다. 그것은 우리의 가장 열렬한 소망의 실현을 가로막을 수 있고, 설령 가로막을 수 없다고 해도 우리의 짐을 더욱 무겁게 만들 것입니다. 책임을 피할 길은 없습니다. 책임은 가장 박식하고 세세한 데까지 원칙을 고수하는 최고의 고등법원 판사보다도 판결에 엄정하고 진리 추구에 더 엄격합니다. 세속 법정을 주재하는 판사는 변호인의 말에 설득되어 피고의 무죄를 믿게 될 수도 있고 뇌물에 넘어가 무죄 선고를 내릴 수도 있습니다. 그러나 책임을 의식하게 된 순간 우리의 마음속에 주재하기 시작하는 경찰인 양심은 어떠한 설득력 있는 논증이나 값비싼 뇌물에도 흔들리지 않으며, 졸거나 잠시 눈을 감거나 다른 곳으로 시선을 돌리지도 않습니다. 인간은 속아 넘어가거나 타락할 수 있지만, 도덕은 그렇지 않습니다.

스타니스와프 씨, 우리가 악은 어디에서 오는가 하는 물음을 던지고도 뚜렷한 답을 찾지 못하는 이면에는, 분명한 '과학적' 증거가 있는 것은 아니지만 명시적이건 묵시적이건, 의도적이건 무의도적이건, 의식적이건 무의식적이건 간에, 우리 마음 안에 절대적이고 예외 없고 타협 불가능한 도덕적 책임을 고수하는 것에 대한 저항이나 반대가 있기 때문이 아닐까 생각합니다. 이러한 저항과 반대를 지지하는 쓸데없는 장광설이나 술책, 계교 등은 흔히 볼 수 있습니다. 우리 주위에는 현혹되기를 원하고 현혹에 감사하는 정신의 소유자들이 가득하기 때문에, 그런 것들은 사람들을 현혹시킬 수 있을 것입니다. 하지만 그것들은 우리 안의 경찰을 현혹시킬 수는 없기에, 철학자라든가 학식과 아우라를 갖춘 현자, 카리스마를 가진 선동가 같은 존재들이 필요합니다.

일부 철학자라든가 최신 연구에 힘입은 유전공학자, 생화학자, 생물심리학자 등은 악의 원천을 인간의 선택의 외부에서 찾습니다. 그들은 대개 "바보야, 그것은 본성이라고!"라고 말합니다. 그들은 우리가 어떤 상황에서 악을 행하고 악에 호소하는 것은 본성 때문이라고 주장합니다. 하지만 악에 호소하는 것이 정말로 '우리'일까요? 자유의지라는 환상에 기초한 일상 언어에서는 '우리'라는 대명사를 사용하지만, 과학적 언어로는 악에 호소하는 능력은 우리의 신경 체계에서 일어나는 생화학적 과정의 작용, 즉 '우리'가 전혀 통제할 수 없는 과정의 작용이라고 할 수 있습니다. 그러한 과정은 연구하고 자세히 기술하고 수학 공식으로 표현할 수는 있지만, 어찌 됐건 지금의 지식과 기술 수준으로는 바꾸거나 막을 수 없는 과정입니다. 우리로서는 어쩔 도리가 없는 과정입니다.

일상 언어 대신에 과학적 언어를 사용해도 악을 행하고 악에 호소하는 것은 여전히 어쩔 수 없는 일이 된다는 사실이 놀랍지 않습니까? 악의 근원이 악마이건 생화학적 과정이건 간에, 그 결론은 거의 같습니다. 지금까지 인간의 의지에 지워졌던 악에 대한 책임을 인간의 선택과 무관한 비인간적 요소들 쪽으로 돌릴 수 있다는(아니, 그런 쪽으로 돌릴 수밖에 없지 않느냐는) 것입니다. 앞서 말한 과학적 연구의 배후 의도와 연구 결과에 담긴 메시지 둘 모두 일상 언어를 과학적 언어로 바꾼 덕을 보았습니다. 그나마 악마는 설득을 하거나 수 싸움에서 앞서가거나 성수를 뿌려 내쫓기라고 할 수 있었고, 악마가 시종인 인간의 동의를 구해야 할 때도 있었지만, 신경조직과 생화학적 과정을 상대로는 뭘 하고 있는 것이냐고 따져 물을 수도 없으니까요. 적어도 지금으로서는 말입니다.

효과라는 것을 메시지에 귀를 쫑긋 세우고는 서둘러 전투 대열에 합류하는 사람들의 수로 측정할 수 있다고 한다면, 철학자나 생화학자보다는 선동가의 메시지가 좀 더 현실적이고 효과적인 것 같습니다. 철학자들의 주장을 파고드는 사람은 그리 많지 않고, 생화학자들의 주장을 이해하고 싶어 하는 사람은 훨씬 더 적으니까요. 어쨌건 철학자와 생화학자의 메시지는 지식과 깊은 이해를 갈구하는 소수만이 관심을 가질 뿐입니다.

제가 선동가라고 할 때 염두에 두고 있는 것은 정치인입니다. 정치가들은 자신들이 내세우는 명분에 유리하게끔 다수의 혼란과 두려움, 불안을 이용할 수 있지 않을까 하는 희망을 품고 다수에게 의지합니다. 일반적으로 그들은 다수의 무지와 무기력이 필요합니다.

선동가들은 정교하고 치밀한 논증을 좋아하지 않습니다. 그들은 돌아가지 않고 지름길을 택하고 곧바로 급소를 찌릅니다. 곧장 문제의 핵심으로 들어갑니다. 앞에서 말했듯이, 문제의 핵심은 견디기 힘든 책임의 짐을 져야 하는 고통이기 때문입니다. 그런 짐을 지고 있는 사람들에게 짐을 치워주겠다는 약속만큼 솔깃한 회원 모집 구호는 없습니다. 그들은 집단이 책임을 지게 하겠다고 제안합니다. 혹은 그 짐을 잘 처리해서 완벽한 금고 속에 집어넣거나 전당포에서 현금으로 바꿀 수 있는 사람에게 짐을 넘기라고 유혹합니다. 이런 제안들은 공통된 특징이 있습니다. 그것들은 모두 개인에게 책임을 지는 고통에서 해방시켜주겠다고 약속합니다. "나를 믿으십시오. 내게 힘을 주십시오. 내 말을 잘 듣고 내 말대로 하십시오. 그렇게만 하면, 쫓겨나거나 낙오하지 않을까 하는 근심 걱정에서 벗어날 것입니다. 그렇게만 하면, 이것을 충분히 하지 않았다느니 저것을 지나치게 많이 했다느니 하면서 여러분을 비난할 사람이 없게 될 것입니다. 여러분을 질책하거나 모욕하거나 억압하는 사람이 없게 될 것입니다. 여러분이 하고자 하는 일에 대한 모든 책임은 이제부터 제가 짊어지겠습니다. 여기 있는 분이든, 두 번째 줄에 있는 분이든, 저기 창문 쪽에 있는 분이든, 저의 명령을 충실히 따르는 모든 분의 책임을 제가 지겠습니다." 선동가들은 전령이나 사자使者로 자처하면서 자신의 이름이 아니라 '대의명분'을 내세워 명령과 복종의 문제를 피해가기도 합니다. 그들은 대체로 '나'보다는 '우리'라는 단어를 사용하면서 자신이 내리는 명령을 '함께 살고, 함께 죽자'라는 그럴듯한 말로 포장합니다. 하지만 뭐라고 하든 간에, 결국 그들은 벌 받을 짓이나 죄가 되는 행위라도 자신들의 명령이나 대의명분을 따르는 것이기만 하면 죄를 면할 수 있다고 주장하는 것입니다.

이것은 솔깃한 제안, 거절하기 힘든 제안입니다. 악행에 책임을 져야 한다는 두려움에 떨 필요가 없는 천국으로 데려다주겠다는 약속이나 다름없으니까요. 특히 다른 사람들에게 해를 끼치지 않으려고 노력했지만 돌아온 것이 아무것도 없음을 경험한 사람들, 다시 말해 인간적 존중과 만족스러운 삶을 위해 도덕적 책임을 졌다가 좌절을 맛본 사람들에게 이것은 무시하기 힘든 제안입니다.

스타니스와프 오비레크
Stanisław Obirek

내가 이브나 아담과 같은 경험을 처음 한 것이 언제였을까? 당혹감이나 극도의 부끄러움을 처음 느낀 것이 언제였을까? 도덕적 책임을 처음으로 의식하게 된 것이 언제였을까? 제 삶에서도 순진무구한 지복 상태에서 깨어난 때가 분명히 있었을 것입니다. 하지만 아무리 생각해봐도 떠오르는 것이 아무것도 없습니다.

아주 어릴 때부터 제 마음속에는 성 안토니우스(기독교 역사상 처음으로 수도 생활을 창시한 인물로 알려짐. 3~4세기에 이집트에서 살았으며 '사막의 교부', '모든 수도자의 원조', '은수자들의 아버지' 등으로 불림)처럼 여러 가지 괴물과 이상한 상상이 뿌리를 내리고 둥지를 틀었습니다. 도대체 이러한 악은 어디에서 왔던 것일까요? 제가 학교도 다니기 전부터 배우기 시작한 교리문답에 따르면, 그 답은 원죄peccatum originale입니다. 이 개념은 성 아우구스티누스에 의해 정식화되었고, 후대의 학자들에 의해 다시 능동적 원죄peccatum originale originans(아담이 선악과를 따 먹은 죄를 가리키며 '기원 죄'라고도 함)와 수동적 원죄peccatum originale originatum(애초에 아담으로 하여금 선악과를 따 먹게 한 욕망 자체, 다시 말해 아담이 능동적 원죄를 짓도록 만든 원죄를 가리킴. 그러므로 아담은 수동적 원죄의 상태로 태어났고, 능동적 원죄를 지음으로써 수동적 원죄를 세상에 드러낸 것이 됨)로 구분되었습니다. 그런데 성 아우구스티누스가 뭐라고 이름을 붙였건 간에, 중요한 것은 이름이 아니라 개념이었습니다. 왜냐하면 그 개념은 뱀의 머리를 가진 히드라를 물리칠 가능성을 열어주었기 때문입니다.

　죄에 이름이 붙고 모두가 죄의 결말을 알게 되면서 치료법, 즉 악을 이겨낼 수 있는 효과적인 방법도 찾아낼 수 있었습니다. 그리하여 우리에게는 그 방법을 이용할 일만 남았습니다. 물론 마음속에서는 의심이 소용돌이쳤고 구원의 길을 제시하는 사람들의 말에 언제나 확신을 가졌던 것은 아니지만, 그 또한 해법을 찾아냈습니다. 엑스 오페레 오페라토!ex opere operato!(말 자체로는 '이행된 행위에 의해'라는 뜻이지만, 가톨릭에서는 성사를 집전하는 사람의 개인적 성덕과 무관하게 그리스도의 구원 행위인 성사 그 자체로서 은총이 전해진다는 것을 의미함. 가톨릭에서는 '사효적으로' 혹은 '사효성事效性'이라고 옮김. 이와 대비되는 개념으로 성사 집전자나 성사 수령자의 성덕이나 의향에 따라 성사의 은총이 영향을 받는다고 보는 인효성ex opere operantis이 있음) 이 해법에 따르면, 모든 것이 잘되도록 만드는 것은 인간도, 인간의 도덕적 태도도 아니고, 하느님의 신비한 뜻에 의한 성사 행위 자체입니다. 치료에 순종하기만 하면, 모든 것이 분명해지고 단순해지고, 모든 의심이 사라지고, 모든 불안이 가라앉게 된다는 것입니다. 원죄를 뜻하는 폴란드어〔그제흐 피에르보로드니, grzech pierworodny〕가 라틴어 페카툼 오리기날레peccatum originale와 어떠한 친연親緣 관계에 있는지는 알 수 없지만, 폴란드어로 원죄라는 말에는 돌이킬 수 없는 분리라는 의미가 들어 있습니다. 최초의 분리는 죄 중의 잉태의 순간에 일어났습니다(이 신비스러운 일에 대해 성 아우구스티누스가 달리 뭐라고 말할 수 있었겠습니까?). 두 번째 분리는 저주받은 출산의 순간에 일어났습니다. 그 순간에 저는 어머니의 낙원 같은 자궁을 떠나 적대적인 세계로 내던져졌습니다. 잉태와 출산이라는 이 두 사건이 저를 이 세상에 존재하게 했습니다. 깊이를 알 수 없는 원죄의 심연에서 저를 구원해준 것은 부모님의 품 안에 있는 제 이마에 흘러내린 세례대의 성수였습니다. 세례를 받고 호기심 가득한 세상을 접하게 된 뒤, 어린 저의 마음을 채워준 것은 고백과 첫 영성체였습니다. 그 뒤에 견진성사를 받았고 사제가 되는 길을 선택했습니다. 그리고 마침내 천국으로 가는 길에 들어설 수 있고 다른 사람들을 그 길로 이끌 수 있는, 기독교인의 마지막 꿈인 사제가 되었습니다. 지그문트 씨, 저한테는 당신이 말한 문제들과 딜레마들에 대한 답이 이미 주어져 있었습니다. 저는 어린 시절부터 교회가 보장한 치료법들을 따르기만 하면 되었습니다. 다른 것은 아무것도 할 필요가 없었습니다. 하지만 모든 것이 가슴에 와 닿았던 것은 아니었습니다. 제 마음이 다른 치료법들을 찾아내면서, 저는 구원을 약속하는 성사의 마법적이고 기적적인 힘에 완전히 순종하지 않게 되었습니다. 친구들의 말처럼, 저는 신앙심은 너무 부족하고 이성과 의심이 너무 많았던 것 같습니다.

바로 여기에 근본적인 문제가 있습니다. 성사가 약속하는 희망이 실현될 수 없는 것이라면, 어떻게 해야 할까요? 지금도 여전히 제 생각을 사로잡고 있는 것은 세례가 약속하는 자비로운 지복이 아니라 분리, 파열입니다. 친애하는 지그문트 씨, 당신은 우리 문명이 아우구스티누스 때부터 원죄 개념을 도입하고 원죄를 씻는 방법들을 제시함으로써 분리, 파열의 문제를 해결해왔다고 말했습니다. 하지만 플라톤Platon과 소크라테스Socrates의 사상을 기독교적으로 재해석하고 교파를 막론하고 모든 기독교인이 가장 위대한 사상가로 꼽는 인물이 사실은 문제를 훨씬 더 깊은 심연으로 밀어 넣은 사람이라면 어쩌시겠습니까? 만일 그렇다면, 에덴동산에서 처음 시작되었고 본질적으로 답할 수 없는 당신의 물음의 출발점인 귀머거리들끼리의 끊임없는 대화를 어떻게 설명할 수 있을까요? 창세기 3장의 처음 몇 절은 아우구스티누스도 불평했을 만큼 원죄에 관한 언급이 너무 간략합니다(이에 관해서는 나중에 이야기하도록 하겠습니다). 아담과 이브의 이상한 행동을 보고 걱정이 된 하느님은 아담에게 금단의 열매를 먹었느냐고 묻습니다. 아담은 그렇다고 실토하지만 그 책임을 이브에게 돌립니다. 이브 역시 핑계를 댑니다. "그러자 아담이 말했다. 당신께서 저에게 짝지어주신 여자가 그 나무에서 열매를 따 주기에 먹었을 따름입니다. 그러자 영원하신 하느님께서는 이브에게 물었다. 어쩌다가 이런 일을 했느냐? 이브도 핑계를 댔다. 뱀에게 속아서 따 먹었습니다."(창세기 3장 12~13절) 이것은 분명히 책임 회피의 이야기입니다. 책임 회피는, 잘 알려져 있듯이, 잘못을 남 탓으로 돌리는 형태를 띱니다. 제가 그런 것이 아니라 그녀가 저를 부추겼습니다! 그리고 유혹자 이브를 창조해 아담을 불행하게 만든 것은 하느님이므로, 책임은 하느님 자신에게 있습니다. 이브는 자신의 책임을 인정하지 않고 신의 창조물인 뱀에게 책임을 전가합니다. 결국 모든 것이 출발점으로 되돌아갑니다. 하느님, 우리를 이런 모습으로 창조하신 것은 다름 아닌 당신입니다! 그러나 이는 성서에 대한 완전한 해석도 올바른 해석도 아닙니다. 예를 들어, 이브의 역할에 주목한 페미니스트들은 이브가 선악과를 따 먹음으로써 오히려 우리의 눈을 열어주고 선악을 구분할 수 있게 해주었다는 해석을 제시하기도 했습니다.

　이런 주장에 따르면, 선택의 결과를 생각할 줄 모르는 채 가장 맛있는 풀만 찾는 초원의 소와 다를 바 없었을 인간이 도덕의식과 행위 평가 능력을 갖게 된 것은 최초의 어머니인 이브 덕분입니다. 신학은 이번에는 복된 죄felix culpa—전능하신 하느님이 회개하는 영혼에게 기쁨을 느끼게 해주기 위해 개입할 기회를 갖게 해주는 복된 실수와 이탈—라는 찬미의 노래를 듣고나옵니다. 하지만 회개는 쉽지 않고, 자비는 원한다고 주어지지 않으며, 실수의 결과는 사라지지 않습니다. 오히려 저는 페미니스트들의 해석처럼 선악의 문제 앞에서 이브가 보여준 용기와 성숙함에 감사합니다. 그렇다면 유혹은 어떻게 볼 수 있을까요? 제 생각에, 뱀은 아담도 유혹했을 것입니다. 그러나 아담은 생각 없는 지복 상태를 선택했고, 그를 이 잠에서 흔들어 깨운 것은 이브였습니다. 쾨니히스베르크의 은둔자 칸트Immanuel Kant를 독단의 잠에서 깨운 데이비드 흄David Hume의 냉철한 목소리는 칸트에게는 뜻밖의 행운이었습니다. 마찬가지로 이브에게 호기심은 고통의 시작이었지만, 또한 새로운 시각의 열림이기도 했습니다. 따라서 우리는 지나치게 우울한 신학적 사변에 빠진 종교 사상가들처럼 이브를 비난할 것이 아니라, 오히려 유혹자 이브에게 감사해야 합니다.

제 생각에, 아담과 이브의 이야기는 많은 점에서 우리에 대한 이야기입니다. 우리가 어떠한 존재인지에 대한 설명입니다. 귀스타브 플로베르Gustave Flaubert는 성 앙투안의 유혹을 주제로 중세 화가들이 그린 그림들을 보고서 성 앙투안이 받은 유혹의 신비를 설명하고자 했습니다. 플로베르의 생각에는 신앙에 방해가 되는 것은 거룩한 은자에게 출현하는 괴물들만이 아니라 신앙의 망상과 결함을 폭로하는 19세기의 과학도 신앙의 장애물이었습니다. 매우 의미심장하고 흥미로운 일화에 따르면, 플로베르는 친구들에게 성 앙투안에 대한 이야기를 나흘 동안이나 읽어주면서 듣기만 하고 말을 가로막거나 토를 달지 못하게 했답니다. 결국 녹초가 된 친구들은 플로베르에게 원고를 불 속에 던져버리라고 말했다고 합니다. 다행히도 그는 친구들의 말을 따르지 않았고, 이 소설이 폴란드어로 번역된 덕분에 우리는 종교적 신화를 다룬 이 흥미로운 세계를 접할 수 있었습니다. 그런데 이 소설이 우리의 물음에 답을 줄까요? 19세기에는 분명히 답을 제공했지만, 오늘날의 우리는 그것이 답이 될 수 있는지 검토해 보아야 합니다. 제 안에 뒤얽혀 있는 모순들을 중세 플랑드르 회화의 거장들처럼 그려내는 것은 제 능력 밖의 일입니다. 또한 저는 플로베르처럼 우리 시대를 가차 없이 진단할 능력도 없습니다. 제가 할 수 있는 일이라고는 그저 사태의 추이를 놓치지 않고 바짝 따라가는 것

뿐입니다. 중세와 19세기 프랑스에서는 마니교적 불신(마니교는 눈에 보이는 세계와 육체를 악한 것으로 보고 불신함)이 배어 있는 기독교 금욕주의의 영향 때문에 무엇보다도 육체의 욕망에 대한 억제가 중요했던 것 같습니다. 그러나 21세기인 지금, 악마들은 다른 모습으로 우리에게 다가옵니다. 적어도 제가 보기에는 그렇습니다. 제 꿈과 욕망은 중세나 19세기 프랑스 시절의 꿈과 욕망과 다릅니다. 저는 그때와는 다른 유혹들에 시달리고 있는데, 그것들을 뭐라고 불러야 할지 모르겠습니다. 정확히 말하면, 그 유혹들에 이름을 붙일 용기가 제게 있는지 의문입니다. 치료의 출발점은 진단이지만, 우리가 항상 질병에서 벗어나기를 원하는 것은 아닙니다.

저는 우리 시대의 서로 갈등하는 경향을 화해시키고 싶습니다. 저는 한편으로는 개인주의에, 그리고 자기 자신의 삶의 시나리오를 쓸 수 있는 가능성에 끌립니다. 다시 말해 모든 개인이 자신이 하고 싶은 대로 자기 삶의 시나리오를 추구할 수 있고 추구해야만 한다고 생각합니다. 하지만 다른 한편으로는 그러한 시나리오가 동료 인간들에게 얼마나 고통을 주는지 잘 압니다. 오랫동안 어떤 집단에 속해 같은 길을 걷다가 그 집단을 떠나 고독한 방랑의 길을 걷는 사람들은 극심한 어려움을 겪습니다. 그들에게는 '수정주의자', '배신자', '변절자'라는 비난이 가해집니다. 그나마 이 비난은 대단히 온건한 편에 속합니다. 어찌 됐건, 삶의 진실은 집단에 대한 충성이 아니라 자신에 대한 충실성에 있고, 하나의 집단에 속한다고 해서 구성원 모두가 언제나 공통의 인생 계획을 가질 수는 있는 것은 아닙니다. 하지만 우리가 과연 집단에 대한 충성이라는 덫에서 벗어날 수 있을까요? 저는 그럴 수 있다고 봅니다.

선악에 대한 의식이 선택을 가능하게 하는 한, 축적된 삶의 경험은 우리에게 상호 가해의 가능성을 일깨워줄 것이고, 실제로 일깨워줍니다. 우리가 상호 가해의 가능성에 관해 거의 아는 바가 없고, 미디어가 상호 가해의 가능성은 전무하다고 우리를 열심히 설득하고 있다는 사실은 중요하지 않습니다. 레흐 니자코프스키Lech Nijakowski는 최근에 펴낸 《복수의 쾌락The Pleasure of Revenge》이라는 책에서 많은 사람이 타인에게 아픔과 고통을 줄 수 있는 가능성을 통해 힘의 증가와 이상한 쾌락을 느끼는 현상에 대해 쓴 바 있습니다. 타인에게 가할 수 있는 고통은 꼭 육체적인 것만이 아닙니다. 불편한 길동무들을 제거하고 처리하는 방법은 다양합니다.[1] 우리는 말이라는 것이 사람을 얼마나 괴롭힐 수 있는지, 인간의 존엄성을 얼마나 해치고 더 나아가 파괴까지 할 수 있는지 잘 알고 있습니다. 이러한 악과의 경계선 앞에서 그대로 주저앉을 수밖에 없는 것일까요? 경계선을 넘어 이해의 실을 엮을 수는 없는 것일까요?

타인들을 괴롭히고 폭력을 휘두르는 사람들은 대개 가장 힘들고 어려운 처지에 놓여 있는 사람들입니다. 만일 그들 주위에 있는 사람들이 사회적 불만을 이용하는 데 골몰하는 온갖 부류의 영리한 정치가들과 선동가들이 아니라 그들의 마음속 깊은 곳에 있는 욕구를 이해하고 공감하는 사람들로 바뀐다면 어떻게 될까요? 격렬한 폭도가 자진해서 다른 사람들을 돕는 비이기적인 존재로 바뀔 수도 있지 않을까요? 이를테면 라틴 아메리카 국가들에서는 바티칸의 경고에도 불구하고 수천 명에 이르는 해방신학자들이 수백만 명의 영적·지적 각성을 위해 수십 년간 교회의 기초 공동체들과 함께 활동하지 않았습니까? 그곳에서는 불가능한 일이 실현되었습니다. 마르크스와 성서가 손을 잡고 세계 변혁을 위한 도구가 되었습니다. 저는 폴란드에서도 이런 일이 일어나기를 꿈꿉니다. 물론 이것은 이상적인 꿈이지만, 많은 사람이 꿈꾼다면 현실이 될 수도 있지 않을까요? 브라질·페루·아르헨티나에서 가능했다면, 폴란드에서도 가능하지 않을까요? 저는 권력을 원하지도 않고, 어떠한 정치 집단이나 종교 집단을 추종하지도 않습니다. 저는 해보려는 에너지를 가진 사람들을 지지합니다. 정신적 실험들, 그리고 그러한 실험이 언젠가 현실이 될 것을 꿈꾸는 것, 저로서는 그것이면 충분합니다.

당신은 행위에 대한 도덕적 책임을 강조합니다. 저도 그것을 매우 중요하게 생각합니다. 도덕적 책임이야말로 종교뿐만 아니라 인간들 사이에서도 갈수록 심해지는 분열과 긴장을 극복할 유일한 길이라고 생각합니다. 그 구체적 표현 중의 하나가 "종교 간 평화 없이 세계 평화가 있을 수 없으며, 종교 간 대화 없이 종교 간 평화가 있을 수 없다. 서로를 알지 못하면 종교 간 대화는 없다"라는 믿음입니다. 이는 '지구윤리재단'을 세운 한스 큉Hans Kueng이 누누이 강조하는 것입니다. 또한 그것은 갈수록 고조되는 종교 간의 긴장을 극복하고자 하는 그의 노력을 떠받치고 있는 핵심 이념입니다.[2] 스위스 신학자이자 신부로서 가톨릭 체제를 비판하는 한스 큉에게 종교 간 대화는 무엇보다도 평화 실현을 위한 것입니다. 그는 이 소망을 실현하려면 무엇보다도 모든 종교인에게 적용될 수 있는 전 지구적 윤리 기준을 세우는 것이 필요하다고 봅니다. 그러자면 당연히 종교의 경계들을 넘어설 수밖에 없지 않겠습니까? 우리는 어딘가에 소속되고 싶어 하는 욕구와 자신의 도덕적 결정의 표출을 조화시킬 수 있어야 합니다. 그렇게 하는 것이 구체적으로 어떤 득이 있을까요? 득은 거의 없습니다. 아니, 전혀 없습니다. 하지만 우리가 만들고자 하는 세계에 대해 사람들이 동의하는 그와 같은 틀이 있을 때만, 우리는 낙관적인 자세로 미래를 지향할 수 있습니다.

알렉산드라 야신스카 카니아
Aleksandra Jasinska-Kania

지그문트 씨는 악은 어디에서 오는가 하는 질문을 던진 다음, 우리 조상들이 지식의 나무에 달린 금단의 열매를 따 먹은 후에 어떻게 선악의 선택과 그러한 선택에 따른 책임을 의식하게 되었는지를 설명했습니다. 그런데 지그문트 씨의 질문은 또 다른 질문을 낳습니다. 과연 무엇이 선이고 무엇이 악인 것일까요? 또한 우리의 선은 어떤 사람들에게는 악일 수 있는데, 그렇다면 (가장 가차 없고 엄정한 판단인 양심에 대한 책임을 논외로 할 경우에) 우리의 책임은 그들에 대한 책임인 것인가요?

"저는 우리 시대의 서로 갈등하는 경향을 화해시키고 싶습니다. 저는 한편으로는 개인주의에, 그리고 자기 자신의 삶의 시나리오를 쓸 수 있는 가능성에 끌립니다. 다시 말해 모든 개인이 자신이 하고 싶은 대로 자기 삶의 시나리오를 추구할 수 있고 추구해야만 한다고 생각합니다. 하지만 다른 한편으로는 그러한 시나리오가 동료 인간들에게 얼마나 고통을 주는지 잘 압니다"라는 스타니스와프 씨의 말은 바로 이 문제와 관련이 있습니다. 이는 더 깊이 생각해봐야 할 문제입니다.

창세기의 선악과善惡果 이야기를 다루는 글들은 대개 악의 문제를 단순한 불복종, 즉 금제禁制나 명령에 대한 반발 정도로 치부해버리곤 합니다. 따라서 자유는 신, 정부 당국, 지도자, 의회 등을 비롯한 모든 제도의 명령이나 금제에 복종할 것인가, 아니면 처벌과 보상 철회를 감수하고 불복종할 것인가 하는 선택이 되어버립니다. 도덕성 발달에 관한 심리학 분야에서 장 피아제Jean Piaget와 로렌스 콜버그Lawrence Kohlberg의 표현을 빌리면, 이는 관습적 도덕 혹은 타율적 도덕입니다.

성서를 보면, 아담과 이브가 천국에서 추방되고 난 뒤에 그들의 장남인 카인이 동생인 아벨을 죽입니다. 하느님은 아벨의 제물만 반기고 카인의 제물은 반기지 않았습니다. 카인의 살인 행위로 인해 악은 돌이킬 수 없이 영속적인 것이 되어버렸고, 하느님은 카인을 저주하고 카인은 "제가 저지른 잘못은 너무 커서 용서받을 수 없습니다"라고 말합니다. 하지만 오랫동안 힘들게 일해 땅에서 거둔 곡식을 제물로 바친 카인의 행위를 하느님이 알아주지 않았다는 데는 공감하지 않을 수 없습니다. 어쨌건 이 이야기에서, 악은 인정을 받기 위한 투쟁에서 생겨나고, 하느님의 판단에 대한 의심은 불복종으로 이어집니다.

알렉산드라의 의견은 성서 이야기에 대한 해석에 새로움과 복잡함을 더해줍니다. 그녀는 우리가 주목하지 않았던 문제들을 제기합니다. 그것들은 충분히 제기할 만하고 생각해볼 만한 문제들입니다. 그중 하나는 선과 악이라는 외견상 분명한 개념에 대한 물음입니다. 알렉산드라는 묻습니다. '무엇이 선이고 무엇이 악인가?' 나의 '선'은 언제 동료 인간들에게 '악'이 되는가? 저의 딜레마, 정확히 말하면 제가 택한 길과 다른 사람들이 택한 길을 화해시키려는 해결 불가능한 드라마가 이와 같이 또 다른 물음들을 낳게 되어 매우 기쁩니다. 저도 악의 문제를 단순히 권위와 권력에 대한 불복종의 문제, 금제와 명령에 대한 위반으로 축소해버리는 것은 부끄러울 정도로 지나친 단순화라고 생각합니다. 오늘날의 도덕 신학은 사회학, 심리학, 민족기술지, 인류학 같은 사회과학의 연구 성과들 때문에 판단이나 평가에서 과거에 비해 훨씬 더 조심스러운 것 같습니다. 이를테면 과거에는 인정사정없는 판단과 평가를 통해 대중의 머릿속에 지옥에 대한 생각을 갖게 만들었지만, 지금은 그렇지 않습니다.

카인의 죄도 다시 생각해봐야 할 문제입니다. 지그문트 씨의 말처럼, 그것은 과거의 사건들에 대한 연대기적 기록의 문제가 아니라 우리가 어떤 존재인지를 설명하는 원인론적 우화의 문제입니다. 분명히 창세기의 저자들은 그 문제를 심사숙고했을 것입니다. 그들은 영원히 사라져버린 목가적 생활 방식을 그리워하면서 영원히 땅을 경작할 수밖에 없게 된 것을 슬퍼했을 것입니다. 하느님에게는 농부보다 양치기가 더 소중했던 것일까요? 성서에서 카인의 죄에 대해 의문을 가질 만한 여지를 남겨둔 것은 다행입니다. 카인의 죄는 교리문답서에서 말하는 것처럼 의심할 여지가 없는 분명한 것이었을까요? 아니면 신만이 알고 있는 이유 때문에 하나의 제물만 기쁘게 받아들이고 다른 제물은 무시해버린 예측 불가능한 신의 계획 중 일부였을까요? 신의 거부가 카인의 분노를 일으키고 죄의 길을 열어주었던 것은 아닐까요? 이는 엄청난 물음이라서 기독교 신자라면 누구나 이 물음을 회피하지만, 알렉산드라의 말처럼 우리는 불행한 자들을 보면 연민을 느끼면서 무조건 비난하기를 거부합니다. 사람들이 죄를 용인한다거나 살인을 칭찬한다는 말이 아니라, 인간이 알 수 없는 이유로 빠져들게 되는 이상하고 잔인하기까지 한 행위들을 이해하려고 하다 보면 선악이라는 것이 과연 절대적으로 구분될 수 있는 것인가 하는 의문이 든다는 이야기입니다.

　카인의 불행은 우리 가운데 있는 카인들에게 더 관심을 갖고, 그들을 이해하고, 그들의 어두운 마음의 비밀을 풀려고 노력하게 만드는 것 같습니다. 그 결과, 최근에 급속도로 펼쳐지고 있는 기억과 기억상실에 대한 연구에 완전히 새로운 장이 열립니다. 국가는 어떤 장소와 사건은 침묵으로 회피하거나 기억에서 지우거나 망각을 선고하면서 어떤 장소나 사건은 공들여 기념합니다. 국가는 그렇게 하는 이유들을 왜 잊지 않고 기억하는 것일까요? 저는 지금 일반적인 갈등, 이른바 '정치적 역사'에 대한 이야기를 하는 것이 아닙니다. 우리가 우리 스스로에 대해 갖고 있는 이미지를 지키려고 행하는 개입을 이야기하는 것입니다. 폴 코너튼Paul Connerton은 이 주제에 관한 탁월한 저술들을 발표했습니다. 그는 "사회는 어떻게 기억하는가"(책의 제목이기도 함)라는 질문을 던집니다. 그는 또 다른 저서《근대는 어떻게 망각하는가How Modernity Forgets》에서도 같은 질문을 던집니다.[3]

물론 저는 언제라도 폭발할 수 있는 지뢰가 매설되어 있으나 발길을 돌릴 수는 없는 위험한 땅 위를 걷고 있다는 것을 잘 알고 있습니다. 그렇지만 역사는 제가 아주 쉽게 집단적 범죄로 변질될 수 있는 집단적 열정 쪽으로 가지 못하게 함으로써 저를 구해주었습니다. 그런 일에 가담할 수도 있다는 사실은 두려움을 불러일으키고 다른 일에 대해 판단할 때 신중할 것을 가르칩니다. 그런데 너무도 많은 이가 이러한 교훈을 배울 기회를 빼앗긴 채 자신들의 뜻과 달리 자신들과 후손들이 부끄러워하는 일에 가담했습니다.

지그문트 바우만

선택의 불가피성과 짝을 이루는 도덕적 고통의 기원들에 관한 성서적 우화는 중세 스콜라학자들이 능동적 원죄라는 개념을 만들어내고, 더 거슬러 올라가 성 아우구스티누스가 원죄라는 용어를 만들어내기 전부터 존재했습니다. 그것은 선과 악, 바르게 사는 것과 길을 벗어나는 것, 선과 죄 사이 선택의 기원들에 관한 우화입니다. 다시 말해 악을 행할 가능성에서 생겨나 오늘날까지 존재하는 고통, 그리고 그러한 가능성과 뗄 수 없이 연결되어 있는 선악의 선택에 대한 책임에서 생기는 고통의 기원들에 관한 우화입니다. 정확히 말해서 기원 신화라고 할 수 있는 성서의 우화에 따르면, 지금 우리가 처해 있는 상황은 보상이 아니라 벌입니다. 이전으로 되돌아갈 길도 없고 현 상황을 구원할 치료법도 없습니다. 따라서 우리 인간은 평생 이러한 상황에서 살아갈 수밖에 없습니다. 즉, 현 상황은 불복종의 죄에 대한 벌입니다.

기원 신화들, '원인론적' 신화들은 아득히 먼 과거에 일어났던 일에 관한 이야기가 아니라(혹은 그런 이야기이기만 한 것이 아니라) 끊임없이 재연되면서 매번 새로운 느낌을 주는 드라마─우리 모두가 등장인물로 참여하면서 기원 신화와 그 속에 담긴 교훈을 내면화하는 드라마─의 시나리오입니다. 따라서 우리 모두는 불복종의 유혹에 직면해 있습니다. 이 유혹 앞에서 우리가 할 수 있는 일이 별로 없기 때문에, 그러한 유혹과의 대면은 앞으로도 계속될 것입니다. 일단 굴복하게 되면, 그 유혹은 우리에게 고통을 안겨주고 고통을 지속시킵니다. 그렇기 때문에 우리는 당신이 성서의 이야기를 파헤쳐 발견한 하느님의 은밀한 계획에 따라, 다른 사람들의 등 뒤에 숨어 책임을 회피하고 악행을 변명하면서 복종의 덕으로 자신을 보호하려고 듭니다.

칼 야스퍼스Karl Jaspers[4]에 따르면, 기원전 800~200년('축의 시대') 사이에 지중해, 페르시아, 인도, 중국에서 삶의 의미와 목적에 관한 다양한 종교적·철학적 사상이 비슷한 시기에 각기 독자적으로 출현해 위대한 문명들을 형성했습니다. 이 사상들의 많은 유사성 중에서 특기할 만한 것은 '죄'라는 개념이 없다는 것입니다. 불교에는 고통이라는 벌이 따르는 탐욕, 분노, 어리석음을 가리키는 '삼독三毒'이라는 개념이 있을 뿐 죄라는 개념이 없습니다. 율법을 만든 신이 율법을 어긴 죄인에게 벌을 내린다든가 어떤 기구나 제도가 있어 율법을 해석하고 불복종의 죄에 대해 어떤 식으로 얼마나 회개해야 할지를 정한다든가 하는 것이 없습니다. 아시다시피 성 토마스는 죄를 도덕적 악, 즉 알든 모르든 율법(일종의 헌법 같은 최상위의 법!) 위반에서 비롯되는 악이라고 정의했습니다. 바로 여기에 문제의 핵심이 있는 것 같습니다. 가톨릭교회는 이러한 아퀴나스의 정의를 해야만 하는 것과 해서는 안 되는 것을 구분할 권한은 오직 교회에만 있다는 주장을 정당화하는 것으로 받아들였습니다. 죄는 그 자체로 타인에게 해가 되는 일탈 행위가 아니라 교회의 명령을 위반하고 교회의 절대 권력을 의심하는 것, 요컨대 법의 위반과 신의 대리인에 대한 불복종의 동의어가 되었습니다. 프란치스코 교황이 교황으로 선출된 직후에 소감이 어떠냐는 질문에 죄인이라고 느낀다고 답한 것은 이런 의미였을 것입니다. 콘클라베에서 최종적으로 선출된 교황은 신앙의 문제에서 무류적 존재로 인정됩니다. 따라서 하느님처럼 악을 제외한 모든 것을 할 수 있는 존재로 인정됩니다. 그런데 가톨릭교회에 의해 죄 없는 자들 가운데 가장 죄 없는 자로 인정된 직후에 그런 답변을 했다는 점에서, 프란치스코 교황에게 더욱 기대를 걸게 됩니다.

원죄에 대한 이 원인론적 신화의 귀결, 직접적인 귀결까지는 아니라고 해도 최소한 간접적 귀결이라고는 할 수 있는 원죄의 능동성은 애초부터 독을 품고 있으며 도덕적인 인간의 고뇌 때문에 아마 영원히 독을 품을 수밖에 없는 자기 결정, 바로 이 자기 결정의 자유입니다. 자기 행위에 대한 무책임에서 비롯된 될 대로 돼라는 식의 태도와 이미 경험했거나 앞으로 경험할 양심의 고통의 차이는 예속과 자유, 종속과 자기 결정의 차이입니다. 당신의 말처럼, 인간이 찾아낸 '치료법, 즉 악을 이겨낼 수 있는 효과적 방법'은 인간 조건을 바꾸기 위한 것이 아니었습니다(성 아우구스티누스는 원죄를 무효화하는 수단을 끝내 제시하지 못했습니다). 오히려 인간 조건을 불변적이라고 보았기 때문에 '치료법'이 필요했던 것입니다(원죄로부터의 구원과 회개는 가능하지만, 원죄를 없던 것으로 만들 수는 없었으니까요). 절대적 복종을 요구하는 목소리를 정당화하는 근거는 바로 이 불변성이고, 책임의 고통에 대한 치료법은 자발적 복종입니다(몽테뉴Montaigne에 따르면, 자발적 복종이라는 말은 에티엔 드 라 보에티Etienne de la Boétie가 사용했습니다). 아담과 이브가 추방된 이후, 낙원의 문은 굳게 닫히고 빗장이 채워졌습니다. 그 대신 우리는 선택의 자유를 행사할 수 있습니다. 하지만 우리는 선택의 자유를 자발적으로 포기하도록, 우리를 풀어줄 권능을 가졌고 우리가 계속 복종하기만 하면 그 권능을 사용하겠노라고 약속하는 권력에 굴복하도록 선고받았습니다. 그런데 '계속 복종하기만 하면'이라는 것은 '영원히'라는 말과 다를 바 없습니다. 일단 복종하게 되면, 우리는 원하든 원치 않든, 알건 모르건 복종에서 벗어날 가능성을 상실할 것이기 때문입니다.

　만일 당신이 몸을 내맡겼던 권력이 당신을 배제할 권한을 자력으로 갖게 된 것이 아니라면, 그것은 당신이 믿고 따를 만한 재량권과 배려를 갖고 있지 못한 권력일 것입니다. 당신이 몸을 내맡겼던 권력은 환속 절차도 진행시키지 않고, 당신이 절대적 복종의 규칙에서 벗어나는 것도 허용하지 않고 있습니다. "오랫동안 어떤 집단에 속해 같은 길을 걷다가 그 집단을 떠나 고독한 방랑의 길을 걷는 사람들은 극심한 어려움을 겪습니다. 그들에게는 '수정주의자', '배신자', '변절자'라는 비난이 가해집니다. 그나마 이 비난은 대단히 온건한 편에 속합니다"라는 당신의 지적은 매우 정확합니다. 이는 자발적으로(그렇습니다. 자발적으로!) 복종할 경우에는 마치 해지解止도 '심경 변화'도 불가능한 속박에 들어간 듯이 느끼게 된다는 것을 의미합니다. 당신이 몸을 내맡긴 권력이 힘을 유지하기 위해서는, 선택할 수 있는 것이 자기 결정의 영예와 고통, 당신이 요구하는 견실한 삶(당신의 사고방식에 따르면, 견실한 삶이란 스스로 결정을 내리고 자신의 판단에 대한 모든 책임을 자신이 짊어지는 것입니다. 당신의 말처럼, '집단이 아니라 자신에게 충실한 것이 삶의 진리입니다') 같은 것일 수가 없고, 복종 아니면 지옥이어야만 합니다. 불복종의 대가는 지옥처럼 끔찍한 것이어야만 하고, 실제로 끔찍합니다. 물론 그러한 대가가 모든 이탈을 막지는 못하겠지만, 최소한 이탈 결정을 내릴 가능성만큼은 상당히 감소시킬 것입니다. 게오르크 지멜Georg Simmel의 가치 개념을 가지고 이야기하면, 우리가 삶의 견실성에 부여하는 가치는 그것을 얻는 대가로 치러야 하는 가격이 클수록 커집니다. 권력은 책임으로부터의 자유라는 선물을 주겠지만, 누군가 그 선물을 거부하려 할 경우에는 그것을 좌절시키기 위해 할 수 있는 모든 것(권력은 실제로 상당히 많은 것을 할 수 있습니다!)을 할 것입니다.

이와 관련해서 존엄성에 대해 생각해볼 필요가 있습니다. 첫째로, 저는 타인의 존엄성을 부정하거나 타인이 존엄성을 획득할 기회를 빼앗는 것이야말로 한 인간이 타인에 대해 저지를 수 있는 최대한의 악이라고 생각하기 때문입니다. 둘째로, 인간이 서로의 존엄성을 인정하는 것이야말로 당신이 중시하고 권장하는 '화합하는 삶'의 필수 조건일 뿐만 아니라, 그러한 화합이 가져올 결과 중에서 가장 고귀한 것이라고 할 수 있기 때문입니다.

먼저 제가 '존엄성'이라는 말을 어떤 의미로 사용하는지부터 설명할 필요가 있을 것 같습니다. 왜냐하면 폴란드의 일상어에서는(꼭 일상어에서만은 아니지만) 존엄성이라는 개념이 매우 다양하고 양립 불가능한 의미로 사용되는 경우가 많기 때문입니다. 일상어에서 사용되는 '존엄성'과 제가 사용하는 '존엄성'의 의미를 구분함으로써 될 수 있는 한 오해를 피하고 싶습니다.

먼저, 제가 생각하는 '존엄성dignity'은 'X에게 ……의 존엄성이 부여되었다'라거나 '존엄성을 갖고 있다'라고 할 때의 '존엄성'(이때 '존엄성'은 '높은 지위나 직위'라는 표현과 거의 동의어)과 같은 의미가 아닙니다. 거기에는 두 가지 중요한 이유가 있습니다. 첫째, 앞에 예로 든 표현들은 '존엄성'이 주어지거나 취득될 수 있다는 의미를 함축하고 있으며, 따라서 그런 권한을 지닌 제도의 존재, 즉 후보자들의 행위, 습관, 선호를 검토해서 후보자가 높은 자리에 오를 만한 자격이 있는지 없는지를 결정하는 기구의 존재를 명시적으로든 암묵적으로든 전제합니다(이 기구의 결정은 옳을 때도 있고 터무니없을 때도 있지만, 어쨌건 구속력을 갖습니다). 이때 '존엄성'은 후보자의 장점이나 결점보다는 '외적인' 제도의 결정을 통해 얻게 되거나 잃게 된 지위를 의미합니다. 그 지위는 왕족이나 '작위가 있는' 귀족처럼 그 후손들이 장단점과는 무관하게 승계할 수 있는 권한, 즉 요람에서 무덤까지 이어지는 세습 권한인 경우도 있습니다. 아이스킬로스Aeschylus에서 셰익스피어Shakespeare, 코르네유Corneille, 라신Racine에 이르는 작가들의 비극에 형제 살해가 두드러지게 많이 등장하는 것은 살인이나 참수형, 교수형이 아니고서는 가문의 경쟁자들에게서 세습 지위와 그에 따르는 특권을 빼앗을 길이 없기 때문입니다.

둘째, 이런 의미로 쓰일 때 '존엄성'이라는 말은 위로 올라갈수록 가파르게 좁아지는 피라미드 모양의 위계를 전제합니다. 따라서 이때 '존엄성'은 일종의 구별, 즉 선택된 소수에게만 주어지는 어떤 것을 의미합니다('구별의 보편성'이라는 것은 용어상의 모순이니까요). 따라서 명예직이나 세습 지위라는 뜻의 존엄성은 그 지위의 소유자를 일반인보다 위에 놓습니다. 즉, 존엄성이라는 말은 인간 공동체를 귀족과 평민, 영주와 농노, 존경받을 만한 가치가 있는 소수의 인간과 그럴 가치가 없는 다수의 인간으로 구분하고, 그에 따른 우월·열등 관계는 사회적 위계의 꼭대기에서 밑바닥까지 프랙털 방식으로 반복됩니다. 흔히 이야기되는 '존엄성'이라는 개념은 결국 이런 귀결로 이어진다고 할 수 있습니다. 이런 의미의 '존엄성'은 애초에는 왕족과 지주 귀족에 대해 쓰였지만, 그 후에는 세력을 확장한 '제3신분'에게 적용되었고, 다시 그 뒤에는 '제3신분'의 후계자라고 할 수 있는 다양한 계층이 만든 수많은 기업이나 위계적 제도에 의해 오늘날까지 끊임없이 복제되고 있습니다.

'존엄성'의 또 다른 의미는 '인간 존엄성human dignity, dignity of man'이

라고 할 때의 의미인데, 이것 역시 제가 생각하는 '존엄성'의 의미와 다릅니다. 우선 '인간 존엄성'이라고 할 때 존엄성의 의미는 방금 말한 존엄성의 의미와 대조적입니다. 후자는 전자가 부정하는 사태를 전제하기 때문입니다. 두 번째 의미의 '존엄성'은 모두가 인간이라는 사실 자체에 근거해, 그리고 오직 인간이라는 이유에만 근거해 모든 개인에게 적용되는 특성입니다. 이런 의미에서의 '존엄성'은 그 말의 적용 대상에게 그 외의 어떤 특성도, 이런저런 특성을 부여하는 형용사나 수식어도 요구하지 않습니다. 다만 두 번째 의미의 존엄성은 인간과 동물은 구분합니다(물론 베르코르Vercors의 《인수人獸 재판Les animaux dénaturés》을 읽고 인간과 동물을 구분하는 경계가 자의적이라는 점에 대해 생각해보는 것은 충분히 가치 있는 일이겠지만, 비유적이거나 의인적인 의미로 쓰인 것이 아닌 한 '동물의 존엄성animal dignity'이라는 말은 용어상의 모순입니다). 그러므로 존엄성의 두 번째 개념은 각자의 특성이나 행위가 얼마나 다르든 간에 그에 상관없이 모든 인간은 존엄하다고, 더 정확히 말하면 선천적으로 존엄성에 대한 권한을 갖고 있다고 봅니다. 이에 따르면, 개인이 존엄성을 갖기 위해 해야 할 일은 아무것도 없습니다. 이 극단적인 해석의 경우에, 선천적이고 분리할 수 없는 인간적 속성으로서의 존엄성 개념은 절대적인 인간적 연대와 상호 관용을 보편적인 것으로 전제합니다.

　　그런데 바로 여기에 문제가 있습니다. 그것은 매우 흔한 것으로, 이를테면 레비나스Levinas의 절대적 책임이나 에드문트 후설Edmund Husserl의 보편적 본질처럼 '절대적'이거나 '보편적'이라는 성질이 언급될 때마다 등장하는 문제입니다. 그것은 경험적 증거를 순수사유의 구성물들과 짝짓는 것이 불가능하다는 것입니다. 감각을 통해 경험되는 세계는 다양하고 불확실하고 다면적이고 애매하고 끊임없이 변화하는 것으로 보입니다. 보편적이거나 절대적인 것은 감각기관을 통해 지각할 수 없습니다. 사유는 일상적으로 경험되는 세계와 거리를 둠으로써만 절대적이고 보편적인 것에 도달할 수 있습니다. 그것은 동굴에 살던 사람들이 플라톤의 주장을 믿고 동굴을 떠난다면 가능할 것입니다. 하지만 플라톤 자신도 순수사유의 세계에서 전혀 순수하지 않은 동굴로 되돌아왔을 때 사유의 성과가 동굴에 있는 사람들에게 제대로 인정될 것인지, 그들에게 조금이라도 도움이 될 것인지에 대해서는 회의적이었습니다.

사유가 일반 사람들도 이해할 수 있고 일반 사람들의 삶에 유용한 것이 되려면, 그것은 어떤 식으로건 그러한 가능성과 요구에 부응하도록 조정되어야 합니다. 이를 달성하는 방식에는 두 가지가 있는데, 한 가지 방식만으로도 가능하고 두 가지 방식 모두로도 가능합니다. 하나는 자격 요건의 범위를 제한하는 방식입니다. 예를 들어 스승인 플라톤에 비해 경험을 중시했던 아리스토텔레스Aristoteles가 노예를 '말하는 도구'로 격하시킴으로써 노예를 주체의 집단에서 배제해 버렸듯이, '보편성' 개념에 포함될 수 있는 대상을 축소시키는 것입니다. 다른 하나는 자격 요건을 뚜렷하게 명시함으로써 그 범위를 제한하는 방식입니다. 이 방식은 뚜렷하게 명시되지 않은 것에는 절대적 의무의 원칙이 적용되지 않는다는 암묵적 가정을 전제합니다. 두 방식 모두 일상에서 광범하게 사용됩니다. 미국독립선언에서 최초로 공식화되고 그 후 미합중국의 헌법에 명문화된 존엄성에 대한 모든 인간의 보편적 권리라는 이념은 비타협적 태도를 특징으로 하는데, 이 두 방식은 분명하고 실용적인 이유로 그런 태도를 포기합니다.

제가 제안하는 존엄성 개념은 선택된 소수만이 아니라 모든 인간이 존엄성을 가질 수 있다고 본다는 점에서 첫 번째 의미의 존엄성과 다릅니다. 또한 그것은 존엄성 자체가 아니라 모든 인간이 존엄성을 획득할 가능성을 갖고 있기 때문에 평등하다고 가정한다는 점에서 두 번째 의미의 존엄성과도 다릅니다. 물론 그러한 가능성을 현실로 만드는 것은 각자가 감당해야 하는 과제입니다. 그러한 과제는 성공적으로 달성될 수도 있고 그렇지 않을 수도 있습니다. 혹은 완전히 실패할 수도 있고 관심 밖으로 밀려날 수도 있습니다.

작년(2013년)에 나온 소설 가운데 줄거리 사이사이에 철학적 에세이가 들어가 있는 독특한 형식의 소설이 있습니다. 이 소설은 우리가 다루는 존엄성과 밀접한 관련이 있는 현상을 다루고 있는데, 안타깝게도 원어인 러시아어 판만 있습니다. 이 소설/에세이의 저자인 보리스 아쿠닌Boris Akunin[5]은 이 현상을 가리켜 아리스토노미aristonomy라고 부릅니다. 아리스토노미는 이 현상을 문학적·철학적으로 형상화하고 있는 그의 소설 제목이기도 합니다. 흥미롭게도, 아쿠닌이 말하는 '아리스토노미'는 제가 생각하는 의미의 존엄성과 매우 비슷합니다. 아쿠닌이 말하는 '아리스토노미'에는 두 가지 특징이 있기 때문입니다. 하나는 가능성이 모든 사람에게 열려 있다는 것이고, 다른 하나는 그러나 모든 사람이 그 가능성을 받아들이는 것은 아니라는 것입니다. 아리스토노미는 이미 주어져 있는 것이라기보다는 일종의 도전 과제라고 할 수 있습니다. 존엄성을 추구하는 사람들에게, 불가능한 것은 아니지만 상당한 노력과 자기희생을 바쳐야만 실현될 수 있는 조건들을 요구하는 과제입니다. 아마 다윈Darwin이라면 '아리스토노메'는 생존경쟁에 적합하지 않다고 말했을 것입니다. 아쿠닌도 '아리스토노메'들은 파리처럼 죽는다고 통렬하면서도 비통한 어조로 말합니다.

이런 점에서 아쿠닌의 아리스토노미와 제가 제안하는 존엄성 개념은 둘 다 행복한 삶을 위한 처방, 편안하거나 안전한 삶을 위한 처방과는 정반대되는 것입니다. 존엄성을 지키기 위해 끊임없이 치열하게 노력하는 사람들에게서 볼 수 있듯이, 지금의 세상은 '아리스토노메'에게는 너무도 불친절하고 적대적입니다. 이런 세상에서는, 존엄성과 마찬가지로 '아리스토노미적aristonomic' 특성도 행복이라든가 편안하고 여유로운 인생을 약속하지 않습니다. 그것은 행복을 약속하기는 하지만, 그 행복은 이 세상이 알고 있고 우리에게 권유하고 원하도록 하는 행복과는 완전히 다른 의미의 행복입니다.

죽음을 앞두고 자신의 삶이 어떠했느냐고 묻는 말에 볼프강 괴테Wolfgang Goethe가 했다는 대답이 생각납니다(분명 아쿠닌은 괴테를 '아리스토노메'의 전형으로 생각했을 것입니다). "매우 행복한 삶이었다." 그러고는 이렇게 덧붙입니다. "완전히 행복했던 때가 단 한 주라도 있었는지는 기억나지 않지만." 이 말이 어떤 의미인지는 당신도 알 것입니다. 괴테의 말은, 행복은 문제들의 부재가 아니라 문제들과 맞서 싸워 극복하는 데 있다는 메시지를 담고 있습니다. 이러한 메시지는 육체적·정신적 안락을 찬미하고 걱정이 없고 노력(특히 지속적인 노력)하지 않는 것을 행복으로 보는 오늘날의 태도와 얼마나 다릅니까. 행복으로 가는 길은 쇼핑몰로 이어진다는 믿음과 얼마나 다릅니까.

그런데 아쿠닌이 자신이 추구하는 인물형을 위해 고른 이 용어가 적절한 것인지는 생각해볼 필요가 있습니다. 그는 정신적·육체적 완성을 뜻하는 고대 그리스어 '아레테arete'와 법을 뜻하는 '노모스nomos'를 결합해 이 용어를 만들었습니다(고대 그리스에서는 젊은이들에게 아레테를 가르치는 것이 '파이데이아paideia'에 필수적이었습니다. 다시 말해 아레테를 가르치는 것은 고대의 교육과 양육의 핵심이었습니다). 아쿠닌은 아리스토노메aristonome는 정신적·육체적 완성의 추구를 삶의 최고 원칙으로 삼는 사람이라고 말합니다. 그는 이 개념이 귀족계급이나 귀족의 지배를 뜻하는 '아리스토크라시aristocracy'를 연상시킬 수밖에 없을 텐데, 이때 아리스토크라시는 배타성, 자만심, 도덕적 무감각을 특징으로 하는 혈통상의 귀족계급이 아니라 '정신의 귀족 내지 고귀함nobility'을 갖춘 귀족계급이나 귀족의 지배를 뜻하는 것으로 이해해야만 한다고 말합니다. 하지만 그의 바람처럼 '아리스토노미'라는 말이 첫 번째 의미의 존엄성 개념이 갖고 있는 근본적 결함들을 피할 수 있을지는 의문입니다. 왜냐하면 '아레테'나 '고귀함'이라는 성질의 소유자를 뜻하던 '아리스토크라트aristocrat'나 '노블맨nobleman'이라는 단어처럼, '아리스토노미'라는 단어 역시 원하든 원치 않든, 의식적이건 아니건, 씨족적·당파적·배타적이고 대개는 세습적 특성을 갖는 사회적 엘리트에 의해 전용轉用될 가능성이 있기 때문입니다. 그렇게 되면, 그 용어는 자연적이고 사회적인 우위와 실질적 특권의 요구를 정당화하는 쪽으로 쓰이게 됩니다. 따라서 저라면 계급 이익에 의한 전용으로 생겨난 연상에서 자유로운 애초의 어원을 살려 '아리스토노미'가 아니라 '아레토노미aretonomy'라고 했을 것입니다. 하지만 저는 아쿠닌이 아닐 뿐만 아니라 그가 제가 제안한 용어를 좋아할지 어떨지 모르겠습니다. 아쿠닌은 정신적 고귀함을 대단히 좋아하는 것 같습니다. 그는 정신적 고귀함의 약점을 이야기하기는 하지만, 그럼에도 불구하고 정신적 고귀함만이 인류를 개선하고, 공격적이고 잔인한 성향을 저지하고, 야만적 방식을 억제하고, 냉혹한 성향을 소멸시킬 수 있다고 봅니다. 하지만 그는 러시아에서 핍박받는 인민대중을 자신들의 수준까지 끌어올리고자 했던 지배 아리스토크라시에게 유일한 선택지는 '아레스토크라시arrestocracy', 즉 자신들 외의 모든 것과 모든 사람을 자기들의 수준으로 끌어내리고 싶어 하는 군중의 지배뿐이었다고 말합니다.

이야기를 하다 보니 주제에서 많이 벗어나게 된 점을 양해해주시기 바랍니다. 하지만 제가 방금 한 이야기는 인간의 삶에 중요한 의미를 갖고 있을 뿐만 아니라 제가 늘 생각하고 있는 문제들과도 관련이 있습니다. 이 문제에 대해서는 '수백만 명의 영적·지적 각성'에서 '기초 공동체들'이나 '공감하는 사람들'이 수행하는 역할에 대해 다룰 때, 또는 세계 평화를 위한 노력은 (당신이 지난번 서한의 끝부분에서 이야기한 바 있는) 과거의 적대적 당사자들이 서로를 더 깊이 이해하려는 시도에서 시작되어야 한다는 한스 큉의 주장을 다룰 때 다시 이야기할 기회가 있을 것입니다.

앞서 다루던 주제를 일단 마무리 짓기 위해 제가 생각하는 '아레토노미적aretonomic' 인격, 간단히 말하면 존중받을 만한 공정성과 기품을 갖춘 인격의 몇 가지 특징만 생각나는 대로 제시해보겠습니다.

제 생각에 첫 번째 특징이자 주된 특징, 말하자면 일종의 메타 특징(인격을 구성하는 다른 모든 요소를 배치하고 작동시키는 중심축)은 달성해야 할 과제에 대한 의식입니다. 이 과제는 생존에 대한 세속적 관심을 넘어서 있는 것으로, 개인을 사물의 질서에서 필수 불가결하고 유일무이하고 대체 불가능한 연결 고리로 만들 수 있습니다. 완전한 헌신과 끊임없는 성실한 노력 없이는, 그 과제는 결코 달성될 수 없습니다.

또 다른 특징은 한 세기 전에 소스타인 베블런Thorstein Veblen이 '제작 본능the instinct of workmanship'이라고 불렀던 것입니다. 주목할 만한 철학자이자 인간행동학의 창시자인 타데우시 코타르빈스키Tadeusz Kotarbinski는 1955년에 발표한 《인간행동학 입문Tract of Good Work》〔폴란드어로는 Traktat o dobrej robocie. 영어 번역본은 《Praxiology. An introduction to the sciences of efficient action》, New York: Pergamon Press, 1965〕에서 이러한 태도를 신뢰성과 관련지었습니다. 신뢰할 만한 사람은 주어진 과제를 달성하기 위해 자기 능력을 최대한 쏟아붓고 자신과 타인에게 한 약속을 지킬 것이라는 믿음을 줄 수 있는 사람입니다. 타인들이 자신에게 보여준 믿음을 저버리지 않기 위해 자신의 모든 능력을 쏟아붓는 사람입니다.

또한 존엄성은 두 방향의 극단적인 자기평가를 피할 것을 요구합니다. 하나는 자신의 우월함에 대한 독단적 믿음으로, 이는 타인의 능력을 경시하거나 무시한다든가 다른 사람들에 대해 생색내기·경멸·모욕 등의 태도를 보이는 결과로 이어집니다. 다른 하나는 자신의 능력에 대한 망각이나 경시로서, 이는 현 상황에 대한 자신의 책임 의식을 약화시키고 결국에는 책임 회피로 이어집니다.

존엄성의 다음 특징은 명예입니다. 이는 일일이 거론할 수 없을 만큼 여러 가지가 복잡하게 얽혀 있는 특성입니다. 하지만 명예의 가장 중요한 특징은 자신이 한 약속, 행위의 일관성, 약속과 행위가 자신과 타인에게 미치는 결과에 대한 양도 불가능한 책임 등을 존중하는 것입니다. 여기에는 결단력과 상당한 용기가 필요합니다. 명예는 상황이 아무리 불리하더라도 자신이 내린 결정과 자신이 한 약속을 끝까지 지킬 것을 요구합니다. 패배한 전우들을 버려두고 가는 것을 금합니다. 명예의 반대는 위선과 이중성입니다. 명예로운 사람은 자신이 다른 사람들에게 권하는 길을 갑니다. 그 길을 선택했다는 이유만으로 그 길을 고수하다 보면 명예가 요구하는 것들과 충돌하게 되는 일이 있다 해도 말입니다. 명예는 실수에 대한 인정과 실수를 바로잡으려는 성실한 노력을 요구합니다. 명예의 법정에서는 자존심이 피고이지만, 진리의 법정에서는 명예가 피고입니다. 덕을 가르치던 고대의 교사들이라면, "나는 명예의 벗이지만, 더 좋은 벗은 진리다"라고 할 것입니다.

또 다른 특징은 책임입니다. 책임은 명예보다 훨씬 더 중요하지는 않지만 명예 못지않게 중요한 특징입니다(명예와 책임은 상충할 수 있고, 실제로 상충하는 경우가 많습니다. 책임은 제1바이올린 연주자와 비슷한 위치에 있다고 할 수 있습니다). 나 자신의 복지에 대한 타인들의 책임보다 공공의/공통의 복지에 대한 나 자신의 책임이 언제나 먼저여야 합니다. 동시에 이것이 사물의 존재 방식이고, 또 마땅히 존재해야 하는 방식이라는 것을 결코 잊어서는 안 됩니다.

마지막으로, 지금까지 제시한 것들 못지않게 중요한 것이 타인에 대한 공감입니다. 이는 존엄성이 요구하는 가장 어려운 능력에 속하는데, 이 능력을 완전히 갖추기 위해 어떤 상황에서든 끊임없이 노력하지 않는 한 존엄성은 있을 수 없습니다. 그렇기 때문에 아레토노메aretonome에게는 모든 만남이 상대방의 주체성, 즉 타자성을 인정하고 존중을 보일 기회가 됩니다. 공감은 일률적 관용이라든가, 평화를 위해 차이를 감추거나 묵살하는 태도라든가, 무관심 등과 다릅니다. 이것들은 다른 사람들이 가는 길이 문제가 있거나 도덕적으로 옳지 않을 때는 손을 떼는 것을 의미하지만, 내가 말하는 공감은 "알려면, 관심을 가져라"라는 원칙에 근거한 것이기 때문입니다.

지금까지 존엄성의 측면/조건을 이야기했지만, 누락된 것도 있고 설명이 미진한 것도 있을 것입니다. 그런 점은 당신이 잘 채워주기를 바랍니다.

지금까지 한 이야기와 앞으로 해야 할 이야기를 위해 한마디만 덧붙일까 합니다. 누구나 제가 말한 의미의 존엄성을 원하겠지만, 실제로 얼마나 많은 사람이 존엄성을 원하고 그러한 소망을 실현할 수 있는지는 그들에게 달린 것이 아니라(적어도 그들에게만 달린 것이 아니라) '사회'에 달려 있습니다. 좋은 사회가 갖추어야 할 조건은 많지만, 저는 구성원들의 최대 다수가 존엄성을 추구할 수 있고 존엄성을 획득할 능력을 가질 수 있도록 보장하는 데 실질적으로 많은 관심을 기울이는 것이야말로 가장 중요하다고 생각합니다.

복종의 사슬을 끊고자 하는 사람 앞에 놓인 어려움과 불편함은 책임감을 다시 배워야 한다는 것만이 아닙니다. 어찌 됐건, 사람에게는 독자적으로 결정할 수 있는 능력 같은 것이 있습니다. 그런 결정 중에는 새로운 종류의 자유를 약속하는 달콤한 복종의 구속을 받아들이겠다는 결정도 있습니다. "가장 큰 일에 위축되지 않고 가장 작은 일에 임하는 것, 바로 그것이 신적인 것이다"라는 성 이냐시오 로욜라의 말씀을 열심히 공부하던 기억이 납니다. 그것은 하느님과의 친교의 의미와 자유의 약속이 함축되어 있는 말씀이었습니다. 저는 몇 년 동안 일종의 만트라처럼 이 말씀을 되뇌었고, 다른 사람들에게도 따라 해보라고 권했습니다. 선택을 하지 않으면 안 되는 악몽에서 해방된 순간, 진정한 기쁨으로 가득한 새로운 시각을 발견했습니다. 나는 선과 빛의 편에 있다! 그 후 결정을 내려야 하고 많은 행복의 약속과 싸워야 하는 세계로 어렵게 환속했지만, 저의 환속 생활은 많은 이의 찬사를 받는 예수회 설립자의 겸양과 겸손함이 옳다는 것을 확인해주었을 뿐입니다. 저는 거대하고 초월적인 힘(하느님, 교회, 당, 국가 또는 그 밖에 양심을 제외하고 무엇이건)에 책임을 맡긴 채 때로는 생명을 희생하면서까지 평생을 대의를 위해 살아가는 사람들의 경우는 물론이고 대부분의 사람의 경우에도 그러한 복종은 실수나 재앙이 아니라는 것을 경험으로 알게 되었습니다. 오히려 복종은 빗장 걸린 천국의 문들을 통과할 수 있는 안전 통행증을 획득해 영원한 행복에 도달하기 위한 조건입니다. 여러 종교에서, 심지어 종교적 유산에 맞서 싸우는 운동들에서도 볼 수 있는 거룩한 복종의 이야기까지 거론하지는 않겠습니다. 그렇다면 오늘날 어디서나 접할 수 있는 밝은 미래와 이러저런 이익에 대한 약속에도 불구하고, 어째서 복종의 황금 사슬을 거부하는 용기 있는 사람들이 항상 있는 것일까요?

제가 답을 갖고 있지는 않지만, 한 가지만은 분명히 말할 수 있습니다. 그것은 여러 종교의 수많은 순교자(추종자들에게 복종을 요구한 초창기 종교들은 대체로 순교자들의 신화를 경전에 자랑스럽게 실어놓았습니다)와 비슷하게, 인류 역사에서 보기 드문 길을 걸어간 저항자들의 경험이 중요하다는 것입니다. 이러한 저항자들의 경험은 앞서 말한 대의를 위해 복종의 삶을 살아간 사람들의 경험만큼이나 중요한 의미가 있습니다. 따라서 그러한 저항자들을 찾아내 역사를 다시 들여다볼 필요가 있습니다. 역사는 복종하는 사람들과 저항하는 사람들이 함께 만들어가는 것이니까요. 아마도 인간 삶의 길항적 차원은 물과 불, 복종과 저항의 조화 코드가 아닐까 생각합니다.

이와 관련해서―책임의 문제에 대한 우리의 탐구와 어울리게―당신이 이 문제를 해결하기 위한 일종의 출발점으로 제시한 존엄성이 우리의 논의에 도움이 될 것 같습니다. 제게는 존엄성에 대한 당신의 새로운 이해, 즉 관습에 의해 축적된 준※존엄성들의 보편화라고 할 수 있는 것이 소중하고 정말로 매력적입니다. 보리스 아쿠닌의 해석도 매력적으로 보이지만, 저는 그의 해석에 관해서는 잘 알지 못합니다. 그러나 당신의 설명으로 짐작해보건대, 아쿠닌이 말하는 아리스토노미와 당신이 생각하는 존엄성은 서로 잘 결합할 수 있을 것 같습니다. 그래서 조만간 아쿠닌의 소설을 한번 읽어볼 생각입니다. 폴란드 인민공화국 시절에 학교를 다녔기 때문에, 러시아어는 제게 낯설지 않습니다. 러시아어가 제2의 언어였던 적도 있습니다. 저는 폴란드의 동쪽 국경 너머에서 온 학우들과 러시아어로 자유롭게 대화하면서 폴란드어의 프리즘을 통해서만 보이던 세계가 절대적인 것이 아니라는 것을 배울 수 있었습니다. 물론 러시아어를 사용한 지 너무 오래되어서 지금은 잘 기억나지 않습니다. 아쿠닌의 작품은 그 시절을 기억하고 되새겨볼 좋은 기회가 될 것 같습니다. 우리는 아쿠닌의 작품에서 자발적으로 법(노모스)의 영역 내에 자신을 제한하고 있는 덕(아레테)의 프리즘을 통해 본 존엄성을 만나게 됩니다. 이것은 새롭기는 하지만, 당신이 아리스토텔레스의 말을 인용하면서 지적했듯이, 대단히 새로운 것은 아닙니다.

무엇보다도 존엄성의 보편성은 제가 가진 농부 감성과 비슷하며, 따라서 어떤 점에서는 본질적으로 민주적 감성과 비슷하다고 할 수 있습니다. 농부들은 동료 인간들을 보려면 시선을 위로, 즉 영지, 사제관, 교회, 그리고 천국 쪽으로 향해야 했지만, 그들의 눈이 주로 향했던 것은 자신들을 묶고 있는 대지와 흙이었습니다.

그들은 동식물과만 관계를 맺었고, 동물과 식물의 세계에서 가장 편안함을 느꼈습니다. 그들은 후천적으로 획득하거나 세습한 온갖 종류의 계약과 특권 덕분에 존엄성이라는 선물을 받은 사람들의 집단으로부터 배제된 불가촉천민이었습니다. 바로 이것이 제가 보편적 존엄성을 열렬히 환영하고 진심으로 찬미하는 이유입니다. 하지만 대답해야 할 문제가 있습니다. 과연 누가 보편적 존엄성의 복음에 귀를 기울이려 들 것인가? 이 복음으로 인해 후천적으로 획득하거나 물려받은 존엄성(존엄한 지위나 직위)을 어쩔 수 없이 포기해야만 할 사람들은 아닐 것입니다. '존엄성'이라는 선물을 받은 사람들에 대한 찬양과 존경이 제1의 천성이나 제2의 천성 혹은 지극히 복된 기쁨의 원천이 된 사람들도 아닐 것입니다. 그렇다면 새로운 보편적 존엄성의 개념이 지향하는 대상은 당신이 최근 들어 특히 많은 관심을 보이는 소외된 자들, 배제된 자들, 분노한 자들입니다. 이런 사람들이 다수이고 계속해서 그 수가 증가하고 있는 것이 사실이라면, 모든 인간의 존엄성이라는 복음은 비옥하고 알맞은 땅을 맞이하고 있는 셈입니다. 계속 그 수가 늘고 있는 실직자, 부랑자, 이민자, 폭력의 희생자 등 존엄성을 박탈당한 사람들은 분명히 당신의 말에 귀를 기울일 것입니다.

하지만 당신은 마태복음에 나오는 평등주의적 우화처럼 조건들을 제시합니다. 마태복음 22장 12절에는 다음과 같은 인상적인 구절이 있습니다. "이보시오, 당신은 예복도 입지 않고 어떻게 여기에 들어왔소?" 누구나 혼인 잔치에 참석할 수는 있지만, 예복은 입어야 한다는 조건이 있는 것입니다. 사람들에 의해 그대로 받아들여지건 아니면 귀족정과의 잘못된 연관에서 벗어나게 되건 간에, 아쿠닌의 제안은 바로 이런 조건 때문에 흥미롭습니다. 저는 아무나 보편적 존엄성의 세계로 들어갈 수 있는 것이 아니라, 가만히 앉아 이익만 누리지 않고 함께 공동체를 만들어가는 자원자들이 있는 것이 중요하다고 생각합니다. 당신의 글을 읽다가 떠오른 질문이 하나 더 있습니다. 어찌 됐건 우리는 추상, 이념, 순수 형이상학의 세계에서 살아가는데, 사회과학—당신의 학문도 그중 하나—은 생각하는 인간Homo sapiens과 합리적 동물Animal rationale의 차이를 지적하면서 그런 세계를 그냥 받아들이지 말고 의심하라고 가르칩니다. 우리는 인간의 특별함에 자부심을 느낄 뿐만 아니라 역사상 최고의 정점에 있다는 것도 잘 알고 있습니다. 하지만 우리가 가진 지혜와 합리성이 매우 보잘것없고, 인간의 특별함을 지지하는 목소리들이 갈수록 줄어들고 있다는 것 또한 잘 알고 있습니다. 그러나 철학자들은 플라톤과 아리스토텔레스의 발자취를 따라 인간의 특별함에 대한 우리의 믿음과 신뢰를 계속 강화하고 있습니다. 따라서 우리의 직관이 인간이 악한 존재라는 증거를 제공한다고 해도 반드시 그러한 직관을 따를 필요는 없습니다. 우리는 직관에서 벗어나 이념의 세계로 나아가야 합니다. 마음과 이성적 탐구가 권유하는 것들에 귀 기울여야 합니다. 미합중국 헌법을 본받아 헌법에 모든 사람이 각자의 유일무이한 존엄성과 행복 추구권을 갖는다고 명시되어 있다고 해서, 실제로 사람들이 그런 존엄성과 권리를 갖고 있는 것은 아니지 않습니까?

　이와 관련해서, 아쿠닌이 말하는 '아리스토노미', 그리고 그와 관련된 노력과 자기희생에 대한 이야기로 돌아가 보겠습니다. 의식적 존엄성은 앞으로 만들어가야 할 아리스토노미의 길의 출발점일 뿐입니다. 그런데 아리스토노미의 길은 빠른 속도로 변해가는 최신 유행과 사회적 추세를 힘겹게 헤치고 나아가야 하는 길입니다. 이 길을 가기 위해 이미 익숙해져 있는 것들을 기꺼이 포기하려는 사람이 있을까요? 행복은 더없이 만족스럽고 안락한 상태가 아니라 계속해서 닥쳐오는 장애물을 날마다 극복하는 데 있다는 괴테의 메시지에 귀 기울일 사람들이 얼마나 될까요? 진정한 행복은 장애물을 피하는 데서 오는 것이 아니라 장애물과 끊임없이 맞서 싸운 데서 오는 것이고, 바로 이것이 충만된 삶의 비결입니다. 물론 그렇기 때문에 심각한 의문, 회의주의, 불신이 저의 정신을 엄습하지만, 저는 이 대안적 삶의 방식이 옳다고 생각합니다. 그렇다고 파스칼Pascal의 회의주의로 돌아가자는 말이 아닙니다. 저는 이 대안적 삶의 방식만이 유일한 해결책이라고 확신합니다.

제 확신이 맞는다면, 저는 당신이 말하는 '아레토노미적' 인격에 기꺼이 동의합니다. 저는 이상적 영웅이 갖추어야 하는 것으로 당신이 제시한 특성들이 매우 마음에 듭니다. 그러한 특성들을 갖춘 영웅이 있다면, 그와 친구가 되고 싶습니다. 그 특성들을 되짚어보고 정리하기 위해, 당신이 말한 순서대로 그것들을 살펴보고 끝으로 제 생각을 덧붙여보겠습니다. 물론 제 생각 역시 완벽한 것이 아닙니다. 당신이 말한 첫 번째 특성, 즉 달성해야 할 과제에 대한 의식이라는 특성은 제가 매우 좋아하는 특성입니다. 달성해야 할 과제에 대한 의식은 그다음 특성—타데우시 코타르빈스키가 매우 설득력 있게 논하고 실천하는 본능으로서, 신뢰성이라는 가장 가치 있는 특성을 불러오는 제작 본능—과 마찬가지로 권태와 타인들을 괴롭히는 데서 벗어나게 해줍니다. 지나친 소심함과 지나친 오만함의 어느 쪽으로도 기울지 않는 균형 잡힌 자기평가도 매우 중요합니다. 그리고 위선과 이중성을 경계하고, 삶에서 아주 흔히 저지르는 불가피한 실수와 잘못을 인정할 용기와 의지를 발휘할 수 있게 해주는 진정한 의미의 명예 또한 매우 중요합니다.

앞서 많이 다룬 책임이라는 특성도 중요합니다. 하지만 당신이 마지막으로 제시한 공감이야말로 인간 공동체에 필수 불가결한 특성 같습니다. 그런데 당신이 이야기한 특성들에 하나를 추가하고 싶습니다. 그것은 바로 우정입니다. 우정에 관해서는 아리스토텔레스에서 키케로Cicero에 이르기까지 고대인들이 대단히 많이 언급한 바 있습니다. 하지만 제가 말하려는 것은 고대인들이 이야기한 우정이 아니라 이그나치 카르포비치Ignacy Karpowicz가 최근 소설 《생선 뼈Bones》[6]에서 능란한 필치로 그려내 화제가 되고 있는 현대적인 우정입니다. 뜨거운 반응을 불러일으키고 있는 이 소설은 찬사를 받을 만한 좋은 작품입니다. 이 소설에서 카르포비치는 서로 뚜렷한 개성을 갖고 있으면서도 다른 사람들의 예측 불가능하고 풍부한 모습을 수용할 줄 아는 인물들을 창조하는, 매우 뛰어난 문학적 성취를 이루었습니다. 이러한 문학적 성취는 오늘날 폴란드에서는 거의 찾아볼 수 없습니다. 저도 카르포비치처럼 우정을 모든 덕 가운데 최고의 덕이라고 생각하며, 우정을 지키고 자신과 타인들을 위해 평화를 만들어낼 수 있는 사람들을 찬양합니다. 마지막으로 다시 철학 이야기를 하지 않을 수 없습니다. 그중에서도 특히 알래스데어 매킨타이어Alasdair MacIntyre가 철학자들 사이에 커다란 파장을 불러일으켰던 《덕 이후After Virtue》를 필두로 일련의 책들에서 제시한 도덕 이론을 거론하지 않을 수 없습니다.

당신의 서한에서 태어났다는 사실만으로 모든 인간이 아무런 조건 없이 존엄하다는 구절을 읽다 보니, 덕의 원천을 찾아내야 한다는 매킨타이어의 주장이 생각나더군요. 모든 인간이 존엄하다는 평등주의적 의식이 점차 희미해져 가는 것을 안타까워하는 당신처럼, 매킨타이어도 "갈수록 주변화되어 가는 사회집단들을 제외하고는 공중의 대부분은 내가 덕의 전통이라고 지칭했던 사유와 실천의 전통을 상실해버렸다"라고 말합니다.[7] 이런 점에서 매킨타이어의 생각은 유덕한 삶을 실천할 능력을 갖고 있는 것은 배제당한 사람들이라는 당신의 생각과 비슷합니다. 아리스토텔레스의 복잡한 덕 개념과 그에 대한 중세의 여러 해석, 그중에서도 특히 토마스 아퀴나스Thomas Aquinas의 해석을 이야기할 수도 있겠지만, 간단히 매킨타이어의 결론적 주장을 인용하는 것으로 대신할까 합니다. 저는 다음 인용문이 인간 존엄성의 개념을 보편적인 것으로 만들려는 우리의 시도와 잘 들어맞는다고 생각합니다. 더군다나 이 인용문은 대안적 공동체를 만들 수 있게 했던 아쿠닌의 아리스토노미와 놀랄 만큼 잘 들어맞습니다. 외부가 아니라 모든 곳으로부터 야만인들이 밀려들고 있는 한, 이것은 중요합니다.

이 시점에서 중요한 것은 이미 우리에게 닥친 야만의 새 시대에 맞서 좋은 습속과 지적·도덕적 삶을 유지할 수 있는 공동체들을 세우는 일이다. 덕의 전통은 과거의 암흑시대의 공포 속에서도 살아남았으므로, 우리의 희망은 전혀 근거가 없는 것이 아니다. 하지만 이번에는 야만인들이 국경선에 집결해 있지 않다. 그들은 이미 상당 기간 동안 우리에게 영향력을 행사해왔다. 이것을 깨닫지 못하고 있다는 사실이 바로 우리가 지금 처해 있는 복잡한 상황에 결정적이다. '우리는 지금 고도Godot를 기다리고 있는 것이 아니라 고도와는 판이하게 다른 누군가, 즉 제2의 성 베네딕트를 기다리고 있다.'[8]

대안은 있습니다. 그것이 새로운 성 베네딕트일지 아니면 성 프란체스코일지는 그리 중요하지 않습니다. 중요한 것은, 변화에 대한 기대가 어떤 식으로건 우리의 일상적 삶 속으로 들어와 깊이 새겨져야 한다는 것입니다.

이것이 새로운 좋은 사회를 가져올지는 잘 모르겠습니다. 하지만 "구성원들의 최대 다수가 존엄성을 추구하고 획득할 능력을 갖는 것"을 보장하기 위해 당신이 제시하는 보살핌care이 그런 사회를 건설하는 데 필수적인 조건이라는 것만은 분명합니다. 이런 생각은 포스트모던 세계의 숲 속에서 길을 잃은 고독한 방랑자들의 몽상에 불과한 것일까요? 저는 잘 모르겠습니다. 폴란드의 대표적인 신문, 잡지의 편집자이자 기고자였던 한나 말레프스카Hanna Malewska는 몇십 년 전에 《세계의 소멸Passing Away of the World》이라는 소설을 발표했습니다. 그녀는 이 소설에서 로마 제국의 폐허 위에 새로운 기독교 문명의 기초를 세운 성 베네딕트라는 인물을 되살려냈습니다. 우리 시대에도 성 베네딕트 같은 선지자가 출현할까요? 길을 잃은 우리의 방황은 과연 어떤 결과를 가져올까요?

끝으로, 당신이 많이 이야기하지는 않았지만 매우 근본적인 문제인 죄의 문제를 이야기할까 합니다. 프란치스코 교황이 에우제니오 스칼파리Eugenio Scalfari와의 대담에서 한 말을 둘러싸고 논쟁이 있었죠. 스칼파리는 교황의 말을 가톨릭 교리의 죄 개념에 대한 완전한 거부로 해석했고, 바티칸 대변인은 교황의 말을 정확히 바로잡을 필요가 있다고 보았습니다. 이 논쟁은 개인적으로 저와도 관련이 있습니다. 청년 예수회원으로서 신학의 내적·외적 사정뿐만 아니라 바티칸 관료 조직의 내막도 알아가던 1980년대에, 저는 당신이 말한 아퀴나스의 교리가 바티칸에서 철저히 실행되고 있다는 것을 알게 되었습니다. 그런 모습은 지금도 마찬가지입니다.

바티칸에서 그 일을 맡아 하는 것은 방대한 관료 기구인 쿠리아Curia[교황청과 교리부·경제부·주교부를 포함해 로마 가톨릭교회를 통치하는 50여 개 바티칸 지부로 구성된 관료 조직]입니다. 쿠리아는 은총을 내리고 벌을 주고 용서를 베풀고 보류합니다. 가장 강력한 종교 단체의 수장에게서 정치국원이 아니라 보통 사람처럼 말하는 인간을 발견한 스칼파리의 눈에는, 수 세기 동안 반대자들에게 두려움을 안겨주는 역할을 한 죄에 대한 전통적인 해석이 더는 유효하지 않은 것으로 보였습니다. 반면에 바티칸 대변인은 정통 교리의 수호자로서 "교황께서 정말로 말하려고 했던 것은……"이라고 설명해야 한다고 느꼈지만, 프란치스코 교황 덕분에 전통적인 개념들은 현실을 번역할 힘을 상실했고, 따라서 다시 정의되거나 아예 새로 만들어져야 할지도 모릅니다. 이런 점에서, 앞서 당신이 인용한 바 있는 야스퍼스의 '축의 시대', 즉 죄의 개념이 전혀 없던 시대라는 개념이 도움이 될 것 같습니다. 제가 보기에, 훌륭한 신학자인 피터 판Peter Phan은 하느님께 다가간다는 가톨릭 신학의 원래 역할을 복원하고 있습니다. 그런데 피터 판 덕분에, 최근에 저는 미국 신학자 이워트 H. 카즌스Ewert H. Cousins에게 관심을 갖게 되었습니다. 특히 《21세기의 그리스도Christ of the 21st Century》(1992년)라는 그의 책이 눈길을 끌었습니다. 이 책에서 카즌스는 21세기 들어 이른바 '제2의 축의 시대'가 시작되었고 우리는 '죄 없는' 시대로 돌아가고 있는 중이라고 주장합니다. 카즌스의 주장과 관련해, 흥미로우면서도 희망적인 현상이 있습니다. 간단히 말하면, 지금 이 시대에는 지구화와 정보혁명이 야스퍼스의 시대처럼 새로운 각성, 지역적인 각성만이 아니라 전 지구적인 각성의 조건을 제공하고 있습니다. 바로 이것이 '제2의 축의 시대'를 이야기할 수 있는 이유이고, 새로운 세계관을 가진 프란치스코 교황이 이러한 전 지구적 각성과 잘 들어맞을 수 있는 이유입니다.

지그문트 바우만

무엇이 사람을 아무런 책임도 없는 지복의 잠에서 깨우는지 그 답을 알 수만 있다면 얼마나 좋을까요. 어떤 상황이 그러한 각성을 가져오는 것일까요? 각성의 원인은 무엇일까요? 왜 어떤 사람들만이 각성을 하게 되는 것일까요? 공허한 일반론이라든가 증명되어야 할 것을 당연히 증명된 것으로 전제하는 선결문제 요구의 오류를 범하지 않으면서, 이런 물음에 답할 수 있는 어떤 일반 원칙 같은 것이 있을까요? 이단적인 95개조 반박문을 철회하라는 보름스 회의의 요구 앞에서 마르틴 루터Martin Luther가 무심코 던진 "저로서는 달리 어쩔 도리가 없습니다"라는 말 이상으로 불복종을 정당화할 수 있는 것이 있을까요?

　"저로서는 달리 어쩔 도리가 없습니다." 이 말은 무슨 뜻일까요? 루터로 하여금 자신의 이단적 견해를 철회할 수 없게 한 것은 누구, 아니 무엇이었을까요?(루터는 신을 옹호하는 다수 의견 뒤에 숨을 수는 없었으니까요) 이런 의문이 떠오를 때마다 생각나는 것이 네하마 테츠Nehama Tec의 연구입니다. 테츠는 학살될 유대인들에게 피신처를 제공하겠다는 결심(점령군에게 사형을 당할 수도 있고, 이웃의 비난을 받고 공동체에서 추방당할 수도 있는 일을 하겠다는 결심)과 사회학자들이 인간의 선택을 결정한다고 보는 변수들 간의 관계를 최대한 면밀히 검토했지만, 통계학적으로 유의미한 단 하나의 상관관계도 발견하지 못했습니다.

　목숨을 걸고 타인의 생명을 구하는 일에 나선 사람들에게서 찾아볼 수 있는 단 하나의 공통된 '변수'는 마르틴 루터가 자기 시대의 권위에 대한 도전을 정당화하기 위해 선택한 것과 동일한 것이었습니다. 일단 불복종의 길에 들어선 사람의 곁에 있는 것은 오직 자신의 양심뿐입니다. 그는 자신의 양심에만 의지할 수 있을 뿐입니다. 인간을 진실로 특별하고 개별적인 존재, 즉 주체로 만드는 것은 바로 그와 같은 불복종의 행위가 아닐까요? 하지만 이는 추측일 뿐이고, 앞으로도 계속 그럴 것입니다. 당신은 "어찌 됐건, 사람에게는 독자적으로 결정할 수 있는 능력"(이 능력은 그것을 억압하려는 모든 시도에 굴복하지 않고 강하게 저항할 수 있는 능력이기도 합니다)이 있다는 것을 지적하고 나서, 그러한 자율적인 결정 중의 하나가 "새로운 종류의 자유를 약속하는 달콤한 복종의 구속을 받아들이겠다"는 결정이라고 이야기합니다. "선택을 해야만 한다는 악몽으로부터의 해방"을 받아들이겠다는 결정 말입니다.

불복종의 행위를 했고 그것을 보름스 회의에서 변호해야 했던 루터도 불복종에 대해 숙고하지 않을 수 없었습니다. 루터는 믿음은 자유의 문제로서 결코 강요될 수 없으며, 이단(즉, 믿음의 대상에 대한 대안적 해석에 의거한 저항)은 어떠한 쇠로도 부술 수 없고 어떠한 불로도 태울 수 없고 어떠한 물로도 익사시킬 수 없는 영적 문제라는 이유를 들어 불복종을 정당화했습니다. 그리고 루터 탄생 500주년(즉, 1984년)을 맞아, 요한 바오로 2세는 개신교와 가톨릭 양측의 학자들이 조사하고 연구한 결과 루터의 깊은 신앙심이 입증되었다고 선언했습니다. 루터는 다름 아닌 그의 깊은 신앙심, 그의 믿음으로부터 신앙에 대한 공식적 해석에 맞설 힘을 이끌어냈습니다. 루터는 성서의 공식적 해석자들에 맞서 성서를 유일한 권위, 그 앞에서는 다른 모든 것이 침묵할 수밖에 없는 권위로 내세웠습니다. 우리는 여기서 무엇을 볼 수 있을까요? 믿음과 믿음의 부재 간의 대립, 혹은 하나의 믿음과 다른 믿음 간의 대립? 깊어질수록 어설픈 땜질에 반대하지만, 그럴수록 얕아지는 믿음? 아시다시피, 이것은 고르디아스의 매듭입니다. '대왕'이라고 불리는 알렉산더도 풀지 못해 결국은 칼로 잘라내야만 했습니다.

인간의 존엄성은 믿음의 문제입니다. 믿음의 진리는 과학적 의미에서의 '증명'이 불가능합니다. 루터의 말처럼 쇠, 불, 물로도 믿음을 파괴할 수는 없습니다. 그러나 인간이 없다면 시뻘겋게 달궈진 쇠도, 불타오르는 화형대도, 엄청난 홍수도 믿음을 강요할 수는 없다는 것을 잊지 말아야 합니다. 또 하나 잊지 말아야 할 것은 신앙을 파괴하거나 확인하려고 할 때 합리적 논증은 무기력하다는 것입니다. 그리하여 어디에서 오는가 하는 의문은 끈질기게 이어집니다. 다만 이번에는 주어가 다릅니다. 신앙은 어디에서 오는가?

저는 우르술라 코지얼Urszula Koziol에게 보낸 편지에서 이 물음에 답할 수 없다고 고백한 바 있습니다. 코지얼은 위대한 시인으로서 탁월한 도덕적 직관과 윤리적 상상력을 갖고 있으면서 도움이 필요한 사람들에게 특히 넓은 마음을 가진 사람입니다. 그녀는 제 물음에 물음으로 답했습니다. "우리에게는 단 몇 줄로 압축된 진리의 뼈대, 정수, 핵심이 선물로 주어져 있지 않습니까? '네가 남에게 바라는 대로 남에게 해주어라'와 '네 이웃을 네 몸처럼 사랑해라'라는 말 속에 이미 품위, 존엄성, 이타주의의 유형, 책임 의식 등이 모두 들어 있지 않나요?" 핵심을 찌르는 물음들의 결함(아니, 장점일 수도 있겠네요)은 다시금 많은 물음을 낳는다는 것입니다. 우르술라 코지얼의 물음들은 특히 많은 물음을 던지게 합니다. 코지얼은 우리가 선물을 받았다고 했는데, 과연 그 선물을 누구에게서 받은 것일까요? 우리는 선물이 주어지던 시간에 존재하지도 않았고 선물이 실제로 어떻게 주어졌는지를 말해줄 목격자도 없습니다. 이에 대한 다양한 의견이 숱하게 있지만, 그 해석들 중 어느 것이 진리이고 어느 것이 매력적이지만 공상적인 이야기인지는 결코 해결될 수 없을 것입니다.

저 위에서 금지하지 않는 한(설령 위에서 금지한다 해도 그 효과는 일시적인 것으로 그칠 것입니다), 이 논란은 앞으로도 오랫동안 뜨

겁게 이어질 것입니다. 부질없는 논란에 시간을 낭비하지 않기 위해, '그것이 하늘에서 떨어졌다'고 합시다. 이 말은 대개 '그것이 어디에서 왔는지 전혀 모르겠다'는 뜻으로 사용되지만, 또한 검열이라든가 지옥 같은 고통을 겪게 해주겠다는 위협과 달리 상호 합의하에 언쟁을 그만둘 수 있게 해주는 그나마 교양 있고 품위 있는 방식이니까요(칸트 같은 비범한 인물도 '내 안의 도덕률'의 신비를 해결하지 못해 결국은 도덕률을 본질적으로 인식 불가능한 본체계로 넘길 수밖에 없었습니다). 또한 코지얼의 물음은 다시 다음과 같은 물음을 던지게 합니다. 우리 인간이 아득히 먼 옛날에 "단 몇 줄로 압축된……진리의 정수"를 선물로 받았다면, 그 먼 태곳적부터 지금까지 그것을 어떻게 간직해올 수 있었는가? 또한 그런 선물을 간직하고 있는데도, 어째서 우리 대부분은 대개 이웃을 자신처럼 사랑하지도 않고 남들이 자신에게 해주기를 바라는 대로 남들에게 해주지도 않는 것일까? 이것은 저를 몹시 괴롭히는 문제입니다. 실천적으로 엄청나게 중요한 문제이기 때문입니다. 진리의 적들이 만들어내는 소음이 그토록 오랜 세월 동안 매우 효과적으로 진리를 질식시키는 데 성공하고 있다면, "진리의……정수"는 강력한 목소리를 지닌 강력한 적들을 갖고 있음에 틀림없습니다. 그렇다면 그렇게 강력한 적들이 도대체 누구일까요?

역설적인 것은, 혁명의 불길은 존엄성을 도둑맞은 사람들에게 존엄성을 되찾아준다는 명분하에 그들을 위해, 그리고 그들 때문에 (그들의 동의를 얻지는 않았겠지만) 일어났던 것인데, 정작 존엄성을 도둑맞은 당사자들은 전혀 존엄성을 요구하지 않았다는 점입니다.

역사에는 이러한 역설적인 사례가 수없이 많습니다. 비교적 최근의 것 중에서 가장 눈에 띄는 사례를 잠시 살펴보도록 하겠습니다. 억압과 굴욕을 당하던 사람들이 광적인 열정에 휩싸여 그나마 얼마 남지도 않았던 주체성마저 집어던지기 시작하면서, 역사상 가장 끔찍한 두 개의 전체주의 체제가 등장해 번성하고 확산되었습니다. 독일에서 이런 일이 일어난 것은 놀랄 일도 아니고, 저 아레토노미적 인물이 갖고 있던 비전과도 전혀 모순되지 않습니다. 그런데 놀랍게도 이런 일이 러시아 혁명에서도 일어났습니다. 인민을 해방시키고 인민에게 권력을 넘겨준다(이 두 목표는 함께 공표되었고 실천에서 하나로 합쳐졌습니다)는, 다시 말해 억압과 굴욕을 당하는 사람들에게 오랫동안 허용되지 않던 존엄성을 되돌려준다는 기치하에 '아레토노메' 인텔리겐치아가 일으킨 러시아 혁명에서 말입니다. 당신도 저와 동일한 물음을 던집니다. "과연 누가 보편적 존엄성의 복음에 귀를 기울이려 들 것인가?" 당신은 말합니다. "이 새로운 보편적 존엄성의 개념이 겨냥하는 대상은……소외된 자들, 배제된 자들, 분노한 자들입니다. 이런 사람들이 많을 뿐만 아니라 계속해서 늘어나고 있다는 것이 사실이라면, 모든 사람을 위한 존엄성이라는 복음은 비옥하고 알맞은 땅에 떨어질 것입니다. 게다가 계속 늘어나고 있는 이 집단, 즉 실직자, 부랑자, 이민자, 폭력의 희생자 등 존엄성을 박탈당한 사람들은" 지금 우리가 제안하고 있는 것에 "틀림없이 귀를 기울일 것입니다." 당신의 진단에 동의할 수만 있다면, 당신처럼 희망을 가질 수만 있다면……. 하지만 불행히도 현실은 그렇게 돌아가는 것 같지 않습니다.

안제이 베르블란Andrzej Werblan 교수는 4년 전에 출간된《폴란드의 스탈린주의Stalinism in Poland》에서 스타니스와프 코지르 코발스키Stanisław Kozyr-Kowalski의 치밀한 조사 결과를 인용하고 있습니다(33~36쪽).

전당대회들의 분위기는 비교적 느긋한 편이었다. 그런데 공장, 군대, 지방 군구郡區 같은 기층 집단의 대표들 사이에서 논쟁과 토론에 대한 염증, 명쾌하고 손쉬운 해결책에 대한 조급증, 지도자 숭배의 조짐 등이 나타나기 시작했다. 경제학과 정치학의 복잡한 내용 속에서 길을 잃고 열띤 논쟁에 휩싸여 있던 이 평범한 사람들에게는 단순화하기를 좋아하고 독단적이고 야비하고 잔인하며 자기주장이 강한 스탈린이 그의 경쟁자인 지식인들보다 훨씬 더 인기가 있었다.[9]

또한 베르블란은 "혁명은 러시아 인민을 해방시키기는 했지만 자유롭게 만들지는 못했다. 혁명 후의 민중은 자유롭다기보다는 무의지증無意志症에 빠진다. 민중은 새로운 통치자들의 손아귀에서 그리 어렵지 않게 대중으로 변질된다"라는 바츠와프 메이바움Wacław Mejbaum의 주장을 인용합니다. 베르블란은 "일반 대중 사이에 퍼져 있는 가장 오래되고 뿌리 깊은 신화 중의 하나는 부자들의 재산을 빼앗아 가난한 사람들에게 나누어 주는 의적의 신화와 어질고 자애로우면서도 강한 통치자의 신화였다"는 사실을 상기시킵니다(러시아 혁명기에 농민들이 반란자들을 추적하는 차르 경찰에게 민중을 혁명의 대의 쪽으로 끌어들이기 위해 '민중 속으로 들어가는' 민중주의자들에 관한 정보를 정기적으로 보고했다는 것은 잘 알려진 사실입니다). "그렇기 때문에 단순화된 유토피아적 사회상과 획일적인 사회공학적 정책들의 유혹, 요컨대 지름길과 전체주의적 권력의 유혹에 쉽게 넘어가는 경향이 있는 집단들과 계층들이 생겨났다." 그러한 미래상에는 섬세한 양심의 소유자인 아레토노메가 설 자리가 없을 것입니다.

혁명을 주장하는 학생들과 이론가들은 자신들이 추구하는 것은 대체로 기존 사회구조의 붕괴, 따라서 기존의 집단 정체성과 충성, 연대의 붕괴라고 주장합니다. 그렇기 때문에 혁명 후에는 사회계층이 재편됩니다. 하지만 이러한 재편은 전체 사회계층의 위치 이동이 아니라 주로 개인의 위치 이동에 따른 것입니다. 개인의 계층 상승은 집단을 하나로 묶는 끈들에 심한 하중을 주거나 완전히 끊어버립니다. 지도의 재능을 타고났지만 출신 계급이라는 덫에 걸려 있던 유능한 개인들은 이제 그 덫에서 벗어나게 되고 과거를 돌아보지 않습니다. 전과는 완전히 다른 잣대로 과제를 해내야 하고 완전히 다른 성공 가능성을 가진 역할을 맡게 된 이러한 개인들은 더 이상 계급 지향적이 아닙니다. 그들은 이제 더 이상—마르크스가 헤겔에게서 받아들인 표현에 따르면—'즉자적 계급'(스스로가 계급임을 의식하지 못하는 계급)을 '대자적 계급'(구성원들의 공통된 계급 이익을 알고 그들의 이름으로 싸울 준비가 되어 있는 계급)으로 변화시킬 수 있는 잠재적 엘리트가 아닙니다.

엘리트와 엘리트가 만들어 제공하던 끈들이 모두 사라짐에 따라, 계급들은 붕괴합니다. 그리하여 생각과 행위에서 일체가 되어야 할 잠재적 계급은 '대중'이 됩니다. 질투하고 경쟁해야 할 새로운 이유를 매일같이 찾아내기만 할 뿐 공동의 나침반을 잃고 서로 고립된 채 반목하는 자기 지시적 집단들의 집합체가 되고 맙니다.

바로 이것이 베르블란, 코지르 코발스키, 메이바움이 치밀한 연구 끝에 밝혀낸 러시아 볼셰비키 혁명 이후 '프롤레타리아트'의 운명이었습니다. 주목할 만한 사실은, 자본집중이 강력하게 이루어지던 시대, 다시 말해 산업 시설들이 노동자들의 연대를 만들어내는 공장이던 시대의 산업 프롤레타리아트가 이러한 운명을 맞았다는 것입니다. 자신들의 이해관계가 일치한다는 것을 알고 연대 행위로 훈련되고 굳건해진 계급이 볼셰비키 통치하에서 오히려 정체불명의 줏대없는 '대중', '단순화된 사회적 비전의 유혹에 쉽게 빠지는' 대중으로 바뀐 것입니다. 노동계급이 이제 막 존엄성을 획득해서 국가 아카데미, 신문 칼럼, 영화, 텔레비전, 심지어 볼셰비키 체제에 반대하는 적들의 입에서까지 노동계급에 대한 찬사가 매일같이 줄기차게 쏟아졌는데도, 그들은 언제든 '자발적으로 복종할' 태세를 갖춘 대중으로 바뀐 것입니다.

이제 그러한 '프롤레타리아트'는 더 이상 존재하지 않습니다. 다른 곳은 모르겠지만, 최소한 유럽에는 존재하지 않습니다. 유럽 전역에서 산업적 노동계급이라고 할 만한 것들은 모두 급속히 증가하고 있는 새로운 사회적 계층인 '프레카리아트precariat'로 흡수되고 있습니다. 이 새로운 계층의 특징은 소외되고 배제되고 분노로 가득 차 있다는 것입니다. 당신은 이 사회계층이 아레토노미 대열에 자발적으로 합류하기를 바라고 있습니다만……. 지금의 사회 현실을 고려할 때, 그러한 바람은 다소 시대착오적인 것 같습니다.

어떤 사람들은 개념의 경계가 모호하고 개념이 가정하고 있는 내용이 이질적이라는 이유로 '프레카리아트'라는 용어가 부적절하다고 주장합니다. 하지만 바로 그러한 모호성과 이질성, 구성의 전반적인 액체성이 프레카리아트 현상의 결정적 특징들입니다. 그러한 특징들을 제거하면, 프레카리아트라는 개념은 분석적 유용성을 상실합니다. '프레카리아트'는 불안정한 사회적 지위에 위협을 느끼고, 일자리·소득·재산 등을 잃거나 좌천·배제·거부되지나 않을까 하는 두려움에 사로잡힌 사람들입니다. 오늘날 이 범주의 구성원들은 최고 엘리트를 제외한 모든 사회계층에서 충원되지만, 대부분은 '중산계급'으로부터 충원됩니다. 프레카리아트는 '중산계급'의 한 분파로 이미 빠르게 증가하고 있습니다. 그들은 자신들이 소유하고 있는 수단으로는 자신들이 직면한 과제들을 해결할 수 없기 때문에 고통을 겪습니다. 그들은 탈규제, 민영화, 개인주의화 같은 액체 근대적 과정이 만들어내는 삶의 문제들에 오로지 혼자서 대처해야 합니다. 전통적인 프롤레타리아트와 달리, '프레카리아트'의 경우에는 각자 단독으로 겪는 괴로움이 누적되지 않습니다. 프레카리아트의 구성원들은 분리되고 고립된 채 혼자서 괴로움을 감당합니다. '운명의 명령으로 개인들'이 겪는 고통은 정화를 거쳐 이익 공동체의 전망으로 전화되지 않습니다. 프레카리아트는 '즉자적 계급'(누군가는 그것을 인식할 수도 있지만)에서 '대자적 계급'(자신의 이익과 소명을 의식하고 하나로 결합한 정치 세력)으로 발전할 가능성이 극히 미약하다고 할 수 있습니다. 프레카리아트에 속하게 된 개인들이 무슨 일을 해서 생계 수단을 얻든 간에, 그들의 상호 관계의 전형적 특징은 연대가 아니라 경쟁입니다.

　제가 말하는 '프레카리아트'는 사회적 범주이지 계급이 아닙니다. 막스 베버Max Weber의 말처럼, 처해 있는 상황이 비슷하다는 이유만으로 사람들의 집합이 계급으로, 즉 공동 이익에 대한 의식으로 하나가 되어 연대와 협력을 할 수 있는 공동체로 바뀌는 것은 아닙니다. '고체 근대solid modernity'의 시대에는 산업 시설들이 어떤 상품을 생산하건 간에 사회적 연대의 공장이었다면, 액체 근대의 직장들은 어떤 상품을 생산하건 간에 상호 의심, 경쟁, 질투의 공장입니다.

　앞서 간략히 언급했듯이, '프레카리아트'라는 범주의 출현에 지대한 영향을 미친 것은 국가가 체계화하고 감독하던 사회적 기능들의 탈규제, 특히 개별화 과정과 관련한 노동시장의 탈규제였습니다. 탈규제와 개별화로 인해, 사람들의 처지는 오로지 각자의 능력과 자원에 의해서만 결정되고, 서로 힘을 합쳐 함께 나아간다는 생각은 더 이상 매력적이거나 합리적인 생각이 아니게 됩니다. 탈규제와 개별화는 사람들을 결속하고 통합시키는 대신에 분리하고 분열시킵니다. 그러한 분리·분열의 숱한 부작용 중의 하나는 고용주 측에서 자본과 노동의 전통적인 상호 의존을 일방적으로 취소해버리는 것입니다. 자본이 새로 손에 넣은 이동의 자유는 더 이상 지역의 임금노동에 의존하지 않는 자본 소유자, 기업인, 잠재적 고용주의 지역 이탈로, 혹은 끊임없는 이탈 위협으로 이어집니다. 언제든 이런 선택을 할 수 있기 때문에, 피고용인 측은 노동조합의 단체교섭권이나 파업권 같은 전통적인 자기방어 수단을 박탈당합니다. 오늘날의 상황에서 이런 권리를 행사하는 것은, 완전한 자살행위라고 할 수는 없지만 대체로 무의미합니다.

　저는 '프레카리아트'의 미래가 이와 다를 것이라고 보는 견해에 회의적입니다. 저는 현 사회가 스스로 발생시키고 있는 문제들을 해결하는 데서 보여주는 무능함이 앞으로 더 심해질 것이라고 봅니다. '프레카리아트'가 출현해 빠른 속도로 확산되고 있는 현상은 '정원사 유토피아'가 대중의 호응을 잃고 독특한 성격의 '사냥꾼 유토피아'로 대체되고 있는 현상과 밀접한 관련이 있어 보입니다. 정원사 유토피아에서는 장차 도래할 '좋은 사회'의 비전이 인간의 의도나 행위를 이끌었습니다. 이러한 이미지는 인간들이 공동 경작하는 땅의 불완전한 현실을 정원사의 상상력으로 만들어낸 '이상적 조화'의 모델에 가깝게 만들어내고자 하는 목적을 체계적으로 실행하고 그 결과에 책임을 지도록 권장했습니다. 그러나 사냥꾼 유토피아에서는 사냥꾼들이 사냥감의 복지에 신경을 쓸 필요가 없습니다. 성공의 척도는 자루가 가득 찼느냐 하는 것입니다. 사냥꾼 유토피아는 전체 사회의 상태와 그 개선에는 거의 관심이 없습니다. 아니, 관심이라도 있는지 모르겠습니다. 그들은 현 사회는 구원과 구속救贖의 가능성이 없다고 보고 사회문제들을 내버려 둔 채 수리될 희망 없는 골치 아픈 사회에서 몸을 피할 수 있는 사적 안식처를 찾는 데 골몰합니다. 얼마 전에 핵전쟁이 불가피하다는 인식이 퍼지면서 불었던 가족용 핵 대피소 열풍이라든가, 지구와 천연자원이 가차 없이 약탈되고 인간 사회의 존속, 안전, 복지에 대한 모든 관심이 사라지고 있는 현실 앞에서 불었던 사보험私保險과 개인연금 가입 열풍 같은 것이 그런 예라고 할 수 있습니다.

당신의 말처럼, 성 베네딕트가 우리가 고통에서 벗어나게 해줄 존재라고 믿고 기다리는 고도인 것이 확실한가요? 블라디미르와 에스트라공은 고도가 누구인지, 자신들이 고도에게 기대하고 있는 것이 무엇인지, 누구의 지시나 사주로 고도를 기다리고 있는 것인지를 끝내 알지 못했습니다. 우리의 처지가 그들보다 더 낫다고 할 수 있을까요? 사뮈엘 베케트Samuel Beckett의 희곡《고도를 기다리며Waiting for Godot》의 마지막 장면에서, 한 명이 "갈까?"라고 묻자 다른 한 명이 "갑시다"라고 답합니다. 하지만 그들은 미동도 하지 않습니다. 베케트는 자세히 이야기하지 않지만, 바로 여기가 문제 지점인 것 같습니다. 설사 그들이 조금 움직였다고 해도, 그들이 고도를 사이비 고도, 참칭자僭稱者〔거짓을 말하는 자〕와 구별할 수 있을지는 의문입니다. 아시다시피, 베케트의 희곡에서 고도는 끝내 오지 않았습니다. 어쩌면 고도도 블라디미르와 에스트라공이 먼저 움직이기를 기다렸을지 모릅니다. 블라디미르와 에스트라공의 기다림처럼, 그것 역시 헛된 기다림이었겠지만 말입니다. 아마 고도는 지금도 여전히 기다리고 있을지도 모릅니다.

스타니스와프 오비레크

그렇습니다. 사뮈엘 베케트의 비전은 실로 강력합니다. 그것이 우리를 강력하게 사로잡는 것은 놀랄 일이 아닙니다. 하지만 이에 관해서는 뒤에 가서 언급하기로 하고, 지금은 베케트만큼이나 강력하게 우리의 상상력을 자극하는 마르틴 루터에 대한 이야기를 할까 합니다. 루터는 믿음과 종교에 대한 우리의 생각에 지울 수 없는 흔적을 남겼습니다. 그리스도인으로서 저는 성서의 탁월한 독일어 번역자이기도 한 루터가 종교적 경험에 다가가는 다른 길들을 제안한 것을 환영할 뿐만 아니라 요한 바오로 2세가 인정한 것처럼 루터가 유럽인들의 신앙을 부활시킨 것을 존경합니다. 그럼에도 불구하고 저는 루터와 생각이 다르며, 그의 생각 중 일부에 대해서는 분명히 반대합니다.

루터는 보름스 회의에서 "저로서는 달리 어쩔 도리가 없습니다"라고 자신의 심경을 있는 그대로 꾸밈없이 고백했습니다. 하지만 그는 단호한 태도로 "저는 여기에 서 있습니다"라고도 말했습니다. 이 말은 그 누구도, 그 무엇도 자신을 그 자리에서 움직이게 할 수 없다는 강력한 의지의 표명이었습니다. 그리하여 그는 자신을 탄압하던 사람들의 관점을 인정하는 것을 피하는 동시에 자신의 견해가 교황의 권위보다 훨씬 더 정당하고 옳다는 확신을 보여주었습니다(사실 그 당시에 교황의 권위는 그리 대단한 것이 아니었고, 독일에서는 특히 더 그러했습니다). 당신의 말처럼, 루터의 확신은 성서에서 온 것이었습니다. 성서에서 직접 온 것은 아니라고 해도, 적어도 성서에 대한 그의 이해에서 온 것이었습니다. 성 아우구스티누스 수도회의 수사(마르틴 루터)는 위대한 성서에서 확신을 얻었고, 그의 영혼을 집요하게 괴롭히던 모든 의심을 몰아냈습니다. 하지만 저는 성서에서 그러한 확신을 얻지 못했습니다.

그 이유는 성서가 루터를 어디로 이끌고 갔는지를 제가 알고 있기 때문일 것입니다. 성서는 루터를 자신과 같은 열정을 갖고 있지 않은 사람들, 특히 유대인들과 그 밖에 교황 제도의 적들에 대한 극단적인 판단으로 이끌었습니다. 루터는 자신의 종교적 믿음을 따른 것만큼 확신을 갖고 자신의 적들을 증오했으며 가차 없이 파괴했습니다. 유대인에 대한 루터의 비판이 히틀러Hitler가 유대인 대학살이라는 발상을 하게 된 시발점이었다는 홀로코스트 역사가들의 지적은 쉽게 무시해버릴 수 있는 것이 아닙니다. 당신이 말한 네하마 테츠는 내적 명령을 따르는 사람들을 연구할 때는 어느 정도 거리를 두고 신중히 접근해야 한다고 주장합니다. 저는 내적 명령을 따르는 사람들 사이에는 식별 가능한 특징이 있다고 생각합니다. 제가 이런 생각을 하게 된 것은 네하마 테츠 때문입니다(덧붙이자면, 그녀는 어린 시절에 이웃의 폴란드인들 덕분에 유대인 대학살에서 살아남은 당사자였기 때문에 그 시대의 정신적 태도를 매우 정확히 진단하고 기술할 수 있었습니다). 그녀에 따르면 내면의 소리 혹은 양심의 소리는 어려운 사람들을 구하고 생존에 대한 희망을 되살리라는 단 하나의 명령만을 내렸습니다. 요컨대 그것은 순수하고 사심 없는 선의 목소리였습니다. 바로 이것이 제가 증오의 시대에 경멸과 무관심의 유혹에 굴하지 않고 순수한 선의 이름으로 그러한 유혹과 맞서 싸웠던 '열방列邦의 의인'〔노아의 일곱 계율을 준수하며 의로운 길을 따르는 비유대인을 가리키는 유대교의 용어. 이스라엘 정부가 제2차 세계대전 당시 유대인이 아니면서 유대인들을 구한 의인들에게 수여하는 상의 이름이기도 함〕들을 판별하고 기리는 기준입니다. 그러므로 여기서 결정적인 것은 "저는 여기에 서 있습니다"라고 말한 루터를 따라 내면의 명령 자체에 복종하는 것이 아니라 다른 사람을 구하고자 하는 마음을 따르는 것입니다. 앞서 알렉산드라가 선악에 대해 더 충실한 정의를 내려야 한다고 했을 때 염두에 두고 있던 것이 바로 이처럼 선악을 신으로부터 분리해 인류의 고유한 기준이자 시금석으로 만들 필요성이 아니었을까 생각합니다.

다른 사람을 구하거나 비난할 가능성이 있다는 점에서, 과연 종교적 경험과 관련한 양심의 절대적 명령이 얼마나 타당한 것인지 의문을 품지 않을 수 없습니다. 양심의 절대적 명령은 경외심을 불러일으키는 영웅적 행위의 원천이지만, 열렬한 신자들의 확신을 공유하지 않는 사람들을 배제하고 파괴하는 결과를 초래하는 무시무시한 증오의 원천이기도 합니다. 이 오래된 문제는 종교가 도덕과 관련된 수정에 소극적이라는 것을 보여줍니다. 하지만 저는 바로 여기에 당신이 말한 고르디아스의 매듭 문제를 해결할 가능성이 있다고 봅니다. 칼이나 신앙의 불길이 아니라 인간적·대인적大人的, arch-human 이해에 의한 해결 말입니다. 그것은 바로 "네가 너의 말을 가장 잘 따르는 이에게 하는 것은 무엇이든 내게 하라"라는 것입니다. 만일 제가 신을 이해해서(고백하건대, 저는 시간이 갈수록 신을 이해하기가 더 힘들어집니다) 신의 분명한 특징이라고 말할 수 있는 것이 하나라도 있다면, 그것은 바로 이러한 인간적 감수성입니다. 기독교라는 종교가 놀랄 만한 성공을 거둔 것은 그러한 인간적 감수성 때문이 아니었을까 생각합니다. 나자렛 예수의 제자들은 신이 인간으로 육화되었고 신의 육화 덕분에 모든 사람은 자신들이 신의 일부임을 느낄 수 있다고 가르쳤을 것으로 생각됩니다. 유일신을 믿던 유대인이건 여러

신을 신봉하던 로마 제국의 시민이건 간에, 누구나 신의 현현 덕분에 자신이 신의 선택을 받은 자라는 것을 느낄 수 있었습니다. 기원후 70년에 예루살렘의 유대교 성전이 완전히 파괴된 것도, 신들이 인간의 운명에 관심을 갖지 않게 된 것도 이제는 유일한 구세주이자 구속자인 예수 그리스도만 있게 되었기 때문입니다. 아시다시피 회의적인 그리스인들 중에서도 일부는 나자렛 출신 목수의 이 특별한 메시지에, 아니 더 정확히 말하면 예수의 메시지에 대한 제자들의 해석에 무관심할 수 없었습니다. 타르수스의 바오로가 예수의 메시지를 충실히 전달한 것인가 하는 문제가 있지만, 이는 현재의 논의와는 관계가 없으니 제쳐두겠습니다. 중요한 것은, 신이 인간이 되었고 그럼으로써 인간이 신이 될 수 있다는 혁명적 메시지였습니다. 모든 사람이 이 메시지를 이해했습니다. 이것이 신의 모습이고 우리 모두는 신을 본떠 만들어졌다는 평등주의적 충동이 우리 마음에 내재한다는 것이 진정한 종교적·인간적 경험을 통해 확인되었던 것입니다. 그런데 안타깝게도 이러한 평등주의적 충동은 아주 빠른 속도로 관료, 정치가, 성직자의 언어로 번역되었습니다. 관료들은 자격 조건을 갈수록 더 엄밀하게 규정했고, 정치가들은 유일하게 참된 종교가 누리는 특권을 대폭 확대해 이득을 도모했으며, 성직자들은 잠겨 있는 구원의 문을 열 열쇠를 지키는 유일한 존재가 되었습니다. 민주주의는 사실상 사형선고를 받고 처형되었으며, 곧이어 진정한 신자인 인간들과 어쩔 수 없이 진정한 믿음을 받아들여야 하는 인간들이 출현했습니다. 그리하여 믿음에 설득되지도 않고 강요도 통하지 않는 사람들은 신앙 공동체로부터 배제되고, 가능하다면 완전히 제거됩니다.

물론 저는 신앙이나 불신앙을 강요해도 안 되고 강요당해도 안 된다는 당신의 생각에 전적으로 동의합니다. 그렇기 때문에 상대방의 입장이 부적절하거나 완전한 틀렸다는 것을 보여주기 위해 갈수록 정교한 덫을 설치하거나 은밀한 전략을 세우는 현실이 놀랍기 그지없습니다. 하지만 여기서 중요한 것은 신앙이냐 불신앙이냐의 볼썽사나운 구분이 아니라 선이 꽃을 피울 가능성입니다. 신앙과 불신앙의 구분은 선 자체를 파괴할 뿐만 아니라 선의 필요조건들도 완전히 무력화시킵니다. 이런 의미에서 볼 때, 우르술라 코지얼이 우리의 딜레마에서 인간적 차원에 주목함으로써 신앙의 참된 원천에 관해 이야기한 것은 감사한 일입니다. 하지만 코지얼의 대답이 부질없는 물음들을 낳게 하기 때문에 받아들이기 힘들다는 당신의 지적에 동의하지 않을 수 없습니다. 저의 동의가 이처럼 소극적인 이유는 신앙이 어디에서 오느냐는 물음에 코지얼처럼 대답하는 사람이 거의 없을 뿐만 아니라 아예 그런 신경조차 쓰지 않는 현실을 그냥 수긍할 수만은 없기 때문입니다. 코지얼이 우리에게 주어져 있다고 한 선물은 되찾을 수 없이 상실해버린 순진무구함을 가졌던 인간 마음의 신비인가요? 다시 말해 인간의 마음의 죄를 보여주는 신비인가요? 제가 만일 정통 신학자라면 이 설명에 만족할 것입니다. 하지만 저는 정통 신학자가 아닐 뿐만 아니라 정통 신학자였던 적이 한 번도 없습니다. 사제 생활을 시작했을 때조차도 그러한 설명에 만족하지 못했습니다.

　　신학 논문의 저자들이 실천적으로 해결 불가능한 문제들을 편리하게 회피하는 것을 보고 놀랐던 기억이 납니다. 제가 불확실성과 의문투성이인 문학과 연극으로 탈출한 것은 아마 이 때문일 것입니다. 불확실성으로부터 신학적 사유의 엮음 줄을 자아낸 체코 신부 토마스 할리크Tomasz Halik의 책들이 폴란드에서 인기를 끌고 있는 현상을 제가 바람직하게 보는 것도 그 때문입니다. 불확실성을 회피하지 않는 것은 토마스 할리크만이 아닙니다. 저는 할리크에 앞서 인도 출신의 예수회원이면서 예수회와 가톨릭교회와 마찰을 빚은 앤터니 드 멜로Anthony de Mello에게서도 확신의 동요를 감지한 바 있습니다.

당신은 제가 모든 존엄성을 거부당하고 박탈당해온 버림받은 자들의 역량, 해방, 행복과 관련해 낙관적인 전망을 펼친 것에 대해 파시즘적 전체주의와 공산주의적 전체주의가 출현한 역사적 배경을 들어 의문을 제기했습니다. 그런 배경에 대해서는 저도 잘 알고 있습니다. 우리는 그러한 역사적 배경을 참고해 더 냉철함을 견지해야 하고 모든 환상을 추방해야 합니다. 하지만 그러한 배경이 모든 환상과 더 나은 미래에 대한 희망을 일소하고 파괴할 수는 없습니다. 과거의 많은 세대처럼 저도 모든 사람이 화해하는 유토피아적 세상을 꿈꾸는, 진보에 대한 믿음이라는 불치병에 걸린 것일까요? 그럴지도 모릅니다. 하지만 분명한 것은 진보에 대한 믿음만이 저로 하여금 추악한 현실을 저주하고 폭력과 악의 무자비한 힘에 대한 승인을 거부하게 한다는 것입니다. 그러나 동시에 안제이 베르블란과 그의 지지자들인 바츠와프 메이바움, 스타니스와프 코지르 코발스키가 치밀하게 관찰한 사실들을 외면할 수는 없습니다. 그들의 연구에 따르면, 기존 체제에서 해방되고 어느 정도 자유로워진 러시아 프롤레타리아 대중 사이에는 분명한 답, 이론의 여지가 없을 만큼 명확한 답에 대한 요구가 존재했습니다. 우리의 조국 폴란드의 공산주의적 프롤레타리아트는 달랐던가요? 폴란드의 노동자·농민 대중은 그동안 생각조차 해본 적이 없는 수정주의자들과 시온주의자들을 대상으로 서로 경쟁이라도 하듯이 대대적 비난을 가하고 나서지 않았습니까? 2009년에 출간된 베르블란의 저서 《폴란드의 스탈린주의》는 제가 지난 몇 년 사이에 읽은 1950년대에 관한 책들 가운데 가장 흥미로운 책에 속합니다. 이 책에서 그는 자신도 만드는 데 일조한 1950년대를 냉철한 시각으로 기록하고 있을 뿐만 아니라 그 시대가 상당히 신화화된 것과는 달리 당시 개인의 결정들이 매우 복합적인 것이었다는 점을 폭로하고 있습니다. 다른—하지만 크게 다르지는 않은—제도에도 개인의 결정과 관련해 비슷한 복합성이 있습니다. 짐작하시겠지만, 그 제도는 바로 가톨릭교회입니다. 주교 대리나 주임 사제보다는 현 교황과 함께 가톨릭교회에 대해 이야기를 나누기가 훨씬 더 쉽습니다. 최근에 신앙의 문제에서 무류성을 천명하고 있는 것은 프란치스코 교황이 아니라 교황 대리인 것 같다는 인상을 지울 수 없습니다. 저는 신앙의 문제 때문에 교회와 마찰을 빚고 고통을 겪었습니다. 하지만 저는 시대착오적이고 구제 불능이라고 할 만큼 미래에 희망을 걸고 있습니다. 당신의 글을 읽다가, 경제학자인 가이 스탠딩Guy Standing 의 《프레카리아트: 새로운 위험한 계급The Precariat: The New Dangerous Class》이 생각났습니다만, 제게 프레카리아트의 상황이 얼마나 비극적인지를 실감하게 해준 것은 사실 당신의 글입니다. 당신은 프레카리아트라는 용어가 출현하기 한참 전부터 지금까지 계속 후기 근대의 인간 조건에 관해 이야기를 해오고 있습니다.

스탠딩과 마찬가지로 당신 역시 사람들이 프레카리아트 계급에 속해 있다는 절망에서 빠져나오도록 돕기 위해 최선을 다하고 있습니다. 진단은 치료의 시작이니까요. 잘 아시다시피, 시장이 인간성의 본질을 완전히 결정하는 것은 아닙니다. 시장의 한계를 넘어서는 것이 바로 인간성의 진정한 척도입니다. 경제학자인 스탠딩이 대안적 해법들을 제시하고 인간의 존엄성에 대한 양도 불가능한 권리를 옹호하게 된 것은 다름 아닌 프레카리아트의 존재를 인식하게 되었기 때문입니다.

그렇다면 시장의 한계에 동의하지 않는다는 외침 말고 제가 할 수 있는 일이 무엇이 있을까요? 제 생각에는 저 자신이나 저와 가까운 사람들의 경험에 호소하는 수밖에 없습니다. 우리 둘은 당신이 말하는 프레카리아트의 전형이지만, 우리의 삶을 실패한 삶이라고 생각하지 않습니다. 오히려 여전히 성공할 수 있다고 생각합니다. 진부함을 피하기 위해 더 자세한 이야기는 하지 않겠지만, 앞서 당신이 아리스토노미적 인간에 관해 말한 내용이 큰 도움이 된다는 것만큼은 말해두고 싶습니다. 드문 일이기는 하지만 진정한 인간성의 구체적 발현은, 베케트가 말하는 고도의 약속이 아니라 더 나은 미래에 대한 희망을 주는 우리 이웃의 미소 띤 친절한 얼굴이라는 것입니다. 그렇다면 우리는 어디로 가야 하는지 알고 있는 것일까요? 아닙니다. 하지만 어디로 가야 할지를 알지 못한다고 해서 두려워할 필요는 없으며, 지금 여기에서 우리가 가진 것이 아무런 쓸모가 없게 되는 것은 아닙니다.

당신의 말처럼, 우리가 찾고 있는 것은 전설적인 성 베네딕트나

성 프란체스코가 아니라 가까운 사람들의 얼굴일지도 모릅니다. 성인의 얼굴이 아니라 약자와 죄인의 얼굴일지 모릅니다. 비록 약자와 죄인의 얼굴이지만, 그럼에도 불구하고 세상을 안심할 만한 곳으로 느끼게 하고 그리 많은 질문을 던지지 않고도 세상이 매일매일 맞이할 만하다고 믿게 하는 얼굴 말입니다.

혹시 제가 세상 물정을 너무 모르고 세상일에 너무 관심이 없는 것은 아닌가 해서 인터넷으로 신문을 훑어보았습니다. 몇 쪽만 보았을 뿐인데도, 너무 끔찍했습니다. 전쟁은 끝이 없고 새로운 분쟁의 씨앗들이 계속 생겨납니다. 기소된 범죄자들은 죄의식 같은 것은 조금도 없습니다. 오히려 자신들이 저지른 범죄를 자랑스러워하는 것으로 보입니다. 정치가들은 끊임없이 인간의 어리석음을 이용합니다. 그들은 역사를 먹고 삽니다. 자신들의 이익을 위해 역사를 자기들 입맛대로 해석하고 노골적으로 왜곡하고 조작합니다. 사기꾼들은 전화를 걸어 다짜고짜 제가 원하지도 않고 제게 필요하지도 않은 상품과 서비스를 구매하라고 막무가내로 밀어붙입니다. 심각한 질환의 시작을 알리는 모든 종류의 가벼운 병을 도처에서 볼 수 있습니다. 이상한 설문들도 날아옵니다. 거기에 답할 수는 없지만, 설사 답하려고 할 때도 불필요한 시간 낭비라는 생각이 듭니다. 이런 것들은 움직이지 않겠다는 블라디미르와 에스트라공의 결정이 결코 근거 없는 것이 아니라는 것을 보여주는 숱한 사례 중 극히 일부일 뿐입니다. 제가 앞에서 베케트와 고도에 대한 그의 기다림에 대해 뒤에 가서 언급할 것이라고 했지만, 할 말이 생각나지 않습니다. 저도 움직이지 않고 그저 기다리고 있을 뿐입니다. 하지만 저는 압니다. 베케트도 알았을 것입니다. 1952년에 《고도를 기다리며》를 쓰고 나서도 그는 계속 작품을 썼고, 현실에 영향을 미쳤으며, 어떤 경우든 이 세계의 강자에 대한 굴복에 동의하지 않았습니다. 베케트가 자신의 삶에서 사랑이 갖는 의미에 대해 어떻게 생각했는지는 모르지만, 제게 가장 중요한 것이 사랑이라는 것만은 분명히 말할 수 있습니다. 시대착오적인 소리로 들린다는 것을 잘 알고 있습니다. 그러나 저에게 성서에서 가장 중요한 부분은 아가서이고(무자비할 정도로 엄격한 검열관들로부터 아가서를 지켜낸 랍비 아키바Akiwa도 그렇게 생각했습니다), 그중에서도 특히 다음 구절입니다. "사랑은 죽음처럼 강한 것, 사랑의 열정은 저승처럼 극성스러운 것, 어떤 불길이 그보다 거세리오."(아가서 8장 6~7절) 정말로 감동적인 구절이 아닙니까?

지그문트 바우만

"저로서는 달리 어쩔 도리가 없습니다"는 '대안이 없다There is no alternative'는 뜻이 아닙니다. "대안이 없다"(영어 약자로 TINA)는 마거릿 대처Margaret Thatcher가 한 말로, 거대한 바다가 무도덕, 아디아포라화adiaphorization, 악의 섬들과 도덕의 대륙 사이를 갈라놓은 거리만큼이나 루터의 말과는 멀리 떨어져 있습니다. '대안이 없다'는 무도덕과 비겁함의 표현입니다. 자신이 저지른 악행에 대한 책임을 지지 않고 신의 명령이라든가 청동기 시대의 역사 법칙, 또는 시장 법칙의 뒤로

몸을 숨기는 것입니다. 루터의 말이 이런 의미였다면, 저는 루터의
말 때문에 그를 칭송하지도 않았을 것이고 그의 선언을 찬양할 만한
모범적인 존엄성의 예로 인정하지도 않았을 것입니다. 그렇다고 해
서 루터의 모든 주장에 찬성하는 것은 아닙니다. 루터의 일부 저술들
은 유대인에 대한 학살과 그가 '모든 민족 중 최악의 민족'이라고 말
한 '라우지처 세르비아인들'(작센과 브란덴부르크의 일부 지역에 정착
해 살던 '소르비아인들')에 대한 대학살이 일어나게 하는 데 영향을 미
쳤습니다. 또한 그는 이단죄에 대한 사형을 지지했습니다(젊은 시절
에는 신앙의 선택은 화형대를 통해 강요되거나 전파될 수 없다고 믿었지
만, 말년에 가서 생각이 바뀌었습니다). 저는 루터가 적절한 도덕적 역
할 모델이라고는 전혀 생각하지 않습니다. 당신이 지적했듯이, 루터
는 다른 사람들의 주장에는 귀를 막은 채 오로지 자신의 견해만을
옳은 것으로 간주했습니다. 물론 그렇지 않았더라면, 그는 진리 추구
에 전혀 기여할 수 없었을 것이고, 농민들과 함께하지도 않았을 것이
고, 공적 무대에서 그저 박수갈채와 공치사나 받았을 것입니다.

어쨌든 루터는 자신의 견해를 유일하게 옳고 근본적으로 옳고
의심의 여지가 없는 것으로 생각했습니다. 그렇기 때문에 저는 루터
의 가르침의 대부분을 지지하지 않습니다. 다른 것에 대한 그의 만
성적인 불관용과 거의 선천적이라고 할 수 있는 대화 능력의 결핍도
지지하지 않습니다. 하지만 당신이 "저로서는 달리 어쩔 도리가 없
습니다"라는 루터의 불멸의 진술에 대한 저의 해석에 제기한 문제에
대해 제가 다시 문제를 제기하는 것은 이와는 아무런 상관이 없습
니다.

"저로서는 달리 어쩔 도리가 없습니다"는 '대안이 없다'는 뜻이 아닙니다. 그것은 '이렇게 할 수밖에 없다'는 뜻이자, 이것은 나의 선택이고 이 선택에서 초래되는 모든 결과에 대해 완전한 책임을 진다는 뜻입니다. 도덕적 자아는 책임을 받아들일 때 탄생하며 '대안이 없다'를 받아들이는 순간 사멸합니다. 할 말을 함으로써, 루터는 모든 도덕적 자아가 거쳐 가야 하는 지점을, 인간 존엄성으로 통하는 모든 길이 반드시 지나갈 수밖에 없는 지점을 통과했습니다. "저로서는 달리 어쩔 도리가 없습니다"는 '대안이 없다'에서 도출된 결론이 아닙니다. 그와는 정반대로, 현실적으로 다른 길이 가능하기 때문에, 바로 그렇기 때문에 달리 어쩔 도리가 없다는 뜻입니다.

"저로서는 달리 어쩔 도리가 없습니다"라는 말은 일반 대중과 '여론'을 무시하겠다는 말이 아닙니다. 그와는 반대로, '일반 대중'과 그들의 운명·고난·행복에 마음이 쓰이고 그들의 의견―도움이 될 수도 있고 해로울 수도 있는 의견―에 무관심할 수 없기 때문에 자신이 주장하는 모든 것에 책임을 지겠다는 뜻입니다. 알베르 카뮈 Albert Camus는 말합니다. "나는 반항한다. 그러므로 우리는 존재한다." 저도 그렇게 느낍니다. 더 이상 그렇게 느끼지 않는다면, 저는 논쟁을 그만두거나 논쟁을 거부할 것입니다. 더 이상 다른 사람들의 생각에 신경 쓰지 않고 제 할 일이나 할 것입니다. 사실 이것이 오늘날 사람들 대부분의 생각입니다. 갈수록 무도덕, 사회적 불평등, 파편화가 증가하고, 의심과 질투와 경쟁이 팽배하고, 이기주의가 승리하는 시대이니, 어찌 보면 당연한 일입니다. 원래 사물의 존재 방식이 그런 것이고 다른 존재 방식은 없다는 것, 요컨대 현실적으로 선택의 여지가 없다는 것, '대안이 없다'는 것이 마거릿 대처의 정신적 안내자들의 가르침이었습니다. 예를 들어 밀턴 프리드먼Milton Friedman 은 사회의 심리학적 중심 원리가 탐욕이라고 역설했고, 아인 란드Ayn Rand는 제 잇속만 차리는 목적에 가장 적합한 수단을 선택하는 '합리적 이기주의'를 권유했습니다. 이들의 가르침을 열심히 받아들인 마거릿 대처는 사회 같은 것은 없고 오로지 국가와 가족만이 존재할 뿐이라고 결론지었습니다. 이러한 결론에서 '대안이 없다'는 주장으로 나아가는 것은 순식간이었습니다. 대처와 레이건의 이른바 '문화혁명'으로 인해 출현하게 되는 사회로 나아가는 것 역시 순식간이었습니다. 그것은 텔레비전 채널 4에서 1986년 3월 27일에 방송된 크리스토퍼 래시Christopher Lasch와의 토론에서 코르넬리우스 카스토리아디스Cornelius Castoriadis가 말한 사회, 즉 "사람들이 공익을 외면하고 공익에 대한 모든 책임을 거부하면서 가족과 일부 친구들로만 이루어진 소규모의 '사적 세계'에 몸을 숨기는" 사회입니다. 폴란드에서 노령연금을 둘러싸고 벌어지고 있는 토론에서 볼 수 있듯이, 사익과 공익 간의 간극, 양자 간의 연결의 부재는 점차 일종의 공리公理가 되고 모든 공식적 주장에서 암묵적으로 당연시되고 있습니다. 2013년 8월 2일자 폴란드 일간 신문 《가제타 비보르차Gazeta Wyborcza》에 실린 그르제고르츠 스로친스키Grzegorz Sroczynski와의 인터뷰에서, 레오카디아 오레지아크Leokadia Oreziak 교수는 노령연금에 관해 다음과 같이 말했습니다.

연금이 무엇입니까? 일을 하는 세대가 자신들 소득의 일부를 더는 일할 수 없는 사람들에게 주는 데 동의하는 것이죠. 지난 백 년 동안 사람들은 공동 기금에 돈을 집어넣었습니다. 폴란드에서 이 기금은 1934년 이래 '사회보장제'로 알려져 있었고, 바로 이 기금에서 연금 수당이 지급되었습니다. 그런데 오늘날 우리는 이와 같은 품위 있는 조처가 필요 없을 뿐만 아니라 해롭다고 생각합니다. 공동 적립금에 출자하는 대신에, 자기 은행 계좌에 돈을 넣어두고 주식에 투자하는 것이 더 낫다고 생각합니다. 저는 이것이 사회에 대한 우리의 생각을 근본적으로 바꾸어놓고 있다고 생각합니다. 더 안 좋은 쪽으로 말입니다. 과거에 세대 간의 연대는 강력한 사회적 유대였습니다. 그런데 오늘날에는 이기적 개인주의가 승리하고 있습니다.

저들은 우리가 공동체로서 함께 짐을 나눠 져야 한다고 말하는 대신에, "시민 여러분, 잠잘 시간이 있으면, 여러분의 개인연금이 얼마나 쌓여 있는지 확인해보십시오"라고 말합니다. 우리는 매사에 사회적 연대에 너무 의존하지 않아야 한다는 사실을 깨닫게 됩니다. 노령연금처럼 기본적인 문제에서까지 말입니다.

연금을 둘러싼 뜨거운 논란은 중요한 의미가 있습니다. 오레지아크 교수는 일반적으로 이야기되는 딜레마보다 더 보편적이면서 사회의 도덕적·정신적 건강에 훨씬 더 중요한 딜레마에 주목하고 있다는 점에서 훌륭합니다. 그와 달리 수많은 논평자가 연금 문제에 대한 논의에서 그러한 딜레마를 간과하고 있습니다. 하지만 이는 결코 예외적인 사례가 아니라 갈수록 흔한 일이 되고 있습니다. 오늘날 내

편을 찾는 것은 우리의 분리와 고립을 강화하기 위해서입니다. 우리는 그때그때의 필요에 따라 동맹을 맺고 그 필요가 다하는 순간 동맹을 그만둡니다. 설혹 연대를 요구하는 일이 있다고 해도, 그 일차적인 목적은 특권이나 보상을 요구하는 주장을 강화하기 위해서입니다. 그것은 일차적 목적일 뿐만 아니라 대체로 이차적·삼차적·최종적 목적이기도 합니다. 좀 전에 예로 든 카스토리아디스와의 토론에서, 크리스토퍼 래시는 마틴 루서 킹Martin Luther King이 시작한 인종차별 철폐 운동이 안타깝게도 결국은 "자기 몫의 케이크를 요구하는 많은 이익집단 중 하나"가 되어버렸고 "기존 질서에 대해서는 아무런 이의도 제기하지 못했다"[10]라고 말합니다(제 생각에, 기존 질서를 이루고 있는 것은 더 두툼한 케이크 조각들을 차지하기 위한 끊임없는 싸움입니다). 또한 래시는 카스토리아디스가 아리스토텔레스의 《정치학 Politics》을 보면 국경 인근의 주민들에게는 이웃 나라들과 전쟁을 할 것인가를 결정하는 투표에 참여할 권리를 주지 않는 아테네 법에 대한 이야기가 나온다고 하자 탄식조로 '오늘날에는 정반대'라고 답합니다.

래시가 말한 '정반대'는 요컨대 이웃들에 대한 관심의 상실, 우리의 행동이 다른 사람들의 운명에 미치는 결과에 대한 책임의 무시를 가리킵니다(한스 요나스Hans Jonas가 간결하게 표현했듯이, "지금처럼 거대한 권력이 그것을 사용했을 때 초래될 결과에 대한 이해력을 지금처럼 빈약하게 소유했던 적은 결코 없었다. 지혜를 가장 믿지 않을 때, 그때야말로 지혜가 가장 필요한 때이다").[11] 이는 도덕적 자아의 폐기, 따라서 인간관계에서 도덕의 폐기를 의미합니다. 근대정신이 발명하고 근대적 실천이 확립한 관료제도 이를 추구했습니다. 하지만 관료제의 야심 찬 목표는 '근무시간'이나 '업무상의 문제', 사무실이나 작업 현장에서만 유효했습니다. 도덕은 출근할 때 휴대품 보관소에 맡겨 두었다가 퇴근하면서 찾아갈 수 있었습니다. 생산자들의 사회인 산업사회에서, 노동자들은 선택을 해야 하는 도덕적 괴로움에서 벗어나게 되었고, 그들의 양심은 호모 파베르Homo faber에게 부여된 업무(예를 들어 옷, 옷 만드는 데 필요한 기계, 심지어 더 이상 옷이 필요하지 않은 시체를 생산하는 업무)를 수행할 시간 동안만 침묵하면 되었습니다. 하지만 오늘날의 사회는 다릅니다. 우리 사회는 도덕, 즉 타인에 대한 관심을 아예 종신 망명이나 유폐에 처하려 하고 있습니다.

호모 파베르와는 반대로, 소비적 인간Homo consumens은 타인들의 행복에 신경을 쓰고 자신의 책임을 생각하도록 하는 도덕적 자아의 거추장스러운 감시, 간섭, 감독 없이 하루 24시간, 한 주 7일 내내 살아갈 수 있고 살아가야 합니다. 자유롭게 말할 권리는 개인이나 집단의 이익 같은 사적 이익에 대해서만 허용됩니다. 만일 충실한 경험론자인 아리스토텔레스가 오늘날 우리의 문화나 문명을 구현하고 있는 정치 시스템을 본다면, 그는 우리 사회에서는 국경 지역에 사는 주민들만이 이웃 나라들과의 전쟁에 관해 의견을 피력하거나 투표할 권리와 적대감을 갖고 있다고 말할 수밖에 없을 것입니다. 완전히 발을 빼지는 않더라도 '자기들 일에만 신경을 쓰고' 골치 아픈 일은 멀리하기를 더 좋아하는 나머지 주민들은 전리품 분배를 목적으로 하는 '정략결혼'(더 정확히 말하면 잠정적인 동거) 정도만 추구할 것입니다. 그러나 아프가니스탄과 이라크 전쟁에 참전한 폴란드의 사례는 전리품을 나누기로 한 약속이 기대와 크게 어긋날 수 있다는 것을 잘 보여줍니다. 영원한 충성과 맹세는 고사하고 장기적인 충성이나 맹세도 힘든 법이므로, 언제나 의심과 신중함을 잃지 말라는 옛사람들의 말이 생각납니다.

　오늘날 국가 간의 관계와 국제 관계에서부터 이웃들과 동업자들 간의 개인적 관계에 이르기까지 모든 수준의 대인 관계에서 타자의 이익에 대한 책임의 짐을 벗어던지라는 권고가 행해지고, 사람들은 그 권고를 따르고 있습니다. 그런데 전 지구적인 상호 의존의 시대에 타자의 이익에 대한 책임의 짐을 벗어던진다는 것은 결국 공익에 대한 책임을 벗어던진다는 것입니다. 오늘날 모든 계산과 결정에서 최우선으로 고려되는 것은 '그것이 나한테 무슨 득이 되지?'와 '그것이 나와 무슨 상관이 있지?'라는 물음입니다. 도덕, 즉 타인의 복지와 존엄에 대한 책임은 '그게 나랑 무슨 상관인데'라는 범주로 강등된 문제들 중에서도 최하위에 속합니다. 자기 이익의 추구가 타인들에게 가져올 수 있는 해악과 고통은 '부수적 피해'라는 이름으로 불립니다('부수적 피해'는 이라크인 10만 명의 죽음을 설명하기 위해 군부에서 만든 용어로서, 전략을 세울 때 고려해야 할 정도로 중요하지도 않고 계획을 포기해야 할 정도로 중요하지도 않은 피해와 희생자들을 가리킵니다).

　이것들은 아인 란드를 비롯한 많은 사람이 합리적이고 대체로 유익한 사회조직 원리로 인정한 '합리적 이기주의'의 필연적 결과들입니다. 이러한 결과들은 타인들이 당하는 피해와 고통—이것들의 원인은 제거되거나 감소될 수 없고 그래서도 안 됩니다—에 비해 쉽게 알아볼 수 있으며, 일단 알아보기만 하면 인간의 도덕심 중에 아직 남아 있는 것에 의해 쉽게 비판됩니다. 인간의 도덕심 중에 아직 남아 있는 것은 바로 사랑입니다! 제가 말하는 사랑은 당신에 대한 저의 사랑, 저에 대한 당신의 사랑, 자식에 대한 부모의 사랑, 부모에 대한 자식의 사랑 같은 개인적인 사랑만이 아니라 교회, 민족, 인류 같은 상상적 집합체에 대한 사랑까지도 포함하는 것입니다. 그렇습니다. 당신이 최고의 덕의 좌대에 올려놓고 있는 사랑, 당신이 아가서의 구절을 인용해서 그 아름다움과 고귀함과 지고의 인간성에 대해 상찬한 바 있는 사랑, 쇼샤나Shoshana처럼 당신도 '불안정성의 딜레마와 루프들'에 대한 해법이자 웹사이트와 신문이 날마다 생산해 내는 공포에 대한 해법으로 생각하는 그런 사랑 말입니다.

대심판관은 정말로 자신의 희생자들을 사랑했던 것이 아닐까요? 희생자들의 영혼을 구원하겠다는 고귀한 의도로 희생자들을 심문했던 것이 아닐까요? 희생자들을 영원한 저주와 지옥으로 가는 길에서 구원하기 위해 자기가 할 수 있는 일을 했던 것이 아닐까요? 선물 중에서도 가장 위대한 선물인 구속과 구원을 희생자들에게 주려고 했던 것이 아닐까요? 저는 사실 자신의 의도가 그런 것이었다는 대심판관의 말을 위선이라고 생각하지 않습니다. 물론 대심판관이 거짓말을 한 것일 수도 있습니다. 하지만 그가 길을 잃고 악령에 홀린 자들에 대한 사랑 때문에, 그들의 영혼을 구원하고자 하는 관심 때문에 그렇게 했을지도 모른다는 생각이 듭니다. 터무니없는 생각처럼 보일지 모르지만, 그런 생각은 사랑의 논리와 모순되지 않습니다. 계몽의 철학은 무엇보다도(혹은 대체로) 민중에 대한 사랑의 선언이었습니다. 어려운 처지에 놓여 있고, 굴욕을 당하고 있고, 돌보는 이 없이 버려져 있고, 자신들의 지혜와 삶의 기술의 유일한 원천인 어리석은 사제들과 미친 노파들의 처분하에 놓여 있는 사람들, 스스로 결정할 수 있는 기회를 박탈당하고 궁극적으로는 인간일 수 있는 기회를 박탈당한 모든 이에 대한 사랑의 선언이었습니다. 그러나 달랑베르d'Alambert와 그의 동료 철학자 대부분은 "인민은 독자적이고 선한 행위를 할 수 없는……무지하고 어리석은 존재"라는 데 전적으로 동의할 것입니다.

'일반 대중'을 무지의 어둠에서 구해내고 인간다운 자기 결정과 자기 창조의 상태로 끌어올리는 것이 철학자들의 일입니다. 철학자들은 일반 대중이 무엇이 자신들에게 좋은지도 모르고 그런 것이 제시되어도 알아보지 못한다고 해도 일반 대중을 위해 자신들의 할 일을 해야 합니다. 장 자크 루소Jean-Jacques Rousseau는 "일반 대중은 자유롭도록 강제되어야 한다. 사람들을 폭력에서 해방시키려면 폭력이 필요하다. 일반 대중은 자신들을 굴레에서 해방시킨 사람들을 환영하고 그들의 가르침을 열심히 경청하는 대신에, 자유를 향한 두려운 미지의 모험을 시작하는 대신에, 수갑을 꼭 찬 채 자신들에게 익숙하기 때문에 안전하고 편한 진창에서 뒹굴기를 더 좋아한다. 따라서 그들을 진창에서 벗어나게 하려면 힘이 필요하다. 그들이 자기 발로 서게 하려면 목덜미를 단단히 움켜쥐고 귀를 잡아당겨야 한다. 이 모든 것이 일반 대중을 위한 것이다!"라고 생각했습니다. 많은 철학자는 자신들이 대중의 인간성 회복을 위해 내세웠던 "각자 자기 방식대로 살아라. 그리고 남들도 그들 방식대로 살도록 내버려 두어라vivre et laissez vivre"라는 원칙이 정작 대중의 귀에는 "(철학자들은) 살아라. 그리고 (대중은) 죽게 내버려 두어라vivre et laissez mourir"라는 말로 들릴 수 있다는 것을 알지 못했습니다.[12] 관리자들은 일반 대중을 위해 그들을 채우고 있는 족쇄를 제거했지만, 그렇게 해서 주어진 자유가 관리되는 사람들(일반 대중이 관리 대상이라는 것은 전혀 근거가 없는 주장이 아닙니다)의 눈에는 냉담하고 소외된 사회의 특징으로 비칠 수 있다는 것을 알지 못했습니다.

잠시 역사적 서사에서 눈을 돌려 좀 더 세속적이고 친숙한 드라마, 다시 말해 고통스러운 일상적 삶의 드라마들을 살펴보도록 하겠습니다. 예를 들어 제가 당신을 사랑한다고 가정합시다. 그러면 저는 사랑하는 당신을 위해 제 힘이 닿는 한, 아니 없는 힘까지 끌어모아 할 수 있는 것은 무엇이든 하고 싶어 할 것입니다. 그러자면 먼저 '당신에게 좋은 것'이 무엇인지를 알아야 하겠죠. 당신에게 좋은 것이 무엇인지를 알기 위해 항상 당신 곁에서 열심히 지켜본 끝에 진정으로 좋은 삶을 위해 당신에게 필요한 것이 어떤 것이라고 결론지었다고 칩시다. 그리고 제가 존중하는 의견을 가진 사람들의 의견(이들이 좋은 삶으로 간주하는 것과 불행으로 간주하는 것)이나 누구보다도 이 문제를 더 잘 이해하고 있는 사람들의 말을 통해 무엇이 행복한 삶을 만드는지를 알게 되었다고 칩시다. 이런 사실들을 모두 알게 된 저는 당신의 삶을 더 좋은 쪽으로 변화시키려고 할 것입니다.

하지만 왜 그래야만 합니까? 당신은 제가 당신을 위해 하려는 일을 안 좋아할 수 있습니다. 당신은 제가 당신의 삶을 좋게 만드는 것이 아니라 황폐화시키고 있다고 생각할 수 있습니다. 당신은 자신에게 좋은 것이 무엇인지를 저보다 더 잘 알고 있다고 생각할 수 있습니다. 그렇다면 당신은 나에게는 나 나름대로 좋은 삶이 있다고 말할 것입니다. 당신은 당신에게 좋다고 제가 생각하는 것이 당신이 좋아하는 것이 아니라고, 그러니 당신이 원하는 대로 살게 내버려 두라고 생각할 것입니다. 가만히 옆에 앉아 당신이 삶을 낭비하는 것을 지켜보기만 하라고 생각할 것입니다. 제가 저 자신보다도 당신을 훨씬 더 많이 사랑할까요? 타자에 대한 책임(책임의 가장 완전한 구현은 사랑입니다)의 짐을 짊어질 때, 우리는 나침반 없는 배를 타고 폭력의 스킬라와 무관심의 카리브디스 사이를 지나가지 않으면 안 됩니다.

또 다른 경우를 생각해보죠. 앞에서 알렉산드라와 당신이 말했듯이, 오늘날까지도 학자들은 신이 카인의 제물을 거부한 이유를 놓고 의견이 분분합니다. 아직까지도 학자들은 도대체 카인은 왜 부당한 대우를 받았는지에 대한 만족할 만한 답을 찾지 못하고 있습니다. 아마 레셰크 코와코프스키Leszek Kołakowski(1927~2009년. 폴란드의 철학자)라면 그런 문제에 답할 수 있을지도 모르겠네요. 그는 욥기에서 분명하게 선포하셨듯이 하느님은 우리에게 빚지고 있는 것이 아무것도 없고, 특히 당신 자신의 행위에 대한 설명이나 정당화를 빚지고 있지 않다고 말하니까요. 하지만 카인의 죄에 대한 이야기에서 배울 수 있는 것은, 불의가 어디에서 비롯되었건 카인을 희생자에서 가해자가 되게 할 만큼 카인의 마음을 몹시 아프게 했다는 것입니다. 만일 불의의 희생양이 되지 않았더라면, 카인은 죄를 범하지 않았을 것입니다. 물론 불의의 희생양이라고 해서 카인이 저지른 형제 살해의 죄가 사해지는 것은 아닙니다. 그가 받은 벌은 정당했습니다. 하지만 그가 느낀 분노, 그로 하여금 죄를 저지르게 한 분노에 책임이 있는 것이 누구인지에 대해서는 물을 수 있습니다. 모든 악의 요람에서처럼, 카인이 저지른 악의 요람에서도 그 악에 선행하는 다른 악을 찾아낼 수 있습니다. 어디에서 어떤 이유로 발생하건 간에, 악은 대개 더 많은 악을 불러옵니다. 악은 악을 낳습니다. 악이 자식을 남기지 않고 죽는 경우는 찾아보기 어렵습니다. 바로 이것이 형제 살해의 기원에 대한 성서의 이야기가 전하고자 했던 경고가 아닐까요? 복수의 연쇄 사슬(그레고리 베이트슨Gregory Bateson이 말하는 분열생성적schismogenetic 사슬)을 끊고자 한다면, 자가 생산적이고 자가 증강적인 불의의 잠재력에 주의해야 한다는 경고가 아니었을까요? 형벌을 강화해 악을 근절하려 하거나 엄격한 관습과 엄격한 처벌을 짝지으려는 입법자들은 카인과 아벨의 이야기에 담긴 의미를 한번 생각해봐야 합니다. 악을 단번에 완전히 뿌리 뽑으려는 사람들은 아무리 오랫동안 죄와 벌의 균형의 문제에 대한 해답을 추구한다 해도 결국 아무런 답도 찾지 못할 것입니다.

당신의 말처럼, 토마스 할리크 신부는 불확실성으로부터 신학적 사유의 실을 자아냈습니다. 할리크 신부는 윤리적 사고에 대해서도 비슷한 말을 할 것 같습니다(이미 말을 했다면, 제게 알려주셨으면 합니다). 도덕의 굳건한 토대인 타자에 대한 책임은 양날의 검입니다. 타자에 대한 책임만으로는 선을 보장할 수 없습니다. 그것은 쉽게 악을 낳을 수 있습니다. 크누드 로이스트루프Knud Løgstrup[1905~1981년. 덴마크의 철학자, 신학자]는 칸트가 말하는 '내 안의 도덕률'은 '말없이 온다'고 말합니다. 우리는 명령이 있다는 것도 알고 우리의 행위를 요구한다는 것도 알지만, 그 행위가 구체적으로 어떤 것이어야 하는지에 대해서는 알지 못합니다. 명령은 분명하고 확실한 지침을 주기 직전에 걸음을 멈추고는 우리 각자에게 스스로의 책임하에 지침을 세우고 선택하는 힘든 일을 맡깁니다. 모든 선택이 그렇듯이, 우리는 실수할 가능성이 있습니다. 확신에 찬 도덕적 자아라는 것은 본질적으로 용어상의 모순입니다. 불확실성은 도덕의 자연적 서식지일 뿐만 아니라 도덕적 자아의 숙명이자 부모입니다. 우리에게 선택을 강요하는 것은 불확실성입니다. 선택과 선택 결과들에 대한 책임의 짐을 우리의 어깨 위에 지움으로써 우리를 도덕적 행위자로 만드는 것은 불확실성입니다.

스타니스와프 오비레크

루터의 선택에 대한 당신의 설명을 듣고 놀라움을 금치 못했습니다. 당신의 말처럼, 종교개혁의 아버지인 루터의 말을 영국 수상 마거릿 대처의 "대안이 없다"는 말 속에 포함되어 있는 오늘날의 결정론을 가지고 이해해서는 안 됩니다. 마르틴 루터는 결단코 마거릿 대처와 그녀의 추종자인 로널드 레이건Ronald Reagan 같은 인물이 아니었습니다. 대처와 레이건은 자신들 고유의 경제결정론을 갖고서 자국의 수많은 시민뿐만 아니라 전 세계 대부분의 지역을 극도의 빈곤 속으로 몰아넣었습니다. 루터는 이런 의미의 결정론과 책임 회피와는 정반대 쪽에 있습니다. 그는 다른 사람들이 정한 규칙에 복종하지 않았을 뿐만 아니라 더 나아가 몸소 자신의 규칙을 결정함으로써(덕분에 세계가 바뀌었습니다) 대안이 있을 뿐만 아니라 충분히 실현될 수 있다는 것도 보여주었습니다. 당신의 말처럼, 루터는 "저로서는 달리 어쩔 도리가 없기" 때문에 자신이 옳다고 생각하는 선택을 했습니다. 이런 점에서 저는 루터를 존경하고 본받고 싶습니다. 그렇다고 해서 제가 교회에 대한 반란자인 것은 아닙니다. 다만 루터처럼 저의 믿음을 밝히고 정치가들이나 우리 주 하느님의 관료들의 어리석음에 대한 분노를 솔직하게 표현할 수 있기를 바란다는 말입니다.

그런 의미에서는, 자기 방식으로 주체성을 실천한 이냐시오 로욜라가 루터의 형제라고 한다면 저는 루터의 한참 아래 손자라고 할 수 있습니다. 예수회의 초신자初信者 시절부터 지금까지, 저는 루터와 로욜라를 대립시키는 것을 좋아하지 않았습니다. 사실 둘은 대단히 비슷하고, 둘의 영적 후예들도 마찬가지입니다. 그렇기 때문에 저는 두 사람의 원천이 같다는 것을 보여주는 역사가들의 연구들을 접했을 때 몹시 기뻤습니다. 교황 제도를 결사적으로 반대하는 측(루터를 지지하는 측)이나 교황 제도를 결사적으로 옹호하는 측(로욜라를 지지하는 측)이나 모두 주체성을 보여주는 데 기여합니다. 선택할 수 있다는 증거니까요! 루터와 로욜라는 그들 시대의 자식일 뿐, 반드시 우리의 역할 모델일 필요는 없습니다. 우리는 그들의 지나치게 열정적인 경향을 조심해야 합니다. 물론 우리는 도덕적 자아와 충만된 의식에 대한 자각을 그들에게 빚지고 있습니다. 나, 오직 나만이 내 결정에 대해 책임이 있다는 자각 말입니다. 이러한 자각이 로욜라처럼 권위에 대한 충성과 연결되는지, 아니면 루터처럼 권위에 대한 거부와 연결되는지 여부는 중요하지 않습니다.

선동 정치가인 대처와 그녀와 한편인 로널드 레이건에 관한 당신의 언급은 저를 매우 기쁘게 했습니다. 공산주의를 무너뜨리고 폴란드인들이 자유를 되찾게 해주었다는 이유로, 그들은 폴란드에서 매우 뛰어난 정치가로 간주됩니다. 이런 평가가 맞든 틀리든, 문제는 그들의 정책이 가장 힘없고 가난한 계층에게 어떤 희생을 강요했는지에 대해서는 거의 이야기되지 않고 있다는 것입니다. 경제학자도, 정치학자도 아닌 저로서는 그 문제를 두고 전문가들과 논쟁할 생각이 없습니다. 그 대신에 잠시 개인적 이야기를 할까 합니다. 하층계급 출신인 저로서는 누군가(특히 빈자와 약자)가 역사법칙(특히 자유시장 경제의 법칙)의 제단에 왜 희생 제물로 바쳐져야만 하는지 이해할 수 없습니다. 대처와 레이건에게는 이것이 전혀 문제가 되지 않았죠. 그런 점에서 당신은 제게 레오카디아 오레지아크 교수의 주장에 관심을 가질 수 있게 해주었습니다. 제 나름대로 공개 토론에 관심이 많다고 생각했는데, 연금 규정처럼 구체적인 문제에 작용하는 이데올로기적 요인들에 관해서는 전혀 몰랐다는 사실을 알고 놀랐습니다.

오레지아크 교수 덕분에, 사회보장제도는 세대 간의 연대인 반면에 개방형 연금 기금은 공격적 이기주의의 표현이라는 사실을 알게 되었습니다. 개방형 연금 기금과 공격적 이기주의 둘 다 피해야 할 것들이라는 것이 오레지아크 교수의 주장입니다. 물론 사회보장제도도 주의 깊게 감시되고 통제되어야 하고, 다양한 보장 형태를 포함할 수 있도록 확장될 필요가 있습니다. 그러나 논증은 없고 욕설과 비난만 난무하는 것이 현실입니다. 그중에서도 최악은 주장이 명료하지도 않고 상대방의 논증에 대한 열린 자세도 찾아볼 수 없다는 것입니다.

　　이와 관련해서 당신은 코르넬리우스 카스토리아디스와 크리스토퍼 래시 간의 논쟁에 대해 언급했습니다. 이 논쟁에 대해 잘 알지는 못하지만, 그 논쟁이 수많은 사람의 공통적 느낌을 얼마나 생생하게 보여주는 것인지는 충분히 짐작할 수 있습니다. 물론 그들이 보여준 것은 서유럽 사람들의 느낌이었겠지만, 그들만 그렇게 느끼고 있는 것이 아닙니다. 개인의 '사적 세계'에만 초점이 모아지는 현상, 요컨대 이타주의에 대한 이기주의의 우위는 오늘날 매우 흔히 볼 수 있는 현상입니다. 그러나 항상 그랬던 것도 아니며 반드시 그래야만 하는 것도 아닙니다. 적절한 예가 1989년의 정치적 대격변 이후에 폴란드에서 전개된 일들입니다. 이레네우시 크세민스키Ireneusz Krzeminski는 솔리대리티Solidarity(연대 노조)의 이상의 소멸을 다룬 저서에서 이에 관해 말하고 있습니다. 그는 폴란드의 최근 역사에서 가장 중요한 경험 중의 하나인 사회적 연대 혹은 책임 공유에 대한 각성과 관련해 이상한 기억상실 현상이 있었다고 말합니다. 도대체 어떻게 그런 일이 일어날 수 있었던 것일까요? 그 이상한 기억상실은 실천과 이론의 우연한 결합이 가져온 결과입니다. 잘 아시다시피, 이론과 실천의 결합이 언제나 좋은 결과를 가져오는 것은 아니니까요. 사건의 주역들에 대한 평가와 평가 대상이 될 사실들의 선택에는 대개 평가하는 개인의 경험이 결정적 요소가 되는 경우가 많죠. 그래서인지, 이레네우시 크세민스키는 이념들과 이념들의 변화를 사회구조상의 변화의 결과로 해석하는, 가능한 한 가장 안전한 길을 택했습니다.

이레네우시 크세민스키의 《솔리대리티: 폴란드 민주주의의 미완의 기획Solidarity: The Unfulfilled Project of Polish Democracy》을 읽다 보니, 그동안 잊고 있었던 기억이 되살아나더군요. 그래서 되살아난 기억이 정확한 것인지를 저자가 기술한 내용과 맞추어보았습니다. 저자의 손을 들어줄 수밖에 없더군요. 제가 기억하고 있는 내용의 상당 부분이 부정확한 것이었기 때문입니다.

하지만 제가 되찾은 많은 기억 중에 적어도 한 가지만은 이레네우시 크세민스키의 기본 테제와 일치하는 것 같습니다. 그의 기본 테제는 1981년 12월 13일의 계엄령 선포가 결과적으로 사회적 열정과 각성된 주관성에 대한 일종의 사회적 살인이었다는 것 같은데, 제 생각이 확실히 맞는지는 거의 600쪽에 이르는 그의 방대한 저서를 처음부터 끝까지 다 읽어봐야 알 수 있을 것 같습니다. 이레네우시 크세민스키의 기본 테제는 그 책의 끝부분에 나오는 다음 인용문만으로도 충분히 짐작할 수 있습니다.

자신의 의견을 가질 권리와 표현할 권리, 그리고 자신의 이익과 공동의 이익을 추구할 권리에 대한 존중이 솔리대리티 운동의 기본 토대입니다. 그러므로 솔리대리티의 평화적 운동—언제나 중시되어야 하는—은 개인과 공동체를 위한 최선의 해결책을 만들어낼 수 있는 논쟁과 토론의 중요성에 대한 최고의 확신을 보여주였습니다. 심지어 무장 상태에 있는 당·국가와도 토론할 수 있다고 믿었습니다. 계엄령 선포는 폴란드 국민의 시민 의식을 말살시켰다는 점에서 폴란드 국민에 대한 범죄행위였습니다.[13]

기꺼이 서로 돕고 서로 솔직하게 마음을 터놓으려는 움직임은 중단되고 억압되었습니다. '그러한 자발적 움직임을 다시 볼 수 있을까요?' 저는 그럴 것이라고 믿습니다. 이와 관련해서, 당신이 폴란드 군대의 아프가니스탄과 이라크 파병과 관련된 '전리품의 보장 약속'에 대해 언급한 것은 중요한 의미가 있습니다. 폴란드 군대의 파병은 '자유―우리와 당신들 모두의 자유'를 지키기 위한 옛 폴란드의 투쟁 전통에 대한 부정이었습니다. 열정과 확신에 차서 '우리 폴란드인 교황님'의 말씀을 내세우던 정치가들이 갈등과 그로 인한 불필요한 희생자들을 없게 하자는 요한 바오로 2세의 외침에는 눈과 귀를 완전히 닫아버렸다는 사실은 실로 이해하기 힘들 뿐 아니라 거의 역사적 농담이라고 할 수 있습니다. 그런데 이보다 훨씬 더 안타까운 사실은, 군종감이자 장군인 슬라보이 레셰크 글로츠Slawoj Leszek Glodz 주교가 정의로운 전쟁이라는 믿음하에 파병을 옹호했다는 것입니다. 주교의 행동을 악의적으로 해석할 생각은 없습니다. 다만 이런 이야기를 할 기회가 흔치 않으므로, 비판할 것은 가차 없이 비판하도록 하겠습니다.

헨리크 시엔키에비치Henryk Sienkiewicz가 몹시 사랑한 17세기의 사르마티아인 일기 작가 얀 흐리조스톰 파세크Jan Chryzostom Pasek는 글로츠 주교와 유사한 종교적 열정의 논리를 대단히 문학적인 언어로 보여준 바 있습니다. 스웨덴인들과의 전투에서 승리한 후, 파세크는 경건한 자세로 감사 미사를 도울 채비를 하던 중 양심의 가책이 밀려드는 것을 느낍니다. 그런데 예수회 사제이자 군종신부인 아드리안 피에카르스키Adrian Piekarski의 말을 듣고 그러한 양심의 가책을 떨쳐버립니다. 파세크는 다음과 같이 적고 있습니다. "내가 미사를 준비하는 피에카르스키 신부 앞에 무릎을 꿇자, 군사령관이 말했다. '형제여, 손을 씻으시오.' 그러자 신부가 말했다. '그럴 필요 없습니다. 하느님께서는 당신의 이름으로 흘린 피를 싫어하시지 않습니다.'"[14] 오늘날 군종 사제들의 훈련은 이와 유사한 모델에 따라 이루어집니다.

당신은 우리가 살고 있는 포스트모던 세계의 참담한 현실을 설명하기 위해 두 가지 개념을 제시했는데, 그중 하나가 '부수적 피해'입니다. 세계에서 가장 강한 군대의 군사 지도자들은 이 개념을 이용해 자신들의 양심뿐만 아니라 그들과 손잡은 기독교인들의 양심까지도 잠재울 수 있었습니다. 그들의 논리는, 자유와 민주주의를 수호하기 위한 정의로운 전쟁을 하는데, 대체 죽임을 당한 수천 명의 적군과 잠재적 테러리스트에 대해 신경 쓸 필요가 어디 있느냐는 것입니다. 그들에게는 목적이 수단을 정당화할 수 있느냐는 의문 같은 것은 털끝만큼도 없었습니다. 사실 승자가 패자의 이야기에 귀를 막고 자신들의 마음대로 역사를 쓰는 것이 뭐 그리 놀랄 만한 일이겠습니까? 이야기를 할 줄 알게 되고 과거를 기억할 수 있게 된 이래로, 인류는 역사적 사건들에서 불편하거나 부끄러운 측면은 생략하고 역사가의 눈에 가치 있어 보이는 것들만을 기록해왔습니다. 유대인, 우크라이나인, 리투아니아인, 러시아인, 독일인, 아르메니아인, 그리고 로마와 기타 집단들 모두 폴란드의 역사를 함께 만들었는데, 그들의 역사는 왜 없는 것일까요?

그들은 이방인을 환대하고 잠잘 곳을 제공하는 폴란드인의 관대함을 보여주는 표시로서, 그리고 그저 배경으로만 어렴풋이 기억될 뿐입니다. 20세기에 들어, 폴란드인들은 다른 나라에서는 더 이상 배경으로도 생각하지 않는 폴란드의 역사를 그럴듯하게 만드는 데 통달했습니다. 정치적 변화를 겪었는데도, 이 점에서는 변한 것이 전혀 없었습니다. 벽들에는 폴란드 전사들을 기리는 현판들만 눈에 띕니다. 공동묘지에서는 가톨릭 신자들의 무덤만 관리되고 있습니다. 하느님은 오직 폴란드의 가톨릭교회에 대해서만 미소를 보이는 것 같습니다. 동서양을 막론하고 다른 나라들에서도 비슷한 문제들을 볼 수 있습니다.

당신이 두 번째로 제시한 '합리적 이기주의'도 마찬가지입니다. 내 이익만 중요하고 이웃의 손실과 불행은 아무 의미도 없다? 도대체 그 이유가 뭘까요? 리처드 도킨스Richard Dawkins는 그 이유를 이기적 유전자 탓으로 돌리면서 조건의 변화에 적응할 수 있는 종들의 자연 상태에서의 생존 논리를 제시합니다. 그런데 흥미롭게도 자연에서는 개미나 벌 같은 개체가 종족을 위해 자신의 생명을 기꺼이 희생하는 이타적 행동을 볼 수 있습니다. 그런데 인간의 세계는 단순한 생존 이상을 요구합니다. 성서는 인간이 서로 우정과 대화를 나눌 수 있도록 하느님에 의해 만들어진 최고의 피조물이라고 말합니다. 그런데 바로 그런 존재가 시간이 갈수록 정교한 파괴 기술, 자신의 이웃뿐만 아니라 자신들이 지배 대상으로 취급하는 모든 창조물까지도 파괴할 수 있는 기술을 발전시켰습니다. 이것이야말로 하느님의 영원한 경쟁자가 일으킨 루시퍼적 반란 혹은 바이러스처럼 접촉하는 것은 무엇이든 파괴하고 감염시키는, 잘못 이해된 '합리적 이기주의'가 아니겠습니까? '합리적'이라는 수식어가 붙든 '사악한'이라는 수식어가 붙든, 아인 란드의 영향력 있는 많은 저술에서처럼 높이 평가되든 광적인 사보나롤라Savonarola 같은 스타일의 설교자에 의해 욕을 먹든 간에, 바로 이것이 이기주의의 본질입니다. 아인 란드는 당시 미국의 전 세대에 자신의 것을 차지하기 위해서는 불가피하게 투쟁할 수밖에 없다는 생각을 퍼뜨렸습니다. 그 결과 그 세대는 오늘날까지도 원래 세상이란 그런 것이므로 스스로 알아서 자신을 지킬 수밖에 없다는 생각이 뭐가 잘못되었는지 전혀 알아차리지 못하고 있습니다. 사보나롤라는 인간적인 것은 모두 말살해버리는 종교의 어두운 기억으로 남았습니다. 대안이 있을까요? 최근에 윌리엄 오펄스William Ophuls의 책들을 읽었습니다. 오펄스는 우리 인간의 세계 인식의 이 이상한 측면을 진단하고 해결책을 제시합니다. 그에 따르면, 지구의 점진적 황폐화를 막을 수 있는 대안은 삶의 철학의 완전한 변화를 요구합니다. 그의 생각을 실천으로 옮기려고 하는 사람이 있다는 것을 보여주는 징표는 아무것도 없지만, 그렇다고 해서 그의 생각이 틀린 것이 되지는 않습니다. 사람들의 무관심 속에 놓여 있던 예언자들은 오펄스 이전에도 많았습니다.

저는 오래된 해결책을 지지합니다. 사랑 말입니다. 당신은 그것을 희생자들에 대한 대심판관의 걱정과 병치하고 비교함으로써 사랑에 대한 근본적 검토를 시도했습니다. 대심판관은 구원에 대한 관심에 이끌려 교묘한 강요의 무기들, 신학적으로 이야기하면 구원 수단들을 만들어냅니다. 저는 대심판관이라든가 그와 같은 부류의 사람들, 즉 제도에 의해 강요된 행복이나 제도에 의한 구원을 지지하는 사람들이 나쁜 의도를 갖고 있다거나 위선적이라고 생각하지 않습니다. 정반대로, 그들의 행위 동기는 구원에 대한 순수하고 비이기적인 봉사였다고 깊이 확신합니다. 하지만 예수의 책망하는 듯한 시선이 느껴집니다. 그런 점에서, 대심판관이 지극히 기만적이고 혐오스러운 인물이 아닐까 하는 도스토옙스키Dostoyevsky 혹은 주인공인 이반 카라마조프의 의구심은 정당합니다. 대심판관이 자신이 모시는 하느님보다 자신이 더 잘 안다고 주장하는 순간, 사태는 심각해지고 의구심은 한층 짙어집니다. 그때 옆에서 가만히 지켜볼 수만은 없습니다. 큰 소리로 '이제, 그만!'이라고 외쳐야만 합니다.

그러한 행위들은 사랑과는 아무 관계도 없을 뿐만 아니라 더 나아가 사랑과는 근본적으로 정반대되는 것입니다. 계몽철학자들이 강제와 폭력을 통해 이념을 실현함으로써 일반 대중을 행복하게 만들고자 했을 때, 그들도 앞서 예로 든 사람들처럼 기만과 망상에 빠져 있었는지는 잘 모르겠습니다. 저는 계몽철학자들에 대해서는 잘 모르지만, 어쨌건 일단 작동하기 시작한 단두대를 멈추기는 어려웠습니다. 단두대는 당대의 살롱에서 벌어지던 그 어떤 토론보다도 더 강력하게 사람들을 지적 딜레마로 이끈 것으로 보입니다. 예수를 쫓아내면서까지 보통 사람들을 구원으로 이끄는 절차를 복잡하게 만든 대심판관과 담론의 펜을 버리고 단두대의 번쩍이는 칼날을 취한 철학자 중 누가 더 나쁜 것일까요?

저는 어느 쪽도 선택하고 싶지 않습니다. 가능하다면, 둘 다 저의 키부츠(원래는 이스라엘의 집단생활 공동체의 한 형태이지만, 여기서는 공동체 내지 사회의 비유적 표현으로 쓰임. 아래의 '입국 비자'라는 표현도 마찬가지임)에서 쫓아내고 싶습니다. 그럴 수만 있다면, 키부츠에 새로운 법을 제정해서 그런 개혁가들에게는 입국 비자를 내주지 않고 싶습니다. 관용과 이해에도 한계가 있는 법입니다.

이들은 눈에 보이는 외부의 적입니다. 그래서 도스토옙스키가 대심판관의 정체를, 프랑스를 비롯한 여러 나라의 회의주의자들이 계몽사상의 정체를 알아보고 폭로하고 거부했듯이, 이들의 정체는 알아차리고 폭로하고 거부하기가 비교적 쉬운 편입니다. 이들의 죄는 낱낱이 밝혀져 기록되어 있으므로, 굳이 이 자리에서 거론하지 않겠습니다.

그런데도 대심판관을 옹호하는 사람들은 여전히 상당수이고 모든 사람에게 거부당하는 철학자들은 없기 때문에, 양자 간의 논쟁은 여전히 격렬합니다. 논쟁의 격렬함에 비해, 양측의 역할은 비교적 쉽게 정해지고 선악의 경계선 역시 쉽게 그어집니다. 하지만 그 경계선이 나를 통과한다면, 다시 말해 나의 일부가 나의 또 다른 일부를 고발한다면, 어찌해야 하나요? 더군다나 나를 고발하는 나의 일부는 대개 내가 가장 고귀하다고 생각하고 나를 가장 완전히 표현한다고 생각하는 부분입니다. 나의 정체성을 형성하는 부분입니다. 저는 해결 불가능해 보이는 이 진퇴양난의 딜레마를 해결할 생각이 없습니다. 딜레마에서 빠져나올 수 있는 열린 문이 있기 때문입니다. 이를테면 우리 자신이 어떻게 살고 있는지를 생각해보십시오. 집을 어떻게 갖추어놓고 사는지, 숱한 나날을 어떻게 보내는지, 얼마나 많은 좌절과 참담한 실패를 맛보는지, 자신과의 싸움에서 소소하나 확실한 승리를 얼마나 많이 맛보고 있는지 생각해보십시오. 우리 둘에게 매우 중요한 의미가 있는 성서의 창세기에서, 하느님은 아담과 이브의 결정 혹은 선택 이전이 아니라 이후에 인식됩니다. 결정이나 선택의 순간에, 우리는 혼자입니다. 선이 내게서 비롯되듯이, 악도 내 안에서 태어납니다. 하느님은 우리가 양심의 가책이나 내적 만족을 느끼는 순간에 출현합니다. 즉, 나중에 출현합니다. 레셰크 코와코프스키가 무슨 생각으로 하느님에게는 우리의 선택과 결정에 대한 책임이 없다고 했는지는 모르겠지만, 그가 하느님을 안전거리에 모셔둔 것만은 분명합니다. 그렇기 때문에 그는 비교적 쉽게 하느님을 받아들일 수 있었던 것 같습니다. 하지만 코와코프스키와 달리, 저는 하느님과 그의 관료들과 커다란 문제가 있습니다. 사실 하느님보다는 그분의 관료들과의 문제가 더 큽니다(저의 경우에도 하느님은 안전거리에 있습니다. 그분은 제 일에는 거의 참견하시지 않고 제 재량에 맡기십니다). 하느님의 관료들은 자신들의 종교적 세계 바깥에서 볼 수 있는 악에 대해 별 고민 없이 쉽게 규정지어 버립니다. 그처럼 쉽게 규정짓는다는 점 때문에, 저는 그들의 규정을 믿지 않습니다.

이러한 불신은 제가 그러한 규정 중의 하나 때문에 오랫동안 옴짝달싹 못했던 경험 때문일 것입니다. 예수회는 제게 그런 규정들을 제시하고는 제가 받아들이기를 바랐습니다. 그것은 저의 힘으로는 어찌해볼 수 없었고, 그것은 지금도 마찬가지입니다. 제가 성서 속의 신화와 이야기에 더 이상 만족하지 못하게 된 것도 이런 경험 때문입니다. 제가 보기에는, 죄 없는 아벨과 사악한 카인의 이야기 역시 애매모호한 것 같습니다. 저는 바벨탑의 우화(탑을 세우려는 문화적 시도가 왜 오만함의 표현으로 간주되었던 것일까요?)라든가 하느님의 무자비함을 보여주는 노아의 홍수 이야기도 받아들이지 않습니다. 하느님은 노아에게 낙원에서 발생한 균열을 치유하겠다는 약속의 징표로 아름다운 무지개를 구름 속에 두겠노라고 말씀하시는데, 도대체 왜 대홍수라는 엄청난 대가가 반드시 있어야 하는 것일까요? 저는 스승인 월터 옹Walter Ong처럼 종교적 이야기 밖에서 답을 찾기 시작했습니다. 종교보다는 생물학, 물리학, 천문학 등에 더 가까운 것, 단적으로 말해 삶 자체를 들여다봐야 할 것 같습니다.

지그문트 바우만

당신은 지난번 서한에서 많은 문제를 제기했습니다. 먼저 그 문제들부터 이야기하고, 당신이 맨 끝에 언급한 정체성 문제에 대해서는 나중에 이야기하겠습니다.

당신은 윌리엄 오펄스의 말을 인용해, "지구의 점진적 황폐화를 막을 수 있는 대안은 삶의 철학의 완전한 변화를 요구한다"라고 말했습니다. 당신의 말에 전적으로 동의합니다. 그렇습니다. 지구의 점진적 황폐화는 '삶의 철학의 완전한 변화' 없이는 막을 수도, 늦출 수도 없습니다. 저는 제가 '문화혁명'이라고 부르는 이 변화에 관해 오랫동안 글을 써왔습니다. 저는 오늘날 지배적인 '삶의 철학'—상당히 최근에 출현했지만 그 범위와 결론들에 대한 근본적 수정이 필요한 문화적 선택—은 명시적인 혹은 암묵적인 두 개의 가정에 기초하고 있다고 봅니다. 우리의 철학과 삶의 실천만이 아니라 우리의 세계-내-존재 양식 전체의 기초를 이루는 그 가정 중 하나는 '경제 발전의 형이상학'이고, 다른 하나는 '소비 물신주의'입니다.

오늘날 함께 살아가는 것의 어려움을 해결하려는 생각은 거의 전부가 더 합리적이고(더 사려 깊고 덜 낭비적이라는 의미입니다) 공정한 분배가 아니라 '빵 덩어리의 크기를 키우기'라는 개념에 사로잡혀 있습니다. '빵 덩어리의 크기를 키우는 것'이 무한정 가능하다면, 그것은 우리 국민의 상당수를 빈곤과 불행에서 구해낼 수 있을 것이고, 사회 갈등에 대한 합리적이고 매력적인 해결책이 될 것입니다. 문제는 그것이 불가능해 보인다는 것입니다. 지구의 자원은 유한합니다. 적게 잡아 계산하더라도, 이미 우리는 지구가 재생 능력을 잃지 않으면서 제공할 수 있는 것보다 50퍼센트나 더 많은 자원을 빵을 만들어내는 데 소비하고 있습니다. 상당수의 연구자는 '가장 발전된'(앞서 말한 경제 발전의 형이상학이 주장하는 의미에서 '발전된') 국가들의 복지 수준에 맞춰져 있는 인류 전체의 기대를 충족시키려면 현재의 지구 같은 것이 다섯 개는 있어야 한다고 말합니다. 하지만 너무 늦지 않은 시기 안에 네 개의 지구를 더 갖게 될 가능성은 전혀 없어 보입니다.

자본주의 시장 사회가 암묵적으로 채택하고 있는 '경제 발전'이라는 개념에도 함정이 숨어 있습니다. 자본주의 시장 사회는 재화(인간의 욕구를 충족시키는 대상, 따라서 사용가치에 따라 값이 매겨지는 대상)가 아니라 상품(교환가치에 의해 측정되는 이윤 발생 대상)을 생산합니다. 이미 19세기에 존 러스킨John Ruskin은 재화들이 사용되기 위해서가 아니라 팔리기 위해 생산된다고 한탄했습니다. 그리고 최근에 기 드보르Guy Debord가 《스펙터클 사회La Société du spectacle》의 46번째 논제에서 실감 나게 묘사했듯이, 원래 효용가치의 '용병'이던 교환가치는 이제 자신의 전쟁을 수행하기 시작했습니다. 교환가치의 극대화는 이제 재화의 생산과 분배의 유일한 추동력입니다. 자본주의 시장 생산의 공공연한 목적인 '시장 포화'는 이미 존재하나 수익성이 없을 것 같은 수요에는 별 관심이 없고 장차 수익성이 있을 것 같은 수요를 만들고 이용하는 데 초점을 맞춘다는 점에서 '수요 충족'과는 근본적으로 다릅니다. 가장 가난한 사람들이 필요로 하는 재화는 그 재화를 파는 사람들에게 가장 낮은 수익을 약속할 뿐입니다(이는 우연이 아닐 것입니다). '경제 발전'의 공식 지표인 GDP는 소유자가 바뀌는 돈의 양을 기준으로 사회의 복지를 측정함으로써 현실에 대한 우리의 생각을 잘못된 길로 이끌고 그 길을 고수하게 만듭니다. '경제성장'이 GDP 성장률과 동일시되면, 그것은 시장 조작의 강도强度를 의미합니다. 시장 조작의 강도는 이론상으로는 욕구 충족의 정도와 조화를 이룰 수 있지만, 자본주의에서는 그렇지 못합니다. 자본주의에서 시장 조작의 강도는 지구의 자원을 고갈시키는 속도와 궤적을 같이한다고 할 수 있습니다. 현존하는 형태의 '경제 발전의 형이상학'은 지구의 점진적 황폐화에 가장 큰 책임이 있으면서도 그러한 추세의 제한 내지 정지와는 가장 화해할 수 없는 현상 가운데 하나입니다. 그것은 강도強盜 경제학의 방법입니다. 강도 경제학의 특징은 희생자들에 대한 보호는커녕 희생자들의 미래에 대한 관심조차 없다는 것입니다.

'삶의 철학'의 변화 혹은 '문화혁명'이 시급하게 필요한 두 번째 가정은 소비 물신주의입니다. '물신주의'라는 용어는 숭배의 대상이 신으로부터 숭배자들이 만든 신의 조각상으로 바뀐 현상에서 유래했는데, 소비 물신주의라는 현상도 비슷한 방식으로 출현했습니다. 근대는 모든 사람이 '행복 추구'의 권리를 갖고 있다는 선언으로 출발했습니다(출발까지는 아니라도 해도, 동력을 얻었다고는 할 수 있습니다). 그런데 행복은 매우 광범한 개념으로, 더 이상 논의할 필요 없이 즉각적으로 이해할 수 있는 것이 아닙니다. 행복은 단 하나로 정의 내리기 힘든 개념으로 악명이 높습니다. 행복이라는 말로 떠올릴 수 있고, 또 실제로 떠올렸던 조건들이 무엇이건 간에, 근대는 유례없는 행복을 가져다주겠다고 약속했습니다. 그리고 앞으로 계속해서 더 많은 행복을 보장해주겠다고 약속했습니다. 바로 이것이 보편성에 대한 근대의 야망/주장의 지지 기반이었다고 할 수 있습니다. 적어도 근대성에 대한 가장 인기 있는 해석 중의 하나에 따르면 그렇습니다. 즉, 가장 근대적인 형태의 삶의 철학 중 하나인 공리주의는 (이론적으로 계산 가능한) 행복의 양이 도덕적 선택의 주된 기준이자 유일하게 타당한 기준이라고 주장했습니다. 그리고 공리주의의 자본주의적·시장적 판본인 오늘날의 삶의 철학은 행복을 약속하는 재화들의 획득/소유를 행복과 동일시할 뿐만 아니라, 도덕적 행위를 타인들에게 상품을 거저 주는 것과 동일시합니다. 행복의 양과 도덕적 덕은 상품 가격에 의해 측정됩니다. 그리하여 행복에 대한 숭배는 상품 숭배로, 백화점은 숭배의 사원으로, 백화점에서 구입한 물건들은 성물과 성상으로 바뀌었습니다. 과거에 행복을 얻기 위해 사용되던 방법, 다시 말해 새로운 숭배로 개종하기 전에 실행되던 이교적 방식은 더 이상 쓰이지 않게 되고 잊혔습니다. 혹은 그 단순하고 소박한 특성과 서민적 기원을 이유로 이교적 미신에나 어울리는 것으로 조롱당하거나 경멸받고 폐기되었습니다. 이러한 전환은 인간의 상호 관계의 윤리나 인간들의 공동의 집인 지구의 미래에 좋은 징조가 아니었습니다.

당신은 우리의 지구, 우리 자신, 그리고 아직 태어나지 않은 우리의 후손들을 구하기 위한 대안들(생물학, 물리학, 천문학—단적으로, 삶 자체)을 제시하면서 "종교 바깥을 보아야" 한다고 말합니다. 저는 종교 바깥을 보아야 한다는 당신의 주장에 전적으로 동의합니다. 그런데 저는 당신이 제안한 대안들 중에 마지막 것이 가장 중요하다고 봅니다. 우리와 우리 행성의 구원이라는 문제에 대한 답은 과학과 종교 중에 어떤 것이 더 중요한가를 둘러싼 논쟁이라든가 과학과 종교가 이루어낸 성과에 대한 문제 제기가 아니라 바로 거기에서, 즉 '단적으로 삶 자체에서' 찾아야 한다는 것이 제 생각입니다.

앞서 당신이 다룬 또 하나의 문제에 대해 몇 가지 언급할까 합니다. 당신은 대심판관(당신이 말하는 대심판관은 도스토옙스키의 소설 속의 인물만이 아니라 그와 같은 생각을 가진 수많은 사람을 의미한다고 봅니다)이 "자신이 모시는 하느님보다 자신이 더 잘 안다고 주장하는 순간, 문제는 심각해지고 의구심은 한층 짙어진다"라고 하면서, 그러한 잘못된 주장을 하는 것이 대심판관만은 아니라고 말했습니다. 알베르 카뮈도 선악을 결정하는 힘을 가진 자리에 있는 사람들에 대해 비슷한 우려를 표명한 바 있습니다. 카뮈가 보기에, 우리 시대의 가장 끔찍하고 치명적인 악은 악행을 사명으로 하는 악마가 아니라 빛과 선의 이상에 몸과 마음을 바친 사람들이 최고의 이상이라는 명분 하에 자행한 끔찍한 잔학 행위들이었습니다. 그러나 이것이 극복해야 할 가장 중요한 문제는 아닙니다. 당신이 편지에서 썼듯이, 전자(대심판관)와 후자(혁명적 테러의 악행에 간접적인 책임이 있는 철학자들)의 잘못들은 제가 굳이 언급하지 않아도 될 만큼 철저히 조사되고 기록되어 있기 때문입니다. 극복해야 할 가장 중요한 문제는 당신이 지적했듯이, "저 (선악의) 경계선이 나를 통과한다는 것, 나의 일부가 나의 또 다른 일부를 고발한다는 것"입니다. "그리고 나를 고발하는 부분은 대개는 내가 가장 고귀하다고, 나를 가장 완전히 표현한다고 생각하는 부분입니다."

그렇습니다. 이것이야말로 우리 앞에 놓인 가장 어려운 과제입니다.

2장

———

얽히고 설킨
정체성

오늘날의 세계에서 품위 있고 존엄한 삶을 위한 기회들이 부당하게 분배되고 있는 것보다 더 중요하고 화급한 문제는 없습니다. 폭주하는 사회적 불평등과 탐욕보다 더 무서운 위협은 없습니다. 전 세계 인구 중 최상위 부자 1퍼센트가 전 세계 자원의 40퍼센트를 소유하고 있고 최상위 부자 10퍼센트가 전 세계 부의 85퍼센트를 소유하고 있는 반면, 피라미드의 절반 아래쪽에 있는 사람들은 전 세계 부의 1퍼센트를 소유하고 있을 뿐입니다. 전 세계의 최상위 부자 1000명의 총자산이 가장 빈곤한 25억 명의 총자산의 배가 넘습니다. 이것은 단순히 통계 수치의 문제가 아니라 인간 조건의 문제입니다. 이러한 통계 수치 이면에는 인간의 불행, 빈곤, 고통, 굴욕, 실추된 자존감의 바다가 자리하고 있습니다. 이 바다는 통제 불가능한 수준으로 증가하는 수많은 사람을 집어삼키고 있습니다.

스타니스와프 오비레크

선과 악, 책임과 사랑에 대한 논의는 잠시 제쳐두고, 우리가 누구인지에 대해 이야기해볼까 합니다. 더 정확히 말하면, 우리가 지금 여기에 있는 우리를 누구라고 생각하는지에 대해 이야기해볼까 합니다. '지금 여기에서'는 중요합니다. 왜냐하면 '그때 거기에서는' 이 문제에 대해 달리 답했을 테니까요. 제가 정체성에 대해 생각하게 된 데는 최근에 비아워비에자Białowieza 숲에서 며칠을 보낸 것이 직접적인 계기가 되었습니다. 저는 사람보다는 나무와 동물과 더 가까운 원시림인 비아워비에자 숲에서 며칠을 보냈습니다. 그 숲은 정말로 아름다웠지만, 지금은 마치 나무들에 새겨져 있기라도 한 듯이 자연과 일체를 이루고 있는 그곳 사람들에 대해 이야기할까 합니다. 저는 이번에 처음으로 비아워비에자를 가보았습니다. 인터넷을 통해 비아워비에자가 브와디스와프 4세Władysław Ⅳ〔1595~1648년 동안 재위한 폴란드 왕〕와 아우구스투스 3세Augustus Ⅲ〔1734년에 러시아와 합스부르크 왕가의 지원으로 즉위해 1763년까지 재위한 폴란드의 왕〕가 매우 좋아한 곳이었고, 지기스문트 2세 아우구스투스Sigismund Ⅱ Augustus〔리보니아와 리투아니아 대공국을 합병해 거대한 폴란드 왕국을 건설한 왕. 재위 기간은 1520~1572년〕와 스테판 바토리 Stefan Batory〔헝가리의 대귀족 바토리 가문의 일원으로, 1576년 폴란드의 왕위에 올라 1586년까지 재위했음〕의 사냥터였고, 그곳의 건물들이 차르 알렉산드르 3세Alexander Ⅲ에 의해 세워졌다는 것도 알게 되었습니다. 지금 그곳에는 러시아 교회 하나, 작은 예배당 하나, 그리고 한때 주인이었던 유대인을 잊지 않고 정통 유대 요리를 파는 훌륭한 식당이 있더군요.

비아워비에자의 특징은 다문화주의입니다. 그곳에서는 폴란드인, 벨라루스인, 유대인이 수 세기 동안 함께 살았고, 타타르인을 받아들였으며, 한데 어울려 살면서도 각자의 개별성을 잃지 않았습니다. 오랜 세월 동안 그곳에서는 인종이나 민족을 따지는 것은 눈치 없는 짓으로 여겨졌습니다. 그런 것들을 가져와 사람들의 삶을 어지럽히는 것은 주로 외지인들이었습니다.

이는 포들라시Podlasie〔폴란드 동부에 있는 유서 깊은 지역〕만이 아니라 폴란드 전역에 해당되는 이야기일지도 모릅니다. 어쨌건 며칠 동안 비아워비에자에서 지내면서 겪은 경험을 계기로, 현존하는 국경선들의 정당성에 대해, 더 나아가 적법성에 대해서까지 의문을 품게 되었습니다. 국경을 긋는 것은 아무런 이점도 없습니다. 국경은 커다란 골칫거리일 뿐입니다. 예기치 못한 역사적 사건들로 인해, 비아워비에자에 사는 모든 가족은 여러 부류로 나뉘었습니다. 1945년 이후 그들은 각기 폴란드인, 벨라루스인, 우크라이나인, 리투아니아인 등 등으로 '느낄' 수밖에 없게 되었습니다. 이러한 유산에 대한 당신의 태도는 무엇입니까? 수용입니까, 심사숙고입니까, 아니면 거부입니까? 그리고 저의 뿌리는 어디에 있는 것일까요? 비아워비에자 주민들의 과거와 현재는 우리의 지금 여기에 대한 상징이라고 볼 수 있습니다.

지그문트 바우만

당신은 '민족 건설nation-building'의 열풍이 불기 이전 시대(인류 역사의 99퍼센트를 차지하는 시기)의 모습을 그대로 간직하고 있는 곳에서 영감을 받아 '정체성' 문제를 제기한 것 같습니다. 비아워비에자에 갔으니 당연하겠지요. 그곳에 가면 지금도 여전히 유대인의 부엌에서 나는 음식 냄새, 무에친이 외치는 소리, 리투아니아인·스웨덴인·색슨인·헝가리인—후대의 역사가들이 '두 국가'(리투아니아와 폴란드)라고 기술한 저 공화국의 왕들은 이렇듯 다양한 혈통을 갖고 있었습니다—이 사냥하는 외침 등이 떠오릅니다. 당신은 최근에 갈수록 관심 대상에서 멀어지는 그곳의 전통을 되찾고 있는데, 일찍이 체스와프 미워시Czesław Miłosz는 비아워비에자에 관한 아름다운 소설을 쓴 바 있습니다. 폴란드 제2공화국이 1931년 12월에 실시한 제2차 인구조사에서 '지역 거주민'이라는 항목으로 분류된 70만 7088명 가운데 거의 대다수가 이 지역의 시민들이었습니다. 그들은 어느 '민족 nationality'에 속하느냐 하는 질문을 이해할 수 없었기 때문에 소속 민족을 적을 수 없었던 것입니다. 이보다 더 이전 시대인 합스부르크 왕조 시절에 비아워비에자에서 남쪽으로 200킬로미터가량 떨어진 곳에 살았던 중유럽의 위대한 소설가 요제프 로트Joseph Roth(1894~1939년. 오스트리아·헝가리제국 태생의 유대인으로, 저널리스트와 소설가로 활동했음. 대표작으로, 20세기 유럽의 가장 뛰어난 역사소설로 꼽히는 《라데츠키 행진곡》이 있음)는 〈황제의 흉상The Bust of the Emperor〉이라는 단편소설에서 조상 대대로 물려받은 비아워비에자의 영지에 살던 "술에 취하거나 도박을 하거나 여자에 빠진 모습을 보인 적이 없는" 모르스틴 백작이라는 인물을 그리고 있습니다. 백작은 '민족 문제'를 반대하는 데 온 열정을 쏟았습니다. 당시 민족 문제는 합스부르크 제국 전역에서 초미의 관심사로 떠오르고 있었습니다. 로트는 이렇게 쓰고 있습니다. "원해서든 원하는 척이라도 해야 했기 때문이든 간에, 모든 사람은 이 낡은 군주제하에 사는 많은 민족 집단 가운데 어느 하나에 들어갔다." "19세기를 살던 어엿한 시민이 되고자 하는 사람은 먼저 특정한 인종이나 민족의 일원이어야만 한다는 것을 발견했다." 대중의 사랑을 받은 오스트리아의 시인이자 극작가인 프란츠 그릴파르처Franz Grillparzer는 저 소설의 결말이 '인류에서 민족을 거쳐 야만을 향해' 나아가고 있는 유럽인들의 앞에 놓인 일촉즉발의 대량 살육—전 세계의 대륙에 산재한 전장들에서—이 되리라는 것을 직감했습니다. 로트는 그 이야기의 결말이 사실이 된 이후이자 다음번의 더 소름 끼치는 대량 살육이 벌어지기 이전인 1935년에 이렇게 썼습니다. "민족주의, 야만의 서곡의 조짐."

실로 현대사에서 민족은 종교를 대신해 대량 살육의 최고의 동기이자 명분이 되었습니다. 종교로부터 오랜 세월 동안 이어져 온 대량 살육의 경주에서 바통을 넘겨받았습니다. 이는 1555년의 아우크스부르크 회의 때 이미 어느 정도 예정되어 있던 것입니다. 유럽에서 가장 강력한 왕조들의 통치자들은 자신들의 토지를 황폐화시키고 신민들을 떼죽음으로 몰고 가는 끝없는 종교전쟁을 종식시킬 방법을 찾느라 필사적이었습니다. 1555년에 이들이 보낸 사절들이 아우크스부르크에 모였습니다. 이들은 통치자가 신민의 종교를 결정한다는 원칙에 합의했지만, 이 합의는 말에 그쳤을 뿐 실행되지 않았기 때문에 이후 100년 가까운 기간 동안 유혈 충돌이 이어졌습니다. 마침내 1648년에 유럽 왕조들의 권력 집단들이 뮌스터와 오스나브뤼크로 대리인들을 보내 아우크스부르크 원칙을 받아들이고 실행하기로 합의합니다. 역사가들이 '베스트팔렌 조약'이라고 부르는 이 협약에서 오늘날까지도 여전히 공식적으로 통용되는 '영토적 주권'의 개념이 정의되었습니다. 영토적 주권은 세습되거나 선출된 통치자, 다시 말해 신에 의해 선택되거나 민족(1848년의 '민족들의 봄' 이후부터 부상하기 시작한)을 대표한다고 하는 왕이나 인민이라는 국가의 진정한 주인이 영토적 경계 내의 주민에 대해 갖는 완전하고 양도할 수 없고 불가분한 권력이라고 정의되었습니다. 스탠퍼드 철학대사전에 따르면, '주권'은 영토적 경계 내에서 행사되지만, 정의상 주권이 미치는 영역에 대한 간섭이 금지되어 있는 타자들에 대해서도 행사됨니다. 여기서 '타자들'이란 경계선의 다른 쪽에 영토가 있다는 차이만 있을 뿐 마찬가지로 영토를 기준으로 정의된 권력들입니다. 주권자에 의해 확립된 현재 상태에 대한 개입은 선험적으로 불법적이고 모욕적인 것으로서 선전포고의 이유로 간주되었습니다.

사회질서를 확립하기 위해 생각해볼 수 있고 실행할 수 있고 믿을 수 있는 틀은 많습니다. 그런데 역사적으로 수립된 이 영토적 주권의 틀이 이후 300여 년에 걸쳐 점차 '자연적인 것'이 되었습니다. 이 틀은 유럽 대부분의 나라에서 의심할 여지 없는 지위에 오르게 되었습니다. 또한 그것은 유럽에 중심을 둔 제국들의 결정적인 영향 하에, 그리고 그 틀에 대한 세계 곳곳에서의 끈질긴 저항을 억압하느라 오랫동안 이어진 전쟁들하에 전 세계의 다른 지역으로 점차 퍼져나갔습니다(식민 지배에서 벗어난 국가들은 주저 없이 '국경선'을 그었습니다. 물론 그것은 부족 간의 전쟁을 감소시키지는 못하고, 도리어 부족 간의 적대 관계를 폭발 일보 직전까지 몰고 가는 결과를 초래했습니다. 또한 예전의 유고슬라비아 공화국의 다민족 주민들은 새로운 국경선이 그어지면서 참혹한 운명을 맞았습니다).

20세기에 30여 년에 걸친 끔찍한 세계대전을 겪고 나서 전 세계가 평화로이 공존할 수 있는 실현 가능한 합의된 질서를 수립하려고 했을 때, 베스트팔렌 주권 모델이 유엔 헌장의 기초가 되었습니다. 유엔은 무슨 수를 써서든 영토적 주권의 원칙을 함께 감시하고 감독하고 수호할 책임을 부여받은 주권국 지도자들의 복합체였습니다. 유엔 헌장의 2조 4항은 '정치적 독립과 영토 보전'에 대한 무력 위협이나 무력행사를 금하고, 2조 7항은 아무리 우려할 만한 상황이라고 해도 주권국가의 내정에 대한 외부의 개입 가능성을 분명히 제한합니다. 앞서 간략하게 제시한 주권의 정의에 함축되어 있는 주권적 통치의 전략들은 베스트팔렌 회의 직후에 시작되어 이후 두 세기 동안 빠른 속도로 강력하게 전개된 민족 건설의 시대를 낳았습니다. 그러면서 주권 개념의 초점도 신이나 민족의 선택을 받은 통치자 개인이라는 주체에서 '인민the people, Le peuple, das Volk'이라고 알려진, 새로 형성되거나 가정된 객체 쪽으로 이동했습니다. '인민'은 민족 건설 과정에서 혹은 민족 건설의 결과로 '민족'이라는 새로운 이름으로 불리게 되었습니다. 어찌 됐건 중요한 것은 민족 건설이 근대국가의 건설과 나란히 진행되었다는 사실입니다. 다시 말해 민족 건설과 근대국가의 건설이라는 과정도, 이 두 과정의 긴밀한 상호 관계도 모두 베스트팔렌 조약의 영토적 주권 원칙을 국제 관계의 지도 원칙으로 수용한 결과였습니다. 그러한 수용을 위해서는 '종교religio'를 '민족natio'으로 바꾸기만 하면 되었습니다. 오늘날 근대국가론의 최고 권위자 중 한 명인 앤서니 스미스Anthony Smith의 의견을 참고해 위키피디아에서 정의한 바에 따르면, '민족nation'은 '에스니ethnie'보다 훨씬 더 일반적·추상적이고 분명하게 정치적인 구성물입니다. '에스니'는 공동의 유산, 언어, 문화를 갖고 있다는 신화에 의해 결합되어 있는 에스닉ethnic 집단이나 에스닉 공동체인 반면, '민족'은 자신들의 응집력과 통일성 및 이해관계를 알고 있는 문화적·정치적 공동체입니다. 이러한 용어상의 구분은 이론에서는 중요하겠지만 실천에서는 대개 무시됩니다. 하지만 이론상으로 보면, '에스니시티ethnicity'는 정치와 법 이전에 존재하는 것인 데 비해 '민족nation'은 그 형성과 존속 모두에서 정치와 상호 의존적 관계에 있습니다. 그러나 실천상에서는, 어떤 민족이 자신들을, 그리고 다른 민족들이 그 민족을 정치 이전의 '에스니시티'의 모델에 따라 인식할수록 자신들의 국가를 통한 영토적 주권 확보라는 정치적 야심을 달성할 가능성이 커집니다.

그러나 '민족 공동체national community'의 두 개념을 결합시키는 것은 그 개념들에 대한 정의에서 국가 주권에 부여된 역할입니다. 국가의 본질이 무엇이건 간에, 분명한 것은 국가 주권이 행사되는 영토권으로 나뉜 세계에서는 각각의 영토권에 법률과 법률을 수호하는 물리력을 통해 민족의 통일을 유지·강화하고 민족 공동체의 존속을 보장할 수 있는 국가가 있어야 한다는 것입니다. 한편 민족이 국가를 필요로 하듯이, 국가도 민족을 필요로 합니다. 민족 공동체, 공동 이익, 그 귀결인 애국적 의무 등등에 대한 요구는 복종과 시민적 규율에 대한 국가의 요구를 정당화해주었습니다. 이러한 정당화는 왕조 통치자들의 '신법'이 물러가면서 생긴 공백을 메우기 위해 시급히 요구되었습니다. 민족과 국가 간의 이러한 상호 의존 관계를 나타내는 표현이 오늘날 사회학계에서 널리 쓰이는 '민족국가nation-state'라는 용어입니다. 민족과 국가는 서로 떼어놓을 수 없는 하나의 유기체입니다. 둘 중 어느 것도 다른 하나와의 긴밀한 협력 없이는 제 역할을 할 수 없습니다.

하지만 사람들은 '에스니'가 '민족'의 반열에 오른 것, 말하자면 에스닉 집단들이 주권국가의 지위에까지 이른 것이 하느님의 명령과 그분의 지상 대리인인 가톨릭교회의 축복을 통해 통치자들의 지배에 대한 특권을 정당화하던 '구체제'의 몰락의 필연적 결과라는 것을 안다면 놀랄 것입니다(에스닉 집단들이라고 했지만, 사실 정확히 말하면 에스닉 집단들 중의 일부, 그것도 얼마 되지 않는 일부입니다. 체코의 위대한 인류학자 에른스트 겔네르Ernst Gellner에 따르면, 전체 에스닉 집단들의 10퍼센트 정도에 지나지 않습니다).

우리는 여전히 '포스트 베스트팔렌' 시대의 그늘에서 살아가고 있습니다. '베스트팔렌적 주권'의 그늘에서 벗어나는 데는 시간이 걸립니다. 그 과정이 결코 일사불란하지 않기 때문입니다. 일부 권력 (금융, 재계, 정보, 범죄, 테러, 무기와 마약 밀수)은 영토적 구분을 무시할 능력을 이미 보유한 반면, 정치(권력을 무엇을 위해 어떻게 사용할 것인지를 결정할 수 있는 능력)는 여전히 영토적 한계 내에 머물러 있습니다. 아직은 영토적 민족국가의 자주권과 자치권을 증진시키기 위해 만들어진 전 지구적 차원의 민주적 제도라든가 권력과 정치의 재결합을 보장하는 데 필요한 전 지구적 제도 같은 것이 없습니다. 기존의 정치제도들은 전 지구적인 상호 의존과 시·공간 압축이라는 새로운 조건하에서 효과적으로 작동하기에는 매우 부적절할 뿐만 아니라 적절하게 바뀔 가능성도 전혀 없어 보입니다. 그것들은 사실, 초민족적 지위를 내세우던 교황청의 요구를 저지하고 반격을 가하는 동시에 각자 영토 내의 재산을 관리·감독하고자 했던 유럽의 기독교 왕조들을 뒷받침하기 위해 만들어진 것이었으니까요.

스타니스와프 오비레크

당신은 민족국가의 역사를 간략하게 서술했습니다. 그런데 과거에 어떠했다고만 말하고 민족국가가 좋은지 나쁜지에 대해서는 의견을 피력하지 않았습니다. 그것은 제게는 매우 모순적인 태도로 보입니다. 전통적 원칙의 효력이 다되었다는 당신의 말과 달리, 오늘날 신화적인 민족국가들의 재건 열풍—과거와 달리, 이번에는 이른바 '역사적 진실들'과 관계없이 불고 있는—이 불고 있습니다. 또한 당신은 "사람들은 '에스니'가 '민족'의 반열에 오른 것, 말하자면 에스닉 집단들이 주권국가의 지위에까지 이른 것이 하느님의 명령과 그분의 지상 대리인인 가톨릭교회의 축복을 통해 통치자들의 지배에 대한 특권을 정당화하던 '구체제'의 몰락의 필연적 결과라는 것을 안다면 놀랄 것입니다(에스닉 집단들이라고 했지만, 사실 정확히 말하면 에스닉 집단들 중의 일부, 그것도 얼마 되지 않는 일부입니다. 체코의 위대한 인류학자 에른스트 겔네르에 따르면, 전체 에스닉 집단들의 10퍼센트 정도에 지나지 않습니다)"라고 말했습니다. 저는 당신의 말에 동의하지 않습니다. 아니, 결단코 반대합니다. 저는 그것이 지난 일이라고 생각하지 않습니다. 특히 2013년에 살고 있는 폴란드인에게는 더더욱 지난 일이 아닙니다. 지금 폴란드인들은 신의 선택을 받은 단 하나의 민족국가의 시민으로서 세계 내에서 자신의 자리를 이제 막 발견하기 시작했으니까요. 그리고 많은 사람이 갈수록 신이 사라져 가는 세계를 개조할 특별한 사명이 폴란드에 있다고 주장합니다. 요한 바오로 2세 교황 때 특히 심했죠. 요한 바오로 2세는 폴란드의 주교들에게 폴란드 가톨릭의 보루로서 특별한 역할을 해야 한다고 수시로 말했습니다. 교황은 굳이 이런 말을 누구이 반복할 필요도 없었습니다. 폴란드의 주교들은 자신들이 기독교 유럽의 근원을 구원할 사명을 신에게서 위임받은 존재들이라고 확신하고 있었으니까요.

폴란드, 그중에서도 특히 바르샤바에서 살고 있는 저는 마치 이러한 낭만적 꿈이 분출하는 현실을 보기 위해 살고 있는 것 같은 느낌이 듭니다. 지금 민족국가의 건설자들이 자신들이 원하는 형태를 만들어내기 위해 재단하는 천은 지나가 버린 과거의 일들이 아니라 우리의 눈앞에서 만들어지고 있는 역사입니다. 제가 보기에, 이 일에는 역사가 거의 필요하지 않은 것 같습니다. 역사는 선한 편과 악한 편이 조금의 모호함도 없이 분명하게 정해져 있는 그들의 역사상을 모호하게 만들기만 할 테니까요. 야겔로니아 대학의 슬라브학 학자인 마리아 보브로프니카Maria Bobrownicka는 몇 해 전 이 문제를 매우 냉철하게 분석한 책을 썼습니다. 그녀는 카롤 보이티와Karol Wojtyła(교황 요한 바오로 2세의 본명)와 친구였습니다. 둘은 같은 시대를 살았고, 제2차 세계대전 전에는 크라쿠프Kraków에서 함께 폴란드어를 연구하기도 했습니다. 하지만 그녀는 요한 바오로 2세가 슬라브 유럽에 악영향을 주었던 민족국가라는 낭만적 신화를 부활시키고 있다고 비판했습니다('우리의 폴란드인 교황'을 공개적으로 비판하기는 힘들었기 때문에, 저와의 개인적 대화에서 한 이야기입니다). 그녀는 《신화라는 마약 The Myth Drug》이라는 자신의 책에서 낭만적 개념들이 모든 슬라브인에게 초래한 파괴적 결과에 주목했습니다. "슬라브 신화가 민족문화에 대한 잘못된 집단적 생각을 낳게 된 밑바탕에는 원래의 슬라브적 전통의 원천과 특징에 대한 왜곡, 그리고 적지 않은 사회계층으로부터의 분리에 의해 초래된 민족문화의 빈곤이 자리하고 있었다."[1]

가톨릭교회는 저 낭만적 신화를 매우 적극적으로 이용하고 자기들 입맛대로 해석했습니다. 그렇기 때문에 저 시대의 문화적 범주들을 새롭게 해석해야 한다는 보브로프니카의 요구는 정당합니다. "공산주의의 붕괴와 그에 수반된 기존의 문화 이론들에 대한 불신이 가져온 개념상의 대변화는 슬라브 민족들의 사회적 양심을 긴급히 신화에서 벗어나게 할 필요성을 낳고 있는데, 그중에서도 가장 시급한 것은 정치사상 개념들의 탈신화화이다. 하지만 민족문화의 영역에서 사회적 양심을 수정하려는 노력은 아직 초기 단계에 있다."[2] 이러한 필요성은 1990년대 중반에 공식화되었지만, 낭만적 정신 혹은 신낭만적 정신에 입각한 '역사 정책'이 절정에 달해 있는 현실을 고려할 때, 그때보다는 지금이 훨씬 더 절실합니다.

보브로프니카는 양차 세계대전 사이의 기간에 전성기를 맞았던 민족주의 이데올로기가 탈공산주의 국가들에서 부활하고 있는 현상에도 주목했습니다. 그녀는《공산주의 붕괴 이후 슬라브 국가들에서 나타나는 민족 정체성의 병리적 증상Pathologies of National Identity in Post-Communist Slav Countries》이라는 책에서 양차 세계대전 사이의 민족민주당 National Democratic Party의 정치적 담론이 회귀하고 있는 현실에 대해 다음과 같이 이야기합니다.

그러나 이렇듯 민족 사상이 적극적으로 표출되는 틈을 타고, 유치하기 짝이 없는 사르마티아 민족주의가 횡행하고 있는 현상을 무시해서는 안 됩니다. 사르마티아 민족주의가 횡행하고 있는 것은 민족민주주의의 전통 때문이기도 하지만, 동시에 민족민주주의 전통이 실패의 희생양을 찾는 데 실패했기 때문이기도 합니다.

민족민주주의 전통은 양차 세계대전 사이의 기간에 목청을 높였다가 소비에트 시대에 약간 소리를 죽이더니 제3공화국 동안에 다시 고개를 쳐들었습니다. 민족민주주의 전통은 경제적 낙후성 이상으로 제3공화국의 대표적 특징이었습니다. 민족민주주의 전통은 사람들에게 쉬운 해답, 자신의 견해에 대한 확신, 생각할 필요로부터의 면제를 제공하고, 흑백논리를 바탕으로 한 해결책을 제안하며 자신의 영역 밖에서 희생양을 찾습니다. 그것은 현대 사회 생활에서 가장 위험한 현상 중의 하나입니다.[3]

보브로프니카의 진단은 실현된 예언이 되었습니다. 아직 죽지 않고 살아남아 있는 소위 '제4공화국'의 이데올로그들을 통해서 말입니다('제4공화국'은 폴란드의 보수 철학자 라파우 마티야가 제시한 도덕 혁명과 정치 혁신 계획임. 2005년 폴란드 의회 선거에서 우파 성향의 '법과 정의당'이 정치적 구호로 채택했음. '법과 정의당'은 지금의 폴란드 제3공화국은 공산주의 붕괴로 만들어진 것일 뿐이기 때문에 과거에서 자유로운 진정으로 민주적 국가를 건설하려면 국가의 토대를 바꾸어야 한다고 주장했음). 정치가들은 강론대를 희한하게 이해된 교리를 전파하는 장소로 이용하는 사제들에게서 원군을 발견하고 있습니다. 사제들이 전파하는 이 교리의 가장 두드러진 특징은 폴란드를 가톨릭의 관점에서 바라보는 것입니다. 이런 이유 때문에 오늘날 '가톨릭적 폴란드인Catholic Pole'이라는 표현이 유례없이 두드러지게 사용되고 있는 것 같습니다.

그러나 마리아 보브로프니카도 낭만적 신화가 이상한 형태로 다시 출현하리라고는 생각하지 못했습니다. 예를 들면, 미취학 아동들까지 포함해서 갈수록 많은 사람이 소위 '역사 재연'이라는 것에 참여하고 있습니다. 제 눈으로 직접 보지 않았다면 그런 일이 행해지고 있다는 것을 결코 믿지 않았을 것입니다. 그러한 역사 재연에서 낭만적 스토리텔러의 후예들은 독립투사나 1944년 바르샤바 봉기 때의 투사 혹은 1410년 그루네발트Grunewald 전투 때의 용감한 기사의 복장을 갖춰 입기도 하고 볼린Volyn 대학살의 희생자가 되기도 합니다. 최근에는 1920년 볼셰비키의 바르샤바 공격에 맞서 기독교 유럽을 지키는 수호자로 분장하기도 하더군요. 지금 당장이라도 우리는 스웨덴인들로부터 야스나 고라Jasna Gora(폴란드의 쳉스토호바에 있는 수도원으로 폴란드 제1의 성지로 꼽힘. 1655년 스웨덴이 폴란드를 침공했을 때 이 수도원에 있던 수도자 70명이 스웨덴군 1만 2000명을 물리쳤다고 함)를 지키러 나설 것이라는 다짐은 충분히 현실이 될 수 있습니다. 앞서 말한 1920년 바르샤바 전투가 벌어진 날이 성모승천대축일인 8월 15일이고, 최근에 헨리크 호저Henryk Hoser 대주교가 자세히 설명한 것처럼 폴란드의 여왕이신 성모 마리아께서도 함께하실 테니까요. 호저 대주교만이 아닙니다. 사실상 모든 폴란드 주교가 일제히 강론대를 청중에게 최근 역사와 우리 시대에 대한 가장 환상적인 해석들을 제공하는 역사 서술의 왕좌로 둔갑시켜버렸습니다. 물론 그러한 해석들은 모두 역사적으로 정확한 것이 아닙니다. 그러한 해석들은 모두 마약중독이나 다를 바 없는 상태를 초래하는 감정들로 물들어 있습니다.

　이미 우크라이나가 볼히니아 대학살〔우크라이나와 폴란드가 나치 독일에 점령되었을 때 나치 독일에 협력하던 우크라이나의 한 민족주의 단체가 1943~1944년에 걸쳐서 우크라이나에 살던 폴란드인 수만 명을 무차별적으로 죽인 사건〕에 대한 재해석을 검토 중이고, 러시아도 성모 마리아의 도움으로 크렘린에서 폴란드 군대를 몰아낸 1612년의 승리를 기념하고 있다는 소문이 있습니다. 해체된 유고슬라비아의 역사는 과거의 망령들이 현재를 생생한 지옥으로 바꾸어놓을 수 있다는 것을 잘 보여줍니다. 1389년 코소보 전투〔이슬람 국가인 오스만 제국과 그리스 정교회를 대표하는 세르비아 왕국 연합군이 발칸 반도의 코소보에서 벌인 최후의 일전. 이 전투에서 세르비아 연합군이 전멸당함으로써 발칸은 무슬림인 오스만 제국의 지배를 받게 되고, 이후 지금까지도 발칸은 민족 말살의 화약고로 남음〕의 끔찍했던 참상이 오늘날의 대학살을 정당화하는 근거가 될 수 있는 것입니다〔유고슬라비아가 붕괴된 후 세르비아인들은 보스니아 헤르체고비나에서 무슬림들에 대한 끔찍한 '민족 말살'을 자행하면서 자신들의 행위를 정당화하는 근거로 1389년의 코소보 전투를 내세웠음〕.

　이런 상황인데, 민족국가의 소멸에 대해 말할 수 있을까요? 정치가들은 선거에서 표를 얻기 위해 그와 같은 비정상적인 충동을 부추기느라 여념이 없습니다. 이런 상황에서 패러다임 전환과 지구화로 인해 민족에 대한 소속감이 사라지고 있다거나 자신이 속해 있는 낡은 민족국가의 틀을 벗어나 코즈모폴리턴을 지향하는 세계시민이 출현하고 있다고 이야기할 수 있을까요? 폴란드가 유럽연합에 가입한 이후 '타자' 혹은 '이방인'에 대한 경원시 내지 노골적인 적대감이 팽배해 있는 상태입니다. 2004년 이후 국경을 넘은 폴란드인들이 거의 200만 명에 이릅니다.

이는 정치가 아니라 경제 때문에 발생한 이민으로는 역사상 최대 규모입니다. 그렇다 보니 지금 폴란드에서는 독립을 위한 영웅적 투쟁의 역사만 강조되고, 서유럽 국가들로 간 폴란드인들의 운명은 수치의 침묵 속에 애써 방치되고 있습니다. 왜냐하면 '진짜' 영국인, '진짜' 독일인, '진짜' 네덜란드인이 폴란드인 이민자에 반대하면서 내세우는 것과 똑같은 논리를 동원해, 폴란드인도 우크라이나인, 체코인, 아프리카인, 아시아인 이민자에 반대하고 있기 때문입니다. 폴란드인 이민자들이 해외에서 부당하게 탄압을 받고 있다고 봐야 하는지, 아니면 폴란드인들이 자국 내에서 정당한 권리를 보호하고 있다고 봐야 하는지는 판단하기 어렵습니다. 폴란드만이 아니라 모든 민족국가가 이런 딜레마를 겪고 있다는 것이 그나마 위안이라면 위안이라고 할 수 있습니다.

이것은 깊이 생각해봐야 할 매우 심각한 문제입니다. 이런 일들이 얼마나 의도적이고 계획적인 것인지는 판단하기 어렵습니다. 그렇다고 베를린 장벽의 붕괴와 냉전 종식 이후에 나타난 공백을 채우려는 아무 생각 없는 행위들일 뿐이라고 단정 짓기도 어렵습니다. 문제들을 해결하고 유럽 통일이라는 행복을 발견하기는커녕, 상황을 해결하는 데 도움이 될 아무런 정치체제도 없는 상태에서 적의와 불신만이 쌓여가고 있습니다. 각 집단은 다른 집단을 믿을 수 없는 이유들을 찾고 있습니다. 분명 이런 일이 폴란드에서만 일어나고 있는 것은 아니겠지만, 어쨌건 폴란드에서 빈발하고 있는 일들은 어떤 면에서는 제게 매일 영향을 미칩니다. 지금 폴란드에서는 훌리건들과 좌절한 스킨헤드들의 등장이 파시즘 출현의 조짐인가 아니면 일시적 유행인가를 두고 논쟁이 벌어지고 있는데, 저는 나중에 후회하는 것보다는 조심하는 편이 낫다고 생각하면서 최근까지 주목받지 못했던 집단들의 대담성이 증가하는 것을 주의 깊게 지켜보고 있는 부류에 속합니다.

그동안 주목을 받지 못했던 집단들은 자신들이 정권을 쥐게 되면 새로운 세상이 올 것이라면서 미디어의 주목을 끄는 데 갈수록 혈안이 되고 있습니다. 이런 상황에서 저는 앞서 말한 폴 코너튼의 책을 우연히 다시 읽게 되었습니다. 폴 코너튼은 일반 대중이 무엇을 기억하고 있고 무엇을 망각하기로 선택하는가 하는 문제를 오랫동안 천착해왔습니다. 그의 견해는 우리가 다루고 있는 정체성 문제에 대한 새로운 시각을 제공해줍니다. 저는 상당수의 가톨릭 성직자와 가톨릭 저널리즘이 1930년대의 갈색 셔츠단(나치당이 주최하는 정치 활동을 보호한다는 명목으로 세워진 나치 돌격대를 가리킴. 히틀러의 명령으로 이 단체의 고위 간부들이 숙청되지만 1945년까지 나치의 최대 조직으로 존속했음. 갈색 셔츠를 제복으로 착용했기 때문에 이런 이름이 붙었음)과 유사한 급진적 민족주의와 손잡는 기이한 결합―오늘날 이런 결합이 이루어진다는 것은 놀랄 만한 일입니다―에 관해 언급한 바 있는데, 코너튼은 바로 나치 독일이 이러한 종교와 정치 간의 만남을 활용하는 데 탁월했다고 설명하고 있습니다.

그뿐만 아니라 나치는 자신들의 이데올로기를 기독교 전통 속에, 더 나아가 교회의 축일 달력에까지 새겨 넣었습니다. 여기서 눈길을 끄는 것은, 우리의 사고를 형성하는 것이 학술적 담론이 아니라

의식儀式이라는 점입니다. 코너튼은 나치가 영향력을 강화해나간 방식에 대해 이렇게 말합니다.

> 1933년 1월의 정권 장악과 제2차 세계대전 발생 사이의 기간에, 제3제국의 신민들은 일련의 기념일들을 통해 항상 국가사회주의 노동자당과 그것의 이데올로기를 잊지 않도록 교육되었다. 이 기념일들의 개수, 순서, 의례 체계는 신속하게 하나의 규범이 되었고, 이러한 규범은 제3제국이 몰락할 때까지 유지되었다. 이 새로 발명된 표준적 질서는 모든 생활 영역에 영향을 미쳤고, 기독교 달력이 순환적이고 매년의 이교적 의식들에 기초한 것과 거의 비슷하게 제3제국의 기념일들은 기독교 달력의 의례들에 기초했다. 국가사회주의노동자당의 달력 전례는 질서 정연했고 완전했다.[4]

현명한 사람들은 이미 폴란드의 제4공화국이 나치 독일과 비슷한 면들이 있다는 것을 알아차리고 있습니다(이러한 유사성을 가장 끈질기게 파고들고 있는 것은 스테판 브라트코프스키Stefan Bratkowski일 것입니다). 둘 사이에 유사한 면이 있는 것은 분명하지만, 그에 관한 이야기는 하지 않겠습니다. 하지만 인정하지 않을 수 없는 것은, 그러한 유사성이 저에게 생각할 거리를 던져주고, 어떤 점에서는 불안의 원인이 되기도 한다는 것입니다. 하지만 저는 비관론자가 되고 싶지는 않습니다. 그래서 앞서 제시한 것만큼 뚜렷하지는 않지만 그에 못지않게 중요한 몇 가지 현상, 민족국가에 대한 당신의 진단이 옳고 당신의 진단에 대해 제가 판단을 유보하고 있는 것 중 일부가 근거 없는 것임을 보여주는 것 같은 현상들에 대해 살펴볼까 합니다. 제가 앞에서 당신의 진단과는 다른 견해를 피력한 것은 그렇게 하지 않으면 마음이 편치 않을 것 같아서였다는 것을 밝혀둡니다. 제가 이랬다 저랬다 하는 것 같아서 죄송합니다만, 이제는 분명히 말씀드릴 수 있습니다. 저는 비아워비에자와 관련해서 제가 한 이야기에 당신이 적극적인 반응을 보여주셔서 매우 기뻤습니다. 그러나 제가 여러 종족이 함께 살던 과거를 처음으로 불러낸 것은 아닙니다. 저보다 앞서 불러낸 사람들이 있고, 곧이어 더 많은 사람이 그들의 뒤를 따랐습니다. 다문화적 과거를 불러낸 대표적인 인물은 체스와프 미워시와 그의 친구인 이에르지 기에드로이츠Jerzy Giedroyc, 그리고 이 둘에 앞서 많은 사람을 다문화적 사고로 이끈 스타니스와프 빈첸스Stanisław Vincenz〔1888~1971년〕일 것입니다.

　당신 덕분에 더없이 흥미로운 소설인 《황제의 흉상》에 대한 기억을 떠올릴 수 있어서 정말이지 너무나 기뻤습니다. 《황제의 흉상》은 잃어버린 세계를 복원해낸 빈첸스의 대하소설 《고원高原의 초지On the High Pastures》와 완벽하게 연결되는 작품입니다. 《황제의 흉상》에서 해체되었던 모르스틴 백작의 세계는 《고원의 초지》에서 다시 하나로 합쳐집니다. 결국 빈첸스는 자신을 '타자들'을 무력으로 배척했던 폴란드의 시민보다는 오스트리아인에 가까운 존재로 느꼈던 것 같습니다. 앞서 당신은 그릴파르처가 로트의 《황제의 흉상》에 대해 말한 대목을 언급한 바 있는데, 그 바로 뒤에서 그릴파르처는 다음과 같이 말하고 있습니다. "테르노필Ternopil, 사라예보Sarajevo, 빈Wien, 브르노Brno, 프라하Prague, 체르니우치Chernivtsi, 보구민Bogumin, 오파바Opawa에서 언제나 다 같이 오스트리아인이던 사람들이 이제는 '시대정신'에 부복해 각기 폴란드인, 체코인, 우크라이나인, 독일인, 루마니아인, 슬로베니아인, 크로아티아인 등이라는 것을 인정하기 시작했다." 그냥 오스트리아인이거나 유럽인이면 안 될 이유가 있나요? 사실상 분리할 수 없는 것을 왜 서로 다른 민족으로 나누는 것일까요? 이야기하다 보니, 예전에 당신이 프라하에서 겪은 일이 생각납니다.

당신이 조국이라고 생각하는 나라의 국가國歌를 골라야 하는 난처한 상황에 놓였을 때, 당신의 아내인 야니나Janina가 당신의 정체성을 가장 잘 나타내줄 수 있는 것은 유럽연합 국가라고 해서 곤경에서 빠져나올 수 있었죠. 다시 빈첸스 이야기로 돌아가겠습니다. 빈첸스는 로트처럼 동유럽 출신이었습니다. 그렇기 때문에 더 이상의 폴란드 분할에 동의하기 힘들었던 것입니다. 그와 가장 가까웠던 사람들의 회상에 따르면, "그는 다른 사람들처럼 어쩔 수 없이 정당이나 가톨릭의 노선을 선택하기를 원치 않았기 때문에" 정치적 행동주의에는 별 관심이 없었다고 합니다. 그의 아들 안제이Andrzej는 "내가 기억하는 한, 아버지가 개혁과 관계를 가졌던 것은 기껏해야 마지못한 것이었다. 브레스트Brest〔오늘날 폴란드와의 접경지대에 있는 벨라루스의 주이자 주도. 제2차 세계대전 이전에는 폴란드에 속해 있었음〕개혁은 물론이고 베레자Bereza〔현재 벨라루스의 브레스트 주에 있는 도시로, 역사적으로 독일·소련·폴란드 등의 지배를 번갈아 받는 우여곡절을 겪다가 1991년 벨라루스의 도시가 되었음〕개혁 때도 마찬가지였다"라고 회상한 바 있습니다. 스타니스와프 빈첸스 자신은 이에 관해 거의 말을 하지 않았습니다만, 그가 정치 활동을 싫어했다는 것을 말해주는 징표들이 있습니다. 제 생각에 그의 정치

혐오는 1926년 5월 폴란드에서 발생한 쿠데타에서 단적으로 드러난 국수주의적이고 파시즘적인 경향에 대한 불안감의 표현이었습니다.

그가 생각나는 대로 적어놓은 메모에는 그의 생각이 압축되어 있는 구절이 있습니다. "민족들은 굳건한 경계선을 가질 필요가 없고 실제로 갖지 않는다. 민족들은 서로가 서로에게 들어간다." 에스닉 집단과 민족을 이런 식으로 이해하는 것은 매우 중요합니다. 1930년 대에 알렉산더 헤르츠Alexander Hertz는 빈첸스와의 만남을 통해 자신의 정체성을 발견했습니다. 그는 몇 년 후 빈첸스에 관해 다음과 같이 썼습니다. "내가 유대인으로서의 정체성을 발견하게 된 데는 저 비非 유대인의 영향이 결정적이었다. 그의 영향 때문에, 나는 생각만 해도 경멸감을 떨칠 수 없던 완전히 낯선 세계와 처음으로 항구적인 연대 의 고리를 갖게 되었다."[5] 알렉산더 헤르츠만 이런 경험을 한 것이 아닙니다. 다행히도 오늘날까지 보존되어 있는 많은 서한을 통해 빈 첸스가 다양한 소수민족 출신의 친구들에게 이런 면에서 많은 영향 을 미쳤다는 것을 확인할 수 있습니다. 제가 알기로 빈첸스는 에스니 에 대한 조사와 여러 연구를 통해 민족과 국가에 대한 매우 앞선 생 각을 갖고 있었습니다. 그러한 생각을 공식적으로 표현할 수 없었기 때문에, 그는 오직 학문과 저술 활동에만 몰두했습니다.

폴란드 분할이 남긴 유산에 대한 빈첸스의 논의에서 중요한 것 중 하나는 정치에서 종교의 역할이었던 것 같습니다. 당시에 종교 는 소수민족들이나 소수 에스니들을 공격할 때 아주 적합한 도구로 쓰였으니까요. 이것이 그가 간디Gandhi에게 관심을 가졌던 이유입니 다. 그는 간디에게서 자신과 비슷한 생각을 발견했습니다. 하지만 그의 아들에 따르면, 빈첸스는 정치에는 관심이 없었습니다. "아버지는 폴란드를 떠나 프랑스로 갈 생각까지 했다. 내가 어린 시절에 아버지는 집이나 땅을 살 생각으로 파리 교외의 지도 몇 장을 갖고 있었다." 이 말만큼 빈첸스가 민족국가 건설에 동참하기를 거부했다는 것을 확실히 입증하는 것은 없습니다. 오늘날 폴란드에는 빈첸스가 남긴 정신적 유산의 상속자들이 넘쳐납니다.

　　이렇듯 여러 에스니가 서로 평화롭게 어울려 살았던 과거를 발견하게 된 것과 관련해서 제가 관심을 갖고 있는 것은 폴란드에서 극장의 역할입니다. 1870년대 이래 폴란드의 동쪽 국경 지대에 세워진 극장들은 지하활동을 통해 국수주의적 성향의 정치가들의 계획을 좌절시키는 데 기여했습니다. 루블린Lublin 시에 있는 성문 센터 엔엔 극장Brama Grodzka Centre-Teatr NN을 세운 토마시 피에트라슈비치Tomasz Pietraszewicz를 잘 아실 것입니다. 그는 최근에 폴란드의 일간지 《가제타 비보르차》와 한 인터뷰에서 차이나 다양성이 들어설 여지가 전혀 없는 과거상過去像만이 젊은이들에게 제공되고 있는 현실을 안타까워했습니다. "유감스럽게도 오늘날의 젊은이들은 극히 단순화된 과거상에 오염되어 가고 있습니다. 그들은 변화에서 아무런 혜택을 보지 못한 채 길을 잃고 거절당하고 있습니다. 위협을 느낀 그들은 스스로를 격리시키고 있고, 그들을 지켜보는 사람들은 손쉬운 처방들이나 제시하면서 그들을 목적을 위한 수단으로 여길 뿐입니다. 그들은 젊은이들이 오늘의 세계를 살아갈 수 있도록 준비시키지 않습니다. 이렇게 된 데는 서로 얽혀 있는 여러 가지 요인이 작용하고 있습니다."[6]

이 지역의 문화 센터들은 미디어나 정치가들로부터 별 볼 일 없는 것으로 취급되고 있지만, 문화인류학자들은 문화 센터들이 정신적 태도 형성에 중요하다고 보고 있습니다. 포즈난Poznań 출신의 이자벨라 스코르진스카Izabela Skorzynska는 이에 관해 많은 글을 썼는데, 그중에 당신의 생각을 언급한 것이 있습니다. "오늘날 서유럽은 많은 예술가에게 바우만이 말하는 대화의 젖줄인 선택의 땅이다. 선택권이 있는 사람들은 중재나 조정을 통해 해결책을 찾으려고 하는 반면, 선택권이 없는 사람들은 자신들이 현실적으로 아무 영향도 미칠 수 없는 문제들을 해결하기 위해 대개 공격성에 호소한다." 그녀는 다음과 같은 말도 했습니다.

> 또다시 유럽의 질서가 붕괴되기 시작했을 때, 폴란드 동부에 극장이 세워져 지역의 문화적 삶을 부활시켰다. 문화 활동에 종사하는 사람들이 정치나 유럽 문화보다 먼저 이곳에 도착해서 동부와 중부 유럽적 정체성, 그 정체성이 언어·교회·전통·민족 등의 다양하고 풍부한 측면에서 슬라브인들에게 갖는 의미, 그리고 슬라브 문화와 셈족 문화(카레트족, 타타르족, 유대족의 믿음과 전통)와 발트 해의 문화(로마, 게르만, 루마니아, 헝가리 등)가 공존하는 데서 비롯된 다양성과 풍부함의 측면에서 그러한 정체성이 슬라브인들에게 갖는 의미 등을 꾸준히 만들어가기 시작했다.[7]

이것이 사실이라면, 문화에 민족국가는 중대한 문제이자 심각한 경쟁 상대입니다. 저는 스코르진스카에게 영향을 준 당신의 생각을 더 발전시켰으면 합니다. 이 자그마한 땅덩어리가 정말로 대화의 젖줄일까요? 만일 그렇다면, 어느 정도로 그런 것일까요? 그러한 개념이 정체성을 결정하는 포스트모던한 방식일 수 있을까요? 왜냐하면 제가 보기에 오늘날 국수주의적 무리들이 큰소리를 내는 것은 불안한 데다 많은 사람의 지지를 받지 못하기 때문입니다. 그렇기 때문에 생각이 다른 사람들을 용납하지 못하고 공격하는 것 같습니다. 본래 입을 다무는 법을 모르는 매체들에 자유롭게 접근할 수 있는 오늘날의 조건이 이를 더 부추기고 있습니다. 펜을 잡을 힘이 있는 사람이라면 누구나 일시적 유행이나 일시적 생각을 표현하고 현실의 적이나 (훨씬 더 많은 경우에는) 상상의 적에게 비난을 퍼부을 수 있습니다. 누구든 권위자, 입법자, 역사가, 예언자가 되고 있는 것이 현실 아닌가요? 프랑수아 아르톡François Hartog은 오늘날 국가의 통제를 벗어나 자기만 아는 길을 걸어가고 있는 새로운 체제에 대해 이야기합니다. "오늘날 민족의 역사(기억)를 규정짓는 특권은 부당하고 편파적이고 분파적이고 개인적인 견해라든가 유적지를 만들려는 강박과 갈수록 경쟁을 벌이고 있다. 특히 유적지를 정하려는 강박은 그러한 과정에서 자신들의 정당성을 만들어내거나 강화하고자 하는 각종 집단, 협회, 팀, 공동체가 일체감을 형성하는 데 중요하다."[8]

그렇다면 극장들과 예술가들이 수행하고 있는 민족주의적 꿈의 파괴라는 환영할 만한 현상을 새로운 민족국가 건설에 사로잡혀 있는 사람들의 열망이라는 우려할 만한 현상과 어떻게 화해시킬 수 있을까요? 저로서는 이 상호 배타적인 경향을 화해시킬 수 있는 길은 고사하고 한 치 앞도 보이지 않습니다.

지그문트 바우만

당신은 말합니다. "이런 상황인데, 민족국가의 소멸에 대해 말할 수 있을까요? 정치가들은 선거에서 표를 얻기 위해 그러한 비정상적인 충동을 부추기느라 여념이 없습니다. 이런 상황에서 패러다임 전환과 지구화로 인해 민족에 대한 소속감이 사라지고 있다거나 자신이 속해 있는 낡은 민족국가의 틀을 벗어나 코즈모폴리턴을 지향하는 세계시민이 출현하고 있다고 이야기할 수 있을까요?" 그렇습니다. 결코 그렇다고 말할 수 없습니다. 당신의 생각에 전적으로 동의할 뿐만 아니라 당신의 외침에 진심으로 공감합니다.

저 역시 당신처럼 절망적인 느낌을 갖고 있고, 그런 상황에서 무엇을 해야 할지를 알지 못하고 있습니다. 저는 "민족국가가 소멸하고 있다"라고 주장한 적이 결코 없습니다. 제가 오랜 세월 동안 줄기차게 이야기해온 것은 영토적 민족국가 모델과 '부정적으로 지구화되고 있는 세계'(반주권 권력들의 광대 짓을 억제하고 통제하고 감독해야 할 정치는 갈수록 무기력하고 절망적이 되어가고, 오히려 반주권적 권력들이 지구화되고 있는 세계) 간의 간극이 점차 커지고 있다는 것이었습니다. 그리하여 100년 전에는 국민경제라는 개념이 민족국가의 차원에서 권력과 정치의 동반 관계에 기초하고 있었다면, 오늘날에는 이 동반 관계가 깨지면서 국민경제라는 개념이 현실적 토대를 상실했습니다. 그뿐만 아니라 과거에 영토적 민족국가의 정치적 주권은 경제, 군사, 문화라는 자족적인 삼각대三脚臺 위에 놓여 있었지만,

오늘날에는 아무리 영토가 넓고 인구가 많은 나라라고 해도 세 영역 중 한 영역에서라도 자족성을 내세울 수 있는 나라는 없습니다. 삼각대의 세 개의 발 모두가 불안정한 상태에 있습니다. 물론 아직도 민족국가의 정치적 주권은 사실과 다르게 100년 전과 마찬가지로 유효한 것으로 여겨지고 있지만, 사실 오늘날 민족국가의 정치적 주권은 대체로 허구일 뿐만 아니라 갈수록 더욱 허구가 되고 있습니다. 이렇듯 믿을 수 없는 불안정한 토대 위에서는 자국의 영토 내에서 일어나는 일을 독립적으로 결정할 수 있는 실행 능력인 정치적 주권이 유지될 수 없습니다.

오늘날 전 지구적으로 효과적 행위 수단들을 둘러싸고 혼란이 빚어지고 있는 근본 원인은 민족국가가 소멸하고 있다는 것이 아닙니다. 오히려 정치적 통제에서 벗어난 권력들과 해마다 만성적인 권력 결핍과 그로 인한 비효율성을 드러내고 있는 정치로 분열된 세계에서 시대착오적인 민족국가가 여전히 낡은 형태를 지속하고 있다는 것이 근본 원인입니다. 영토적 민족국가가 시대착오적으로 허구적 주권에 집착하고 있기 때문에, 다른 나라에서와 마찬가지로 폴란드에서도 사람들은 점차 정부에 별 기대를 걸지 않는 쪽으로 돌아서고 있습니다. 특히 지도자들의 약속이 이행되는 경우는 찾아볼 수 없습니다. 거의 모든 유럽 국가에서, 유권자들의 선택을 결정하는 것은 집권당의 이데올로기가 아니라 집권당의 리더십에 대한 실망입니다. 일부 관찰자들은 최근에 에스파냐에서 실시되었던 의회 선거들의 결과를 '우파로의 전회'로, 프랑스에서 최근에 행해졌던 대통령 선거들의 결과를 '좌파로의 전회'로 해석했습니다. 그들의 주장은 모두 틀렸습니다. 만일 과잉 대출을 기반으로 성장하던 경제가 붕괴하던 시기의 에스파냐 총리가 사파테로Zapatero가 아니고 라호이Rajoy였다면, 오늘날 에스파냐의 총리는 사파테로일 것입니다〔에스파냐가 과잉 대출을 기반으로 경제성장을 하던 시기의 총리는 좌파 정당인 사회노동당 소속의 사파테로였음. 2011년 총선에서 우파 정당인 국민당의 라호이가 사파테로를 물리치고 새로운 총리가 되었음〕. 같은 시기에 프랑스 대통령이 사르코지Sarkozy가 아니고 올랑드Hollande였다면, 오늘날 엘리제궁의 주인(물론 전임자나 후임자와 마찬가지로 일시적인)은 올랑드가 아니라 사르코지일 것입니다. 오늘날 좌파의 정책과 우파의 정책을 구분하기가 갈수록 힘들어지는 이유는 일차적으로 장관직에 오른 사람들의 무능 때문이지 각 당들의 이데올로기나 선거공약 때문이 아닙니다. 우리는 반정부적 의원들의 황금시대에 살고 있습니다. 그들은 권력 밖에 있는 동안은 강력한 말을 쏟아내지만 일단 장관이 되기만 하면 꿀 먹은 벙어리가 되어버립니다. 그렇지 않은 사람은 극소수에 불과합니다.

레이건/대처의 30년간의 소비의 향연은 계속 확대되는 사회적 불평등으로 인한 폭발 잠재력을 가진 결과이자, 중산층의 낙관주의와 자신감의 토대가 갈수록 취약함을 내보이고 있는 현실을 은폐하기 위한 신용 대출과 불로소득에 의한 결과였습니다. 소비의 향연에서 깨어나 직면한 현실은 끔찍했습니다. 우리는 오늘날까지도 멍한 상태로 어찌할 바를 모르는 채 후유증에 시달리고 있습니다. 인위적인 '호경기'의 시절에 효력이 영원하리라 믿었던 치료제와 예방약은 더 이상 효과가 없었습니다. 하지만 새로운 치료제와 예방약, 그중에서도 특히 자신감을 북돋울 수 있는 치료제와 예방약은 구하기 어려운 법입니다. 높은 자리에 있는 사람들이 허리띠를 졸라매야 하는 상황에(대개의 경우 허리띠에 새로운 구멍을 뚫어 걸쇠로 고정시키는 결과로 이어집니다) 어떻게 대처해야 한다고 말해도, 그 말을 믿을 사람은 거의 없습니다.

이 모든 것의 밑바탕에 있는 것은 정부의 무능이나 나쁜 의도가 아니라 심각한 수준으로 진행되고 있는 권력과 정치의 분리, 그리고 그로 인한 기존 정치제도의 만성적인 권력 결핍입니다. 권력의 길과 정치의 길이 서로 분리되면, 정부의 약속이 이행될 가능성이 줄어듭니다. 이는 반정부적 세력에게는 좋은 소식이지만 정부나 집권하고자 하는 야당에게는 불길한 조짐입니다.

요컨대 당신이 마리아 보브로프니카의 말을 인용해 매우 간결하고 적확하게 기술하고 있는 현상들은 '민족국가'의 망령에서 비롯된 것입니다. 민족국가는 저기에 있는 것처럼 보이지만, 실제로 가보면 존재하지 않습니다. 당신은 낙담할 것이고 도움의 손길을 내미는 사람 하나 없는 상태로 혼자 불안과 두려움 속에 있게 됩니다. 그러다 운 좋게 불만의 외침에 합류하는 사람들을 발견하게 됩니다. 하지만 광장에 모여 목청을 높이고 팔을 휘두르다가 집으로 돌아간 뒤에는요? 잠시 동안 감춰졌던 불안과 두려움이 전과 마찬가지로 끔찍하게 당신을 괴롭힐 것입니다.

당신이 스타니스와프 빈첸스에 대해 쓴 내용은 매우 인상적이었습니다. 저는 체스와프 미워시Czesław Miłosz(1911~2004년. 1980년 노벨 문학상을 수상한 폴란드의 대표적 시인)가 70세 생일(1958년)을 맞은 빈첸스에게 바친 헌사의 내용을 소개할까 합니다. 헌사의 내용은 대략 다음과 같습니다. "오늘날 서구에서 가장 활발하게 활동하는 지식인들을 가리켜 농담조로 '모두의 고향이 그의 고향이다'라고 말한다. 퍼센티지를 가지고 장난하지 말자. 주위를 둘러보면, 미국인들이나 심지어 프랑스인들조차도 이방인들을 편히 대할 능력을 갖고 있지 않다고 결론을 내릴 수밖에 없다. 앞의 농담에서 말한 '모두의 고향'은 빈, 부다페스트, 프라하, 수데티 산맥Sudetes, 카르파티아 루테니아Carpathian Ruthenia 등 과거 폴란드의 땅이었던, 독일과 러시아 사이에 있는 지역을 가리킨다. 이 지역에서 무엇보다도 중요한 것은 작가나 예술가에게 산소를 제공하고 있는 1세대와 2세대 유대인 이민자들이지만, 이것이 전부는 아니다. 흐릿한 핏줄 구분은, 이중성만이 날카로움을 가질 수 있고 하나의 문명에만 속해 있는 사람들은 하나에만 속해 있기 때문에 그만큼 더 빈곤하다는 직관에 기초해, 서로 다른 나라에 속한 저 시민들을 연결시킨다. 바로 이들이 빈첸스의 고객들이다. 좋은 이웃이 되어본 적이 있는 사람들은 어떠한 이웃과도 공감할 수 있다."

잔 헤르슈Jeanne Hersch(1910~2000년. 폴란드 출신의 스위스 철학자)도 "빈첸스는 잃어버린 많은 세계의 영혼과 지혜를 되살려냈다"라고 썼습니다. 그렇습니다. 잃어버린 세계들. 이제 저 '모두의 고향'은 더 이상 존재하지 않습니다. 그리고 '좋은 이웃이 되어본 적이 있는' 사람들은 점점 줄어들고 있습니다. 이렇게 된 데는 윌슨Wilson 대통령의 주도로 열린 소위 베르사유 '평화 회담'이라는 전후 세계의 특수한 '입법적 의회'가 큰 역할을 했습니다. 윌슨은 별개의 민족국가들로 분리되는 것이 인류 공생의 보편적 원칙이라고 선언했습니다(한나 아렌트는 '에스니 혼합 벨트'에 사는 사람들에게 그러한 '보편적 원칙'을 강요하면 형제 살해와 대량 학살이 초래될 것이라고 예언했습니다). '언제나 단지 오스트리아인이었던 모든 사람', 그리고 빈첸스처럼 모두가 오스트리아인이었던 시절을 기억하는 사람들은 모두 사라지고 없습니다.

상호 적대, 강제 분할, 자발적 분리, 민족 말살, 대량 학살 등이 거의 100년 동안 이어졌기 때문에, 한때 서로 다른 전통, 문화, 신앙, '에스니'에 속했던 사람들과 '좋은 이웃'으로 지내던 사람 중 오늘날까지 살아남은 사람은 극소수에 불과합니다. 많은 면에서 스타니스와프 빈첸스에 견줄 만한 사람은 없었습니다. 그는 유례없이 특별한 장소의 혼genius loci〔매일의 일상생활을 통하여 접하고 관계하는 구체화된 실체인 장소의 정신〕과 마찬가지로 특별한 시간의 혼genius tempori의 결합의 산물이었습니다. 이 두 혼의 협력이 없이는, 빈첸스와 비슷한 '아레토노메들'이 태어나고 살아서 70회 생일이 되었을 때 미워시 같은 인물에게서 그들은 "우리에게 선물을 주었다. 그 선물로 인해 우리 각자가 어떻게든 바뀌고 뭔가를 다른 사람들에게 전달해주고 다시금 전달받은 사람들이 바뀌고 또 다른 사람들에게 뭔가를 전달해준다면 어떨까?"라는 말을 듣는 것은 불가능하지는 않겠지만 다소 힘들 것입니다.

물에 들어가지 않고 수영을 배울 수는 없습니다. 마찬가지로 이웃들이 스스로 자신들의 무죄를 입증하기 전까지 유죄로 간주되는 사회에서는 좋은 이웃이 되는 법을 배울 수 없습니다. 자신들의 무죄를 입증하는 것은 달성할 수 없는 것을 달성하려는 것과도 같습니다. 카프카Kafka의《심판Trial》에서 K가 깨달았듯이, 고발당한 자의 죄는 고발당했다는 사실 그 자체에 있습니다. 따라서 21세기 유럽에서 빈 첸스 같은 사람들이 출현할 것 같지는 않습니다. 설사 출현한다고 해도, 아레토노미적으로 성숙된 소수의 목소리는 광야에서의 외침 이상이 되지 못할 것입니다. 미워시의 말과 달리, '퍼센티지를 가지고 장난치는 것'은 우리가 아닙니다. 퍼센티지가 우리를 갖고 놀고 있습니다.

이 모든 것에서 '역사적 기억'은 어떤 역할을 하는 것일까요? 젊은 시절에 저와 동료들은 과거와 미래의 차이는 과거는 바꿀 수 없지만 미래는 완전히 열려 있는 것이라고 생각했습니다. 정말 순진했죠. 땅에 묻혔다고 해서 죽은 자들이 꼭 안식을 얻는 것은 아닙니다. 매장은 죽은 이들을 무덤을 짓밟거나 이장을 하려고 시신을 파내는 사람들에 대해 무방비 상태로 만들 뿐입니다. '과거'든 '미래'든 현재의 투사일 뿐입니다. 두 경우에서, 육신이 말씀이 될 수 있습니다. 그리고 과거와 미래의 탄생의 동시성, 그리고/혹은 현재라는 부모의 공유는 과거와 미래가 다루어지는 방식상의 모든 차이를 무효화할 수 있습니다. 아시다시피, 우리의 현재는 서로 의심하고 자신에 대한 확신도 없이 발을 딛고 설 발판과 은신처를 필사적으로 찾는 외톨박이들로 가득합니다. '과거'는 손댈 수 없는 저 옛날의 명성(매일같이 반박되는데도 불구하고 여전히 확고부동한)과 이른바 최종 판결에 힘입어, 만지거나 느낄 수 없는 미래나 순식간에 지나가 버리는 현재보다 성공을 거둘 가능성이 더 큽니다. 그렇다면 오늘날 의견들의 전장에서 여론 주도층의 수많은 대포가 과거 쪽을 향하고 있는 것은 전혀 놀랄 일이 아닙니다. 이러한 전장들이 많아질수록 과거 쪽으로 향하는 대포들은 더욱 늘어날 테고, 그렇게 되면 일제히 발사되는 대포의 포성을 더 자주 듣게 되지 않을까요? 오웰Orwell은 날마다 새벽부터 해가 질 때까지 끊임없이 과거를 바꾸어놓는 것이 진리성眞理省이하는 일이라는 것을 발견했습니다. 지금도 우리는 여전히 그러한 사실을 발견하고 있습니다. 어떤 사람들은 기쁜 마음으로, 또 어떤 사람들은 두려움에 떨면서 말입니다.

스타니스와프 오비레크

당신의 답신을 받고서, 당신의 지난번 서한을 너무 성급하게 읽는 바람에 당신의 견해에 대해 잘못된 결론을 내린 것 같다는 생각이 들었습니다. 그래서 제 입장을 다소 수정할까 합니다. 오해가 있기는 했지만, 그 덕분에 몇 가지 위험을 더 분명히 알고 확인할 수 있게 되어서 기쁩니다. 당신이 언급한 불안정한 삼각대는 오늘날의 정치가들을 매우 불안하게 만들고 있습니다. 저는 '정치에 몸담고 있는' 사람이라면 정치가들이 현실에 실질적으로 영향을 미칠 가능성이 사라져 가고 있다는 당신의 주장을 염두에 둘 필요가 있다고 생각합니다. 당신의 말을 인용해보겠습니다. "이 모든 것의 밑바탕에 있는 것은 정부의 무능이나 나쁜 의도가 아니라 심각한 수준으로 진행되고 있는 권력과 정치의 분리, 그리고 그로 인한 기존 정치제도의 만성적인 권력 결핍입니다. 권력의 길과 정치의 길이 서로 분리되면, 정부의 약속이 이행될 가능성은 줄어듭니다. 이는 반정부적 세력에게는 좋은 소식이지만 정부나 집권하고자 하는 야당에게는 불길한 조짐입니다." 그렇다면 지금은 정치의 언어를 바꿔야 할 때인가요, 아니면 정치가 세계에 재앙을 가져오는 것이 아니라 문제를 해결하던 원래의 역할로 되돌아가야 할 때인가요?

오늘날 통치자들과 통치자가 되고자 하는 사람들에게서 볼 수 있는 것은 진리성眞理省의 인격화입니다. 오웰은 그의 전매특허인 탁월한 풍자를 통해 전체주의 체제의 야욕을 고발했습니다. 오늘날 오웰식의 진리성은 헌신적인 관료들을 거느리고 있습니다. 이들은 과거의 교훈을 잊은 채 현재를 설명할 뿐만 아니라 더 그럴듯한 대의명분을 내세워 자기들의 입맛대로 과거를 재창조하는 데 골몰하고 있습니다. 저는 순진하게도 정보 혁명이 권력 남용과 부당함의 분명한 증거를 제공함으로써 그런 일들을 막을 수 있을 것이라고 생각했습니다. 매체에 쉽게 접근할 수 있다는 것은, 누구나 신문과 책을 낼 수 있고 다른 생각을 가진 사람들을 조롱하고 비웃고 대낮에 폭력을 휘둘러 폭도들에게 신나는 자리를 만들어줄 수도 있다는 것을 의미합니다. 이것은 반인간적인 기술 발전입니다. 이런 식의 기술 발전은 인간을 악당의 손에 쥐어진 장난감으로 만들어버립니다. 유명인들이 좋은 예입니다. 그들의 삶은 어딜 가든 따라붙는 파파라치들로 인해 지옥이 되고 있습니다. 파파라치들의 사전에 사생활 존중이란 없습니다. 그들은 타블로이드판 신문에 자신들이 찍은 사진을 팝니다. 그들을 막을 길은 없습니다. 끔찍한 일이 아닐 수 없습니다.

역설적인 이야기일지도 모르지만, 혹시 우리가 이 정도로까지 세계를 왜곡하는 습성에 빠져 있다는 사실이 오히려 우리를 일깨워 경계 태세를 갖추게 할 수도 있지 않을까요? 저는 그럴 것이라고 믿습니다. 당신도 이야기한 바 있고 미워시와 그의 친구인 잔 헤르슈도 찬미한 바 있는 스타니스와프 빈첸스의 메시지는 제가 그런 믿음을 갖게 되는 데 도움을 주었습니다. 흥미로운 점은 미워시와 헤르슈 둘 다 빈첸스의 '사적 플라톤 아카데미'(사람들은 라콩브La Combe에 있는 빈첸스의 작은 집을 이렇게 불렀습니다)에서 많은 영향을 받았다는 것입니다. 그런데 체스와프 미워시에 관한 긴 논문을 쓴 안제이 프라나셰크Andrzej Franaszek도 스타니스와프 빈첸스가 미워시에게 미친 영향에 대해서는 간략하게만 언급하고 있습니다. 빈첸스와 미워시가 주고받은 편지들을 보는 데 제한이 있기 때문일 것입니다. 그 편지들을 모두 볼 수 있으려면, 기록보관소에 있는 그 편지들이 공개되는 2022년까지 기다려야 합니다.

말이 나온 김에, 제네바 대학에서 사회학과 인구학을 가르친 저명한 교수이자 잔 헤르슈의 아버지인 리브만 헤르슈Liebman Hersch도 이야기하지 않을 수 없네요. 리브만 헤르슈는 빈첸스의 절친한 친구였습니다. 빈첸스는 리브만 헤르슈의 인간성에 대한 진실한 글을 남겼습니다. 빈첸스는 다음과 같이 적고 있습니다. "우리는 처음부터 서로를 알아보고 친구가 되었다. 우리는 서로 한 나라의 정반대 쪽에서 왔지만, 마치 어린 시절부터 서로 알고 지냈던 것 같았다." "살아 있는 문화 공간으로서의 공화국에 대한 그의 소속감은 충성, 연대나 언어의 공통성에 대한 그의 의식보다 훨씬 깊었다. 하지만 그의 소속감을 보여준 것은 그의 뿌리가 폴란드 출신의 유대인이라는 사실이었다." 리브만 헤르슈의 죽음에 부쳐 빈첸스가 쓴 이 추모사 외에도, 파란만장한 삶을 산 이 걸출한 인물에게 영원성을 부여하는 증언들이 더 있었습니다. 그러한 증언들은 제게 희망의 불꽃을 되살릴 힘을 주고 잠시나마 고통스러운 현재를 잊게 해줍니다. 그것들은 우리가 사는 세계의 질을 결정하는 것은 개인들과 그들의 인격, 그리고 그들의 선택의 힘이라는 것을 환기시킵니다. 진짜 중요한 것을 결정짓는 것은 정치가들도 아니고, 전 세계 언론에 영향력을 행사하는 사람들도 아니고, 궁극적으로는 제자들과 열정적인 추종자들을 남긴 정신적 거인들이라는 것을 다시금 일깨워줍니다. 현재를 비난하려고 이런 이야기를 하는 것이 아닙니다. 저는 지금 우리 문명의 가장 깊은 층, 즉 우리 문명의 토대에 대해 이야기하고 있는 것입니다.

왜냐하면 우리가 아직 최종 결론이 내려진 것이 아니고 일반 대중의 의식 속에서 독립적이고 진정한 사유가 서서히 모습을 드러내는 기적이 여전히 가능하다고 믿을 수 있는 것은, 다행히도 일부 남아 있는 글을 통해 접할 수 있는 저들의 생각과 저들의 우정 덕분이기 때문입니다.

기에드로이츠, 스템포프스키Stempowski, 미워시, 헤르슈 등 많은 이가 중유럽과 동유럽의 잃어버린 아틀란티스에 관한 스타니스와프 빈첸스의 이야기에 귀를 기울이고 플라톤의 사상을 천착하던 시대에, 세계는 정치가들에 의해 돌이킬 수 없이 분할되고 분할된 세계의 역할들도 정해진 것으로 보였습니다. 그때 미래를 위한 기준을 세우는 일을 한 것이 바로 이 '플라톤주의자들'의 집단이었습니다. 오늘날 세계에 대한 우리의 생각이 나아가야 할 길을 가리키는 지표는

'전후戰後의 소크라테스 재판들'입니다. 빈첸스의 책에 나오는 한 대목을 인용해보겠습니다. 제가 보기에 이 대목은 세계에 대한 오늘날의 사유가 가야 할 길을 지시하는 참된 지표입니다. "이러한 책임의 짐은 우리의 의사와 상관없이 지상에 묶인 채 땅만 쳐다보도록 하기 위해 우리에게 주어진 일종의 외눈박이 키클롭스인가, 아니면 저 아테네인이 새처럼 날아올라 골목길이나 마을들에는 마음을 빼앗기지 않고 오직 가없는 수평선만을 바라보면서 테세우스처럼 괴물들과 싸우러 바다 쪽으로 나아갈 수 있도록 주어진 '비상飛翔의 선물'인가?"(강조는 제가 한 것입니다) 오늘날의 외눈박이 키클롭스들이 우리를 짓밟게 내버려 두기보다는 날갯짓 소리에 귀를 기울이면서 하늘로 날아올라야 하지 않을까요? 저 외눈박이 키클롭스들을 훌리건이라고 부르건 네오 나치라고 부르건, 그것은 중요하지 않습니다. 중요한 것은 그들이 우리의 사고와 세계관의 지평을 제한하도록 내버려 둬서는 안 된다는 것입니다. 전후 유럽에는 라콩브 같은 곳들이 더 있었습니다. 소비에트 블록의 모든 나라에는 미약하게나마 희망의 불씨가 살아 있었습니다. 그것은 마침내 1989년에 벨벳 혁명의 불길로 타올랐습니다. 벨벳 혁명이 무혈혁명이었던 것은 결코 꺼지지 않았던 이 인본주의의 불꽃들 덕분입니다.

공산주의 학교에 다니던 시절에(당시에 폴란드에는 다른 학교가 없었습니다), 저도 모르는 사이에 이 '플라톤적' 음모에 참여했다는 것을 2013년 오늘에야 깨닫고 있습니다. 당시에 저는 뭔지 모를 본능에 이끌려 스타니스와프 이그나치 비트키에비치Stanisław Ignacy Witkiewicz[1885~1939년. 작가, 화가, 철학자, 극작가, 소설가 등으로 다방면의 활동을 펼친 폴란드인)(흔히 '비트카치Witkacy'로 알려져 있습니다), 비톨트 곰브로 비치Witold Gombrowicz(1904~1969년. 폴란드 작가), 타데우시 루제비치Tadeusz Różewicz(1921~2014년), 체스와프 미워시, 스와보미르 므로제크Sławomir Mrożek(1930~2013년. 폴란드의 극작가, 만화가)의 글들을 읽었습니다.

저는 얀 블론스키Jan Blonski(1931~2009년. 폴란드의 문학사 학자이자 문학 비평가, 수필가로서 나치의 유대인 대학살에서 폴란드가 했던 역할을 조명하도록 촉매 역할을 한 중요한 글을 발표했음) 덕분에 우리가 주위에서 보는 것과는 다른 것에 대한 갈망과 초월의 흔적들을 저들의 글에서 볼 수 있었습니다. 1970년대에 저들의 글을 읽고 신성한 느낌을 받았습니다. 그 텍스트들에는 신전이나 성찬 전례보다 더 위대한 장중함이 있었고, 현실과의 더 진지한 싸움이 담겨 있었습니다. 당시에도 저의 눈에는 인간의 교회가 스테판 비신스키Stefan Wyszynski 추기경이나 카롤 보이티와가 엄숙한 어조로 표현한 교회보다 더 매력적으로 보였습니다. 그 텍스트들에 담긴 이야기들은 오래전의 것이지만 충분히 기억할 만한 가치가 있습니다. 왜냐하면 그 이야기들이 완전히 잊히고 접근 불가능하게 되면서 우리는 주변에서 일어나고 있던 일을 제대로 이해하지 못하게 되었으니까요.

하지만 폴란드 남쪽에 있는 우리 동지들, 그중에서도 체코인들과 루마니아인들만 하더라도, 에드문트 후설이 프라하에서 강의할 때 그의 충실한 제자 중의 하나였던 얀 파토츠카Jan Patočka(1907~1977년. 체코 철학자. 에드문트 후설과 마르틴 하이데거의 마지막 제자들 중의 하나로, 현상학과 역사철학 분야에 업적을 남겼음)라든가 그를 찾아간 콘스탄티네 노이카Constantine Noika(1909~1987년. 루마니아의 철학자, 수필가, 시인)와 그의 제자들 같은 정신적 지도자들이 있었습니다. 아니, 노이카와 그의 제자들이 파토츠카를 찾아갔다기보다는 파토츠카가 1960년대 이래 차우셰스쿠의 전체주의 체제의 어둠에 싸여 있던 루마니아의 시골 마을과 도시들에서 그들을 찾아냈다고 하는 것이 더 정확한 말일 것 같습니다. 이들에 관해서는 가브리엘 리이체아누Gabriel Liiceanu (1942년생. 루마니아의 철학자. 스승인 콘스탄티네 노이카에게서 지대한 영향을 받았음)가 《팔티니스 일지Diary from Paltinis》에서 우아한 필치로 다룬 바 있습니다. 그리고 당신은 세쿠리타테('차우셰스쿠의 아이들'이라고 불리는 고아들 중에서 자신에게 충성하는 자들을 선발해 훈련시켜 만든 친위 조직으로 암살과 첩보 활동을 담당했음)를 만든 차우셰스쿠Ceauşescu (1918~1989년. 1965년부터 1989년까지 루마니아 사회주의 공화국의 국가원수를 지냈으며 1989년 정권이 무너지자 도주를 시도하다가 총살되었음)처럼 모든 것을 자기 마음대로 통제하고자 했던 미에치스와프 모차르Mieczysław Moczar (1913~1986년. 극단적인 국수주의 사상을 갖고 있던 폴란드의 공산당 지도자. 1964~1968년 동안 내무장관으로 있으면서 강력하고 엄격한 경찰을 통한 국민 통제를 추구했음. 1968년의 학생 시위를 잔인하게 탄압했을 뿐만 아니라 유대인 학생들을 이 시위의 배후로 지목함으로써 유대인에 대한 혹독한 박해를 가했음. 1970년에 파업 노동자들을 지나치게 잔인한 방법으로 탄압해 공산당에서 쫓겨났음)의 아이들과 벌였던 투쟁에 대한 책들을 썼습니다 (정치적 압력이 높아지고 폴란드 공산당 비밀경찰의 수장이었던 모차르가 주도한 반유대인 운동이 거세지자, 바우만은 1968년 1월 당시 집권당이던 폴란드 노동자연합당에서 탈당했음). 차우셰스쿠와 모차르의 시도는 성공했지만, 그들의 성공은 오래가지 못했습니다. 역사는 그들의 손아귀에서 벗어났습니다.

이번에도 그렇게 되지 않을까요? 역사는 주문대로 흘러가지 않으며, 기억은 인터넷 악플러들의 공갈, 협박, 불평불만과는 다른 논리를 따릅니다. 저 더 심층의 흐름을 들여다봐야 하지 않을까요? 우리 시대의 정체성은 바로 거기에서 만들어지고 있는 것이 아닐까요?

지그문트 바우만

"역사는 주문대로 흘러가지 않으며, 기억은 인터넷 악플러들의 공갈, 협박, 불평불만과는 다른 논리를 따른다." 이 두 개의 주장은 모두 맞습니다. 그리고 "세계가 정치가들에 의해 파편화되어 돌이킬 수 없이 분할되고 그 역할들도 분배된 것으로 보였던" 때에 "미래를 위한 기준을 세운 것이 바로 이 '플라톤주의자들'의 집단"이었다는 주장도 맞습니다.

안타깝게도 오래전에 지나가 버렸지만, 예술사에서 최고의 시절이라고 할 수 있는 아방가르드 시대는 틀에 박힌 아카데믹한 기준을 세워놓고 거기서 조금이라도 벗어나는 것을 용납하지 않던 파리 살롱에 대한 반발로 탄생했습니다. 당시 미술계는 돌이킬 수 없이 분열되어 있는 것으로 보였기 때문에, 반항할 대상이 있었습니다. 바로 이것이 1874년에 나다르Nadar의 파리 사진 스튜디오에서 즉흥적으로 시작된 최초의 인상주의 전람회와 이후 8년 동안 여덟 차례 열린 전시회들이 프랑스 수도의 예술계를 뒤흔든 이유입니다. 예술계의 장벽은 낯선 충격에 산산조각이 났습니다. 예술계가 썩어가고 있을 때가 아니라 인상주의라는 지진의 진동으로 인해 예술계의 기초 부분에서 눈에 띄지 않게 진행되고 있던 부패, 더 정확히 말하면 불임의 보이지 않는 원인인 괴저가 드러난 순간에 말입니다. 밀란 쿤데라 Milan Kundera는 《배신당한 유언들 Testaments Betrayed》에서, "보편적 순응주의의 감시의 시선하에서 사상과 언론의 자유, 태도·농담·의견·위험한 생각·지적 도발 등의 자유가 축소됨에 따라, 점차 본능의 자유가 자라난다"[9]라고 적고 있습니다. 순응주의는 묶여 있던 본능을 풀려나게 합니다. 하지만 순응주의라고 해도 그 유형에 따라, 풀려나는 본능이 다릅니다. 순응주의적 순응주의로 인해 풀려나는 본능이 있고, 불순응주의적 순응주의로 인해 속박에서 풀려나는 본능이 있습니다.

역사의 길은 직선이고 그 선은 역사의 끝없는 여정이 시작되기 전에 이미 그어졌다는 생각은 모든 시대의 팡글로스들(프랑스의 사상가 볼테르가 쓴 소설 《캉디드》의 등장인물인 팡글로스는 이 세계가 가능한 모든 세계 중에서 최선의 세계라는 믿음을 갖고 있음)과 후쿠야마들(일본계 미국인인 후쿠야마는 〈역사의 종언〉이라는 논문에서 역사는 일정한 방향에 따라 진보하는 것으로 현재의 자유주의적 국가 체제에서 절정에 이르렀다고 주장함)의 착각입니다. 이러한 착각은 역사의 급격한 전환기마다 잠시 혼수상태에 빠졌다가 눈앞에 펼쳐진 곧은길이 보이자마자 혼수상태에서 깨어납니다. 그러나 역사는 직선으로 이어지는 것이 아니라 진자처럼 움직입니다. 순응주의적 순응주의와 불순응주의적 순응주의 사이를 왔다 갔다 합니다. 비유적으로 말하면, 벽을 세웠다가 허물고 허물었다가 다시 세우는 식으로 진행됩니다. 벽의 안쪽은 비좁고 답답하지만, 벽이 없으면 강풍과 폭우, 혹서와 혹한을 피할 수 없습니다. 벽이 없어도 좋은 우산과 비옷이 있다면 괜찮겠지만, 모든 사람이 좋은 우산과 비옷을 가질 수는 없습니다.

스타니스와프 빈첸스, 스타니스와프 이그나치 비트키에비치(필명 '비트카치'), 비톨트 곰브로비치, 타데우시 루제비치, 체스와프 미워시, 스와보미르 므로제크 같은 사람들은 퀴퀴한 공기를 맡고 살아가는 데 익숙해져서 벽 안쪽에 있는 '작지만 내 것인' 장소(너무 좁아서 자유롭게 움직이기도 힘들지만 아늑하고 친숙한)를 감수하는 사람들, 다시 말해 더 이상 벽 바깥의 삶을 갈망하지 않는 사람들에게 둘러싸여 있었습니다(스타니스와프 오소프스키Stanisław Ossowski가 죽음이 가까워졌다는 것을 알고 제게 다음과 같은 이야기를 털어놓았습니다. 그는 1939년 8월 말에 징집 명령을 기다리고 있었는데, 그때 폴란드 외무성 장관 베크Beck와 독일 외무성 장관 리벤트로프Ribbentrop 사이에 합의가 이루어져서 전쟁은 물 건너갔고 삶은 예전과 다를 바 없이 견딜 수 없는 것이 될 것이라는 소문이 들려왔고, 그 때문에 절망을 느꼈다고 하더군요). 그러나 지금 저나 당신을 둘러싸고 있는 것은 거의 날마다 강풍, 눈보라, 폭우를 경험하는 사람들, 자신들을 위해 일해줄 사람이 아무도 없기 때문에 오로지 자신들의 힘만으로 자신들의 지혜와 빈약한 자원을 이용해 쉴 곳을 마련해야 하는 운명에 처해 있는 사람들입니다. 이들은 고된 싸움에서 벗어나게 해줄 벽을 갈구합니다. 특별히 넓을 필요도 없고 높은 창문이나 발코니가 없더라도 퇴거 통지만 날아들지 않는 피난처 말입니다. 벽으로 돌아가라. 그러면 너희의 죄는 사해지고 잊힐 것이니.

앞서 말한 두 유형의 사람들, 서도 다른 시대의 사람들은 서로를 이해하기 힘듭니다. 그들은 서로 상대방의 존재 양식에 대해 빈약한 이해를 가질 수밖에 없었으니까요. 쿤데라는 앞서 인용한 책의 215쪽에서 묻습니다. "누가 더 바보인가? 레닌주의의 종착지를 알지 못한 채 레닌에 대한 시를 쓴 마야콥스키인가, 아니면 오랜 세월이 흐른 뒤라서 마야콥스키를 감싸고 있던 안개를 보지 못하는 우리인가?" 저는 "마야콥스키를 감싸고 있던 안개"라는 구절 뒤에 '그리고 오늘날 우리를 감싸고 있는 이 짙은 안개'라는 문구를 추가하고 싶습니다. 불순응은 순응주의의 독을 없애는 해독제입니다. 그렇다면 자유의 독을 없애는 해독제는 무엇일까요? 저는 자유도 독을 품고 있다고 봅니다. 그것도 서로 다른 많은 독이 매우 불균등하게 분포되어 있다고 봅니다. 거품이 이는, 높은 파도가 치는 거친 바다는 연료가 가득 차 있는 튼튼한 모터보트와 각종 장비를 갖춘 서퍼에게는 즐거움을 만끽할 수 있는 기회이지만, 의지할 것이라고는 썩어가는 널빤지로 여기저기 때운 배와 두 손뿐인 사람에게는 악몽일 뿐입니다. 당신은 정보의 생산과 유포가 유례없이 자유로워진 점에 대해서도 언급했습니다. '오늘날 매체에 쉽게 접근할 수 있다는 것은 누구나 신문과 책을 낼 수 있고 다른 생각을 가진 사람들을 조롱하고 비웃을 수 있고 대낮에 폭력을 가해 폭도들에게 신나는 자리를 마련해줄 수도 있다'는 것을 의미한다고 말이죠. 이 경우에도 어떤 사람에게는 놀이인 것이 다른 사람에게는 슬픔이 될 수 있습니다.

인터넷의 도움 없이 글을 쓰고 발표할 수 있는 사람들도 있지만 (많지는 않습니다), 많은 사람에게 웹은 감정을 발산하고 억눌려 있던 증기를 배출하고 독으로 가득 찬 증오를 배설할 유일한 기회를 제공합니다. 말을 하고, 다른 사람들이 자신의 말을 듣게 하고(그들이 들어주었으면 하는 희망을 품고), 잘하면 경청하게 할 수도 있는 유일한 기회 말입니다. 그들은 광장―진짜 현실과는 다른, '현실'의 대체물―으로 나와 자신들이 지금까지는 돈을 내고 영화관에 가야만 들을 수 있던 주장, 그러나 '글을 쓰고 발표'할 수 있는 사람들이라면 자신들의 이름으로 발표되기를 원하지도 않고 받아들이지도 않을 주장을 소리 높이 외칩니다. 더더욱 나쁜 것은 아무런 처벌을 받지 않으면서 이 모든 일을 할 수 있다는 것입니다. 철자, 구문, 문법에 신경 쓸 필요도 없고, 심지어 문제의 진실을 신경 쓸 필요도 없이 끊임없이 험담을 퍼부을 수 있다는 것입니다. 정말이지, 뭘 해도 됩니다.

　이 글을 쓰고 있는 동안에 정말로 우연히도 오늘 자《오세르바토레 로마노Osservatore Romano》〔교황청에서 발행하는 일간지〕를 읽게 되었습니다. 프란치스코 교황이 비방에 관해 행한 강론에 대한 기사가 있더군요! 교황의 말을 인용해보겠습니다. "비방은 이 세상만큼이나 오래된 것으로 구약성서에도 그에 관한 이야기가 있습니다. 이세벨 여왕과 나봇의 포도원 이야기라든가 수잔나와 장로들 이야기를 기억하실 겁니다. '올바른 길, 거룩한 길'을 따라 일을 해내는 것이 힘들어지면, 파괴를 일삼는 비방에 호소하게 됩니다." 교황은 이런 말도 하고 있습니다. "그것은 우리가 모두 죄인이라는 사실을 다시금 깨닫게 합니다. 우리 모두가 죄인이라는 것을 말입니다. 그러나 비방은 다릅니다. 왜냐하면 비방은 '신이 만든 것을 파괴하려 들고 증오에서 탄생하기' 때문입니다. '그리고 증오를 불러일으키는 사람은 악마입니다.' 거짓과 비방은 서로 손을 잡고 나아갑니다. 둘은 앞으로 나아가려면 서로가 필요하기 때문입니다." "그리고 비방이 있는 곳에 사탄이 있다는 것, 다름 아닌 사탄 자체가 있다는 것은 의심할 여지가 없습니다."[10]

그러나 자유의 독을 제거할 수 있을까요? 그리고 독이 없는 자유가 가능하다면, 어떻게 해야 그에 도달할 수 있을까요? 당신은 빈첸스의 은유를 빌려 "오늘날의 외눈박이 키클롭스들이 우리를 짓밟게 내버려 두기보다는 날갯짓 소리에 귀를 기울이면서 하늘로 날아오르는 것이 더 좋지 않을까요?"라고 묻습니다. 그러나 이는 질문의 형식을 띠고 있을 뿐 질문이 아닙니다. 당신은 하늘로 날아오르는 일이 가치 있다고 생각하니까요. 당신은 외눈박이 키클롭스들처럼 지상에 묶여 땅만 쳐다보지 않고 날개를 펴고 하늘로 날아오를 책임의 짐이 우리의 어깨 위에 지워져 있다는 빈첸스의 주장에 동의합니다. 맞습니다. 절대적으로 옳은 말입니다. 하지만 우리의 어깨 위에는 외눈박이 키클롭스들이 만들어내고 증식시키는 세계, 외눈박이 키클롭스들을 보고 좋아하는 세계, 키클롭스들의 불행을 기뻐하면서 그 불행을 자신들의 이익으로 만드는 데 여념이 없는 사람들에게 호의적인 세계, 사적인 플라톤 아카데미들에는 매우 불친절한 세계, 그러한 아카데미들의 가르침에는 완전히 귀를 닫아버린 세계에 대한 책임도 지워져 있습니다. 라콩브들—제2차 세계대전 이전에는 몇 개 정도만 있었을 뿐입니다—은 전체주의의 어둠이 세계를 뒤덮는 것을 막지 못했습니다. 그 소름 끼치는 악몽을 끝까지 꾸고 나서야 비로소 사람들은 어둠에서 벗어날 수 있었습니다.

오늘날 키클롭스들은 갈수록 많아지고 있습니다. 책임의 짐을 힘겨워하는 이들은 짐을 벗어던질 수 있게 해주겠노라고 약속하는 사람이면 그가 누구이든 따를 태세가 되어 있습니다. 그들은 자신들에게 스스로 그 짐을 짊어지라고 요구하는 저 플라톤주의자들에게 비웃음만 날립니다. 에리히 프롬Erich Fromm이 살아 있다면 1930년대 이래로 자유로부터의 도피라고 할 만한 뚜렷한 현상을 전혀 찾아볼 수 없다는 사실에 낙담할 것입니다. 당신이 든 비유를 갖고 말하면, 날로 그 수가 늘어나고 있는 키클롭스들이 판사를 자처하게 되면서 자유는 점점 더 피고석으로 밀려나고 있습니다. 또다시 앞에 펼쳐진 '어두운 시대'를 살아가야 하는 것이 우리의 운명이라는 한나 아렌트Hannah Arendt의 말이 생각납니다. 아렌트는 《어두운 시대의 사람들 Men in Dark Times》[11]이라는 에세이집에서 자신이 베르톨트 브레히트Bertolt Brecht의 영향을 받았다고 말했습니다.[12] 브레히트는 〈후손들에게An Die Nachgeboren〉라는 시에서 자신이 살았던 '무질서와 굶주림, 대학살과 살육으로 점철된……악만이 존재하고 분노는 없던' 시대를 '어두운 시대'라고 불렀습니다. 그 시에서 브레히트는 이렇게 고백합니다.

나의 시대에는 길들이 모두
늪으로 가게 되어 있었다.
언어는 살육자에게 나를 드러나게 하였다.
나는 거의 아무것도 할 수 없었다.
그러나 지배자들은
내가 없어야 더욱 편안하게 살았고,
그러기를 나도 바랐다.

마지막으로 그는 우리와 그의 후손들, 그리고 우리의 후손들에게 경고합니다.

> 우리를 삼켜버린 밀물로부터
> 떠올라 오게 될 너희는
> 우리의 허약함을 이야기할 때
> 너희가 겪지 않은
> 이 어두운 시대를
> 생각해다오.[13]

아렌트는 《어두운 시대의 사람들》의 서문에서 자신이 '어두운 시대'라는 표현을 어떤 의미로 사용하고 있는지에 대해 다음과 같이 말합니다.

> 공론장의 기능이 말과 행위로 자신들이 누구이고 무엇을 할 수 있는지를 보여줄 수 있는 상상의 공간을 제공함으로써 인간사에 대한 이해의 빛을 밝히는 것이라면, 어둠은 이 빛이 확신의 위기와 권력의 '비가시성', 진리를 드러내는 것이 아니라 진리를 은폐하는 말들, 오래된 진리를 옹호한다는 미명하에 진리를 무의미하고 진부한 말로 전락시켜버리는 명령—도덕적인 명령이건 다른 명령이건 간에—으로 인해 꺼질 때 내려앉는다.

아렌트는 "공적인 것의 빛은 모든 것을 어둡게 한다"라는 하이데거의 말을 인용하면서 이 말이야말로 현 상황을 가장 압축적으로 표현하고 있다고 말합니다. 그리하여 어두운 시대에는 이론과 개념을 통한 계몽을 기대하기보다는 '가물거리는 희미한 불빛'에 주목하는 것이 더 낫다고 아렌트는 결론짓습니다. "상황이 어떠하든 간에 어떤 사람들은 자신들의 삶과 일에서 가물거리는 희미한 불빛을 켜서는……자신들이 살도록 운명 지워진 시대를 밝히는 법"이라면서 말이죠.

어두운 시대는 '재앙'의 순간이 아닙니다. 시간의 흐름에서 벗어나 갑자기 시작되었다가 갑자기 끝나는 특별하고 예외적인 현상이 아닙니다. 어두운 시대(아렌트는 어두운 시대는 역사에서 일반적이었다는 점을 강조합니다)는 재앙의 징후들이 가득한 정상 상태, 더 정확히 말하면 재앙을 품고 있는 '정상 상태', 기한이 정해져 있지 않은 것처럼 보이는 '정상 상태'입니다. 어두운 시대는 경험과 그에 관한 공식적 서술 간의 간극이 매우 깊어서, 공공연히 조장되는 사상들이 경험을 보여주기보다는 모호하게 하고 경험을 밝혀주기보다는 흐릿하게 만드는 시대입니다.

그러한 시대에 우리가 해야 할 일은 저 '가물거리는 희미한 불빛'에 희망을 거는 것입니다. 그리고 재앙의 시대에 다시 타오를 힘을 잃을 정도로 저 불빛들이 어두워지지 않게끔 보살피는 것입니다. 이 점에서 저는 당신의 의견에 전적으로 동의합니다. 좀 더 나은 시대가 다시 오게 되면, 그 불빛들은 다시금 밝게 빛날 준비가 되어 있어야 합니다.

스타니스와프 오비레크

그 불빛들을 찾아보죠. 한나 아렌트가 폐부를 찌르는 브레히트의 시와 자신의 철학적 스승인 마르틴 하이데거의 말을 인용해 언급하고 있는 어두운 시대에 대한 당신의 글을 읽다 보니, 행복한 실수^{felix culpa}라는 신학적 개념(혹은 민중의 지혜의 표현인 '나쁠수록 더 좋다'는 말)이 떠오릅니다. 신학을 공부하다 보니, 어쩔 수 없나 봅니다. 어찌 됐건, 아렌트가 나치 이데올로기에 빠져들었던 하이데거와 연인이 되었다는 것은 정말 이해하기 힘듭니다. 둘의 관계는 앞으로도 풀리지 않는 수수께끼일 것입니다.

프란치스코 교황의 강론에 대한 당신의 이야기가 매우 인상 깊어서 전문을 찾아 읽어보았습니다. 인터넷의 기적 덕분에 그 강론이 언제 어디서 행해졌는지 확인할 수 있었거든요.[14] 잘 아시겠지만, 바티칸은 교황의 모든 말을 기록하고 누구나 볼 수 있게 합니다. 그 강론은 2013년 4월 15일에 바티칸에서 원격 통신과 인터넷을 담당하고 있는 직원들을 대상으로 행해진 것이더군요. 바로 그 점에서 이 강론은 우리가 지금 논의하고 있는 것과 중요한 관련이 있는 것 같습니다. 지금 우리는 오늘날의 미디어가 세계와 인간의 이미지를 어떻게 만들어내고 있는지, 인간 정체성의 형성을 돕고 있는지 아니면 방해하고 있는지의 문제를 이야기하고 있으니까요. 그런 점에서 당신이 프란치스코의 말에 관심을 갖고 인용한 것은 당연한 듯합니다. 교황의 강론 내용은 비방과 중상을 일삼는 오늘날의 미디어 상황에도 적용될 수 있으니까요. 그런데 교황의 강론 내용 중에는 중요한 것이 하나 더 있습니다. 그는 말합니다. "우리 시대에는 과거보다 더 많은 순교자가 있습니다. 그들은 증오에 의해 박해를 받고 있는 사람들입니다. 증오의 씨를 뿌리고 박해를 가하는 자들은 악마입니다."

이렇듯 주저 없이 죄와 사탄에 대해 경고한다는 점에서 전통적인 교회 이데올로기와 별다를 바 없는 가르침을 전하는데도, 프란치스코 교황이 많은 사람의 공감과 지지를 얻고 있는 이유가 정확히 무엇인지 궁금합니다. 하지만 프란치스코 교황은 현실을 해석하는 방식에서 과거의 교황들이나 그의 직전 교황들과는 분명히 다른 점이 있습니다. 그것은 인간의 나약함과 죄에 대한 공감입니다. 더군다나 프란치스코 교황은 자신을 우리 위가 아니라 우리 곁에 놓습니다. 그는 다음과 같은 말로 강론을 마칩니다. "우리는 죄에서 자유로워지지 못할 것입니다. 우리는 모두 죄인입니다. 하지만 여러분은 용기 있게 말해야만 합니다. '주님, 저는 죄인입니다. 저는 때때로 세상사를 따릅니다. 하지만 저는 당신께 복종하고 당신의 길을 따르고 싶습니다'라고 말입니다." '여러분'이라는 단어 대신에 '저'라는 1인칭 단수를 사용한 것은 단순히 표현상의 변화가 아니라 완전히 다른 어법입니다!

이 자리를 빌려, '프란치스코 현상'에 대해 간략히 살펴볼까 합니다. 오늘날 많은 사람이 이 현상을 관심을 갖고 고찰하고 있습니다. 이것은 정체성에 대한 우리의 논의와 관련해서도 살펴볼 만한 흥미로운 현상입니다. 짐작하시겠지만, 저는 프란치스코 교황이 예수회에 있으면서 갖게 된 특징들을 얼마나 간직하고 있는가 하는 데 관심이 있습니다. 프란치스코 교황을 지켜보고 당신이 언급한 강론을 비롯해 교황이 쓴 글들을 읽다 보니, 예수회의 기본 저술들에 나오는 한 구절이 떠올랐습니다. 제가 예수회에 있을 때 수도회의 회원들은 그 구절의 의미를 되풀이해서 분석해보곤 했습니다. 여러 면에서 예수회의 정체성을 보여주는 그 구절은 예수회원이란 누구인가 하는 물음에 대한 답변의 형식을 취하고 있습니다. 그 구절은 이렇습니다. "예수회원이라는 것은 자신이 죄인이라는 것, 그러나 이냐시오처럼 하느님에 의해 예수 그리스도의 벗으로 부름받은 죄인이라는 것을 아는 것이다." 죄인이라는 자각, 나약하기 그지없는 인간이라는 자각은 타인들을 쉽게 판단하지 않게 합니다. 그렇기 때문에 프란치스코 교황은 묻습니다. "타인들을 판단하는 나는 누구인가?" 이 질문은 자신이 죄인이라는 의식에서 나오는 것 같습니다.

　　교황 요한 23세와 마찬가지로 현 교황도 적지 않은 나이에 교황으로 선출되었습니다. 둘 다 77세에 교황으로 선출되었습니다. 요한 23세는 5년의 재임 기간 동안에 가톨릭을 새로운 방향으로 이끈 반면, 프란치스코 교황은 불과 2013년 3월에서 8월까지의 기간에 많은 사람에게 깊은 인상을 남겼습니다. 교리 수정을 통해서가 아니라 강조점의 이동을 통해서 말입니다. 그가 선택한 교황명만 해도 바티칸의 기준에서는 혁명적인 것입니다. 프란치스코를 교황명으로 선택했다는 것은 자기 바로 앞의 교황들과의 차별화 선언인 동시에 새로운 계획의 제안을 의미합니다. 제가 보기에 프란치스코 교황은 아시시의 성 프란체스코가 제시한 빈자들의 교회를 계승하고 싶어 하는 것 같습니다. 잘 알려져 있듯이, 아시시의 성 프란체스코는 문자 그

대로의 의미에서건 비유적인 의미에서건 교회를 구했습니다. 구했다는 말이 지나치다면, 적어도 교회의 존재에 대한 신뢰를 불어넣었다고 할 수 있습니다. 성 프란체스코 덕분에, 기독교는 유럽에서 신뢰를 되찾을 수 있었고 유럽 너머에서까지 매력적인 선택지가 되었습니다. 21세기의 문턱에서도 그렇게 될 수 있을까요?

프란치스코는 교황에 취임하는 순간부터 오랜 세월 동안 삶의 최전선에 있던 이들을 향해 상징적 제스처를 보여주었습니다. 그는 그들에게 말합니다. "여러분은 잘하고 있습니다. 계속 수고하세요." 그는 뭔가 새로운 것을 만들어내는 것이 아니라 교회의 실천 중에서 따라야 한다고 생각한 것들을 선택한 전임 교황들처럼 자신이 교회의 실천 중에서 가치 있다고 생각하는 것을 가리킵니다. 하지만 요한 바오로 2세는 가난한 이들과 함께하는 예수회의 실천이 복음이라든가 '구조적 악'으로부터의 해방이라는 공리와 가깝다는 사실에 주목하기보다는 예수회가 마르크스주의와 해방신학에 의해 오염되고 있다는 조언자들의 말을 듣는 쪽을 선택했습니다. 제가 기억하기로는, 폴란드의 예수회원들 중에도 예수회 수장인 페드로 아루파Pedro Aruppa는 마르크스주의자이고 그의 고문들은 볼셰비키라고 생각하는 사람들이 있었습니다. 실제로 아루파의 고문들 중에는 1956년에, 오늘날까지도 읽히고 있는 마르크스주의에 관한 책을 출간한 프랑스의 예수회원인 장이브 칼베Jean-Yves Calves처럼 마르크스주의 전문가들도 있었습니다. 하지만 어떤 사상을 잘 알고 있다고 해서 반드시 그 사상을 무비판적으로 수용하고 있다고 할 수는 없습니다.

호르헤 마리오 베르고글리오Jorge Mario Bergoglio〔프란치스코 교황의 본명)는, 가톨릭교회는 가난한 이들에게 더 가까이 다가가는 길을 통해 서만 남미에서 신뢰를 회복할 수 있을 것이라고 믿었던 것 같습니다. 지금의 그를 형성한 것은 바로 이러한 경험입니다. 그 경험을 빼놓고 는 그가 교황 관저, 금 십자가, 교황 예복을 싫어하는 것을 이해할 수 없습니다. 베르고글리오는 가난한 자들과 그들을 위해 살겠다는 결 의를 중시하는 라틴아메리카 교회의 전통에 속해 있습니다. 그가 교 황에 취임하면서부터 보인 모든 제스처와 행위는 이런 맥락에서 이 해해야 합니다. 그렇지 않으면, 그것들은 모두 가식으로 보일 것입니 다. 물론 금 십자가와 금반지를 거부한 것은 상징적 제스처입니다. 진정으로 기독교적 전통인 해방신학의 전통에 입각할 때만, 이 상징 들은 의미를 갖습니다. 이 전통에서 볼 때, 어떤 사람의 부는 다른 사 람의 희생 위에 축적됩니다. 사회적 계층화는 아무런 윤리적 의미도 없는 것이 아닙니다. 복음의 전통에서 부는 나쁜 것입니다. 어떻게든 '되갚음'하지 않는다면, 부는 악일 뿐입니다.

　　2013년 7월에 아르헨티나인 교황이 브라질을 순방해 냉대받고 소외된 사람들에 대한 지지를 보냈을 때 해방신학과 바티칸의 관계 는 새로운 장을 맞이할 수 있었습니다. 하지만 그러한 가능성은 실현 되지 못했습니다. 7월 28일에 열린 라틴아메리카 주교회의 산하 조 정위원회 회의에서 교황은 해방신학에 대해 비판적인 발언을 했습니 다. 교황은 '사회 환원주의'를 비롯해 교회가 받고 있는 유혹에 대해 이야기했습니다. 1980년대의 바티칸 문서들을 보면 '사회 환원주의' 는 바티칸이 사회과학, 특히 마르크스주의 방법론을 따르던 해방신 학자들을 비판할 때 주로 사용한 표현입니다. 게다가 프란치스코 교황은 사회 환원주의를 가리켜 "정체를 아주 쉽게 파악할 수 있는 이데올로기"라고 비판합니다. "그것이 대단한 위력을 발휘했던 순간들도 있었습니다. 그것은 사회과학에 기초한 해석과 관련이 있습니다. 그것은 시장 자유주의에서 마르크스주의적 접근법에 이르기까지 여러 영역에서 볼 수 있습니다." 프란치스코 교황은 교리는 그대로 둔 채 강조점을 바꿉니다. 그는 가난한 이들에 대해 이야기하지만 구조적 변화보다는 영적 변화에 대한 관심을 환기시킵니다. 그는 구스타보 구티에레스Gustavo Gutierrez[페루의 신학자이자 가톨릭 사제로서 남미 해방신학의 창시자 중 한 명]나 레오나르두 보프Leonardo Boff[1938년생. 브라질의 신학자로서 남미 해방신학의 창시자 중 한 명. 원래 도미니크 수도회 소속의 신부였으나 교황청과의 마찰로 사제직을 그만두었음]보다는 요한 바오로 2세나 베네딕트 16세와 더 비슷합니다.

그러나 폴란드의 상황에서는 이 정도의 변화도 엄청난 차이를 만들어낼 수 있습니다. 물론 실제로 그렇게 될지는 아직 지켜봐야 합니다. 어쨌건 이른바 '프란치스코 제스처'는 그 영향력을 약화시키고자 하는 상당수의 폴란드 고위 성직자들을 당혹스러움과 경악 속으로 몰아넣고 있습니다. 프란치스코 교황이 교회가 현대와 대화하는 언어에 큰 변화를 주려고 하는 것만으로도 이미 전임 교황들에 비해 큰 변화라고 할 수 있습니다. 당신이 많은 글에서 말했듯이, 오늘날의 세계에서 문명의 특징은 모든 것이 엄청나게 빠른 속도로 이루어진다는 것입니다. 전적으로 통신 혁명 때문만은 아니지만, 대체로 통신 혁명 때문이죠. 그러다 보니 오늘날 가톨릭교회는 교회가 현대와 대화하는 언어상의 변화를 검열하고 지연시키고 있습니다. 제2차 바티칸 공의회(1962년 요한 23세 교황이 소집했으며 1965년 바오로 6세 교황 때 폐막한 제21차 세계 공의회)가 열리기 전에도 그런 일이 있었죠. 그런데 공의회가 끝나고 불과 몇 년 안 돼서, 교황 비오 12세 때는 변화에 강력히 반대하던 알프레도 오타비아니Alfredo Ottaviani(1890~1979년. 제2차 바티칸 공의회 때 보수적인 목소리를 대변한 이탈리아 추기경) 추기경과 그가 이끄는 가톨릭 신학자들이 그동안 위협으로 여기던 변화를 돌연 수용했습니다. 그리하여 그전까지는 경멸의 대상이던 프랑스의 새로운 신학, 그리고 남미 가톨릭이 보여준 다른 종교들과의 대화 노력을 갑자기 가톨릭교회의 공식적 얼굴로 내세웠습니다.

저는 현시대에 대한 당신의 진단을 최근 교황들에 대한 분석, 특히 프란치스코 교황에 대한 분석과 비교하는 글이 가톨릭 매체에 등장하고 있는 것이 중요하다고 봅니다. 일간지《라 치타 노바La Citta Nova》에 이런 글이 실렸더군요.

나는 프란치스코 교황의 말에 귀를 기울이지만 폴란드 출신의 세계적인 사회학자이자 저술가인 지그문트 바우만의 글도 읽는다. 전혀 어울릴 것 같지 않은 이런 조합이 어떻게 가능한 것일까?
교황 베네딕트 16세와 교황 프란치스코의 말—이를테면 프란치스코 교황이 람페두사Lampedusa 섬에서 행한 강론(프란치스코 교황은 취임 후 첫 방문지로 이탈리아 최남단에 있는 람페두사 섬을 선택했는데, 이 섬은 북아프리카에서 유럽으로 가려는 불법 이민자들의 밀항지로 유명함. 이 섬으로 오다가 배가 전복되어 많은 사람이 목숨을 잃는 비극이 벌어짐. 2013년 7월에 교황은 이 섬에서 미사를 집전하면서 자신의 안락만을 추구하며 이웃의 고통에는 무관심한 우리 마음의 야만성과 무감각을 비판하는 강론을 했음) —
은 저 폴란드 저술가의 말을 떠올리게 한다.[15]

루이지 부트리Luigi Butri 통신원은 2013년 8월 7일 태국에서 보
낸 기사의 마지막 대목에서 당신의 주장과 프란치스코 교황의 말을
병치시킵니다. 그에 따르면, 교황이 하는 말은 모두 '액체 근대liquid
modernity'라는 진단으로 귀결됩니다. 흥미로운 점은, 교황의 진단은 염
세적으로 들리지 않고 낙관주의의 원천이 되고 있다는 것입니다.

지금은 우리 가톨릭 신자들과 모든 기독교인에게, 그리고 다른 모
든 이에게도 새로운 시간입니다. 교황 프란치스코는 이 세계의 수
수께끼를 이해하고, 경제적 위기이자 본질적으로 인간적 위기인
현재의 전 지구적 위기에서 벗어나기 위해 확신에 찬 눈으로 이
세계를 바라보고 이 세계의 말을 주의 깊게 경청합니다. 교황은
모든 사람에게, 그리고 최근까지 관계라고는 전혀 찾아볼 수 없던
이 세계에 빛이 되었습니다. 바우만이 말하는 '가치의 결여'가 만
연한 상황에서, 프란치스코 교황의 확신에 찬 목소리는 삶의 가장
자리에 있는 이들을 어루만집니다. 그 목소리는 확신에 차 있으면
서도 온화합니다. 왜냐하면 그것은 복음을 말하고, 하느님의 진리
와 사랑에 기초해 있기 때문입니다. 바로 이것이야말로 프란치스
코 교황이 우리에게 매우 구체적으로 보여주는 사랑입니다.

이 기사를 읽으면서 묘한 느낌을 받았습니다. 저도 몇 년 전에

당신의 일부 글을 분석하면서 요한 바오로 2세의 푸우투스크Pultusk 강론과 비교한 적이 있기 때문입니다. 요한 바오로 2세의 강론은 오늘날이라면 차분하게 받아들여졌겠지만, 당시에는 상당수의 사람에게 당혹감을 안겨주었습니다. 아시다시피, 제2차 바티칸 공의회가 열리는 동안에도 그렇고, 그 후에도 교회의 근본주의적 얼굴은 결코 사라진 적이 없습니다. 그저 잠시 동안 교회를 대표하는 얼굴이기를 멈추었을 뿐입니다. 요한 23세는 꾸밈없는 미소와 넓게 벌린 팔로 교회를 변화시켰습니다. 그것은 세상과 낙관적 관계에 있던 교회 내 사람들이 그를 자신들의 우군으로 보게 되었다는 의미에서의 변화였습니다. 그리고 여전히 근대 전체에서 적만을 보았던 사람들은 가톨릭이라는 제도에서 매우 중요한 교황의 지지를 상실했습니다. 그러나 교회 제도에는 다른 판단 기준이 있었기 때문에, 요한 23세의 아조르나멘토aggiornamento〔개혁과 쇄신을 가리키는 이탈리아어. 교황 요한 23세가 처음 사용한 이후, 현대 세계에 대한 교회의 적응을 주요 목적으로 삼았던 제2차 바티칸 공의회의 정신을 대변하는 말이 되었음〕는 불과 몇 년 동안만 지속되었을 뿐입니다. 이런 의미에서 비록 프란치스코 교황이 혁명을 불러오고 있지는 않지만 적어도 당신의 사상과 연결되고 있다는 것은, 제가 보기에는 변화를 알리는 전조입니다.

앞으로는 지금까지와는 다른 지향을 가진 성직자들이 주교로 임명되었으면 하는 바람이 있습니다. 이러한 주교들은 교황 베네딕트 16세가 말했던 '예스맨', 즉 단순한 종복이 되지 않고 아시시의 성 프란체스코처럼 혁신자, 혁명가가 될 것이라고 믿습니다. 봄은 자연에 폭력을 가하지도 않고 꽃들이 더 빨리 자라게 세심히 돌보지도 않습니다. 혁신가들은 말합니다. "그렇다. 이것은 새로운 성장이지만, 세계의 종말이 아니라 봄이다." 만일 제가 예수회로 복귀하게 된다면, 이 수도회가 계몽의 적이 아니라 우군이었다는 사실을 기억할 것입니다. 예수회의 해체로 인해 예수회원들은 폴란드의 계몽에는 거의 기여하지 못했습니다[에스파냐의 강력한 요구로 교황 클레멘스 14세는 1773년 예수회 해체를 선언했음. 그 후 1814년에 교황 비오 7세가 예수회의 복권을 허용하는 회칙을 발표했음]. 하지만 폴란드 국가교육위원회가 대부분 과거의 예수회원들에 의해 만들어진 것이라는 점에서 볼 때, 예수회의 기여가 전혀 없었던 것은 아닙니다. 예수회가 해산된 주된 이유는 가톨릭이 좀 더 개방적이 될 것을 주장했기 때문입니다. 역설적인 사실은, 차르 치하의 러시아에서는 예수회원들이 가톨릭의 개방화에 기여했다는 것입니다. 그들은 거의 반세기 동안 러시아에서 활동하면서 러시아 정교회가 개방적이 되는 데 일조했습니다. 이에 대해서는 다음에 기회가 있을 때 다루도록 하겠습니다. 어쨌건 지금 중요한 것은, 당신이 프란치스코 교황의 강론들을 읽고 있고, 프란치스코 교황의 말이 당신의 사상에 따라 해석되고 있다는 것입니다. 이는 이해할 수 없는 역설적 상황일까요? 역설적인 상황이라기보다는 고체적 정체성solid identity을 추구하는 사람들을 골탕 먹이는 새로운 정체성이 도래한 것일지도 모릅니다.

지그문트 바우만

당신은 호르헤 마리오 베르고글리오가 사람들을 끌어당기는 힘에 관해 다음과 같이 설명합니다. "그것은 인간의 나약함과 죄에 대한 공감입니다. 더군다나 프란치스코 교황은 자신을 우리 위가 아니라 우리 곁에 놓습니다." 당신의 글을 읽고, 오래전에 읽었던 에밀 루트비히Emil Ludwig의 《사람의 아들: 예수의 생애Son of Man: The Story of Jesus》(1928년에 나온 그리스도에 관한 전기)에서 예수의 첫 가르침에 대한 대목이 생각났습니다. 제가 그 책을 읽은 것은 1939년 9월 직전이었습니다. 피로 얼룩지고 불타는 폴란드의 이곳저곳을 여러 주 동안 돌아다니면서 저는 계속 루트비히의 말을 곰곰이 생각해보았습니다. 영어판 위키피디아는 루트비히에 대해 지나간 시대를 명료하고 이해하기 쉽게 되살려내는, 보기 드문 재능의 소유자였다고 서술하고 있는데, 루트비히는 예수가 바로 그러한 재능을 갖고 있었다고 봅니다. 그는 나자렛에서 예수가 왔다는 소식이 전해지자마자 어부, 장인, 소상인들이 기도의 집들로 모여들게 만든 것은 예수의 그러한 재능이었다고 주장합니다.

그의 설명에 따르면, 사람들이 예수에게 몰려든 것은 이 나자렛 사람이 따르기 힘든 엄격한 권고나 금지에 대한 이야기나 불복종자와 나태한 자를 기다리는 지옥의 고통에 대한 장황한 설명이 아니라 복음을 가져왔기 때문입니다. 예수는 그들에게 희망을 가져왔습니다. 더 나은 세상에 대한 희망, 아직은 천국에만 있는 하느님의 왕국이 평생 동안 삶 속에서 그의 말에 귀 기울이는 자들에 의해 여기 이 지상에서 실현될 수 있다는 희망, 예수가 예고한 임박한 하느님의 왕국은 위에서 내려오는 것이 아니라 각 가정, 장인의 작업장, 어부의 배에서 싹트고 꽃필 것이라는 희망을 가져왔습니다. 루트비히는 이곳저곳을 떠돌며 복음을 전도하던 예수가 사람들이 자신의 말에 귀 기울이게 할 새로운 방법을 찾아냈다고 적고 있습니다. 예수의 설교는 모닥불 가에서 나누는 대화 같았을 뿐만 아니라 예수와 여행에 동행한 사람들이 관심을 갖고 있던 매우 세속적인 일상적 문제들에 관한 것이었습니다. 당신의 멋진 표현을 빌리면, 예수는 '새로운 전조들'을 가져왔습니다. 세계의 종말이 아니라 봄의 시작을 알리는 메시지들을 가져왔습니다.

프란치스코 교황의 강론에서도 비슷한 인상을 받습니다. 그는 오래전의 깊은 전통으로, 성 프란체스코의 가르침으로 되돌아갑니다. 교황이 프란치스코를 교황명으로 선택한 것은 우연이 아닙니다. 저는 호르헤 마리오 베르고글리오가 교리 논쟁이 아니라 악과 불행의 세속적 뿌리를 주목할 것이라고는 기대하지 않습니다. 저는 당신이 이야기한 '강조점의 변화', 결국 '현안의 변화'야말로 우리 세계에 가장 시급하게 필요한 것이라고 생각합니다. 오늘날의 세계에서 품위 있고 존엄한 삶을 위한 기회들이 부당하게 분배되고 있는 것보다 더 중요하고 화급한 문제는 없습니다. 폭주하는 사회적 불평등과 탐욕보다 더 무서운 위협은 없습니다. 전 세계 인구 중 최상위 부자 1퍼센트가 전 세계 자원의 40퍼센트를 소유하고 있고 최상위 부자 10퍼센트가 전 세계 부의 85퍼센트를 소유하고 있는 반면, 피라미드의 절반 아래쪽에 있는 사람들은 전 세계 부의 1퍼센트를 소유하고 있을 뿐입니다. 전 세계의 최상위 부자 1000명의 총자산이 가장 빈곤한 25억 명의 총자산의 배가 넘습니다. 이것은 단순히 통계 수치의 문제가 아니라 인간 조건의 문제입니다. 이러한 통계 수치 이면에는 인간의 불행, 빈곤, 고통, 굴욕, 실추된 자존감의 바다가 자리하고 있습니다. 이 바다는 통제 불가능한 수준으로 증가하는 수많은 사람을 집어삼키고 있습니다. 루트비히 비트겐슈타인Ludwig Wittgenstein의 말처럼, 인류 전체의 고통이라고 해도 한 사람의 고통보다 클 수는 없습니다.

멈출 줄 모르고 확대되고 있는 불평등을 훨씬 더 위협적인 것으로 만드는 것은 지구의 자원이 이미 한계에 접근해가고 있다는 점입니다. 그런데도 우리는 대부분의 시간 동안, 대부분의 경우에 지구의 자원이 무한하기라도 한 듯이 행동합니다. 우리는 궁극적으로 소비량을 나타내는 GDP의 계속적인 성장이 우리가 직면한 사회적 고통들에 대한 보편적인 치료법이라고 생각합니다. 이러한 잘못된 가정에 입각해 이미 반세기 전에 우리는 빵을 공정하게 분배해야 한다는 생각을 비웃고 거부하면서 빵 덩어리를 무한정 키워야 한다는 세이렌의 부름에 주저 없이 따랐습니다. 우리는 결코 틀리는 법이 없는 합리적 시장들의 '보이지 않는 손'이 그러한 기적의 실현을 보장해줄 것이라고 믿게 되었습니다.

그러한 책략은 성공했고, 이제 우리는 그 대가를 치러야 합니다. 지금 우리는 빵 덩어리를 지금보다 훨씬 더 크게 만들 수 없다는 것, 혹은 빵 덩어리의 분배 방식의 변화를 무한정 지연시킬 수는 없다는

것을 깨닫고 있습니다. 그리하여 우리에게 남은 것은 평화적 행동이
냐 군사적 행동이냐, 다시 말해 협력할 것이냐 싸울 것이냐의 양자택
일뿐입니다. 이제야 이것을 깨닫게 되었다는 것은 부끄러운 일입니
다. 좀 더 일찍 깨달았다면, 대처·레이건 시대는 오지 않았을 것입니
다. 그러나 착취 경제, 소비의 향연, 아직 태어나지 않은 세대에게 빚
떠넘기기 등을 특징으로 하는 짧았던—그러나 장기간의 결과를 초
래한—대처·레이건 시대로 인해, 오늘날 지구의 수많은 주민은 그
이전 시대에 필요했을 것보다 훨씬 더 급격하고 훨씬 더 고통스러운
재분배 조치들을 감수해야 할 처지입니다. 개혁에 필요한 비용은 날
로 증가하고 있습니다. 우리의 깨달음을 실천으로 옮기지 않는 한,
이 비용은 앞으로도 엄청난 속도로 증가할 것입니다.

　　교회의 문제에 견문이 적은 저로서는 프란치스코 교황이 재임
중에 교회 내부의 갈등을 해결할 시간이 있을지에 대해서는 잘 모르
겠습니다. 이에 대해서는 이 방면의 전문가인 당신의 의견을 따르겠
습니다. 당신은 '내부자'로서 교회를 경험하기도 했고, 오랜 세월 동
안 학자로서 많은 학식을 쌓기도 했으니까요. 다만 제가 보기에는,
프란치스코 교황이 교회의 메시지에 대한 '신뢰'를 되찾을 수 있는
유일한 길을 걷기 시작했다는 것만은 확실한 것 같습니다. 물론 그가
목표에 이를 수 있을지는 아직은 확신할 수 없습니다. 교황의 앞에는
끊임없이 변화하고 갈수록 무질서해지는 오늘날의 세계에서 교회가
역사의 수레바퀴의 한 개의 톱니바퀴에서 엔진으로 그 역할을 변화
시킬 진정한 기회—세계 내에서의 교회의 지위만이 아니라 교회를
포함한 세계 전체의 운명까지도 바꾸어놓을 수 있는 변화—가 놓여

있다는 것이 제 생각입니다.

교회는 지금까지와 똑같은 방식으로 살기를 원하지도 않고 그렇게 살 수도 없는 세상 사람들을 향해 눈살을 찌푸리는 것이 아니라 교황의 인도하에 지구를 파괴에서, 인류를 전쟁에서 구원할 길에 쌓여 있는 장애물들을 인식하고 제거하는 인류의 선도적 기관이 될 수 있습니다. 이에 비하면 다른 과제들은 모두 사소해 보입니다. 만일 교황이 이 일에만 힘을 쓴다면, 교황이 세계와 그 주민들의 구원에 필수 불가결한 과제와 맞서려고 하지 않았다고 말할 사람은 아무도 없을 것입니다.

이것이 제 생각입니다. 사유가 꿈이 아니라 현실에 눈을 뜨기를.

스타니스와프 오비레크

맞습니다. 현실에 눈을 떠야 합니다. 갈수록 더 부유해지는 사람들과 살 곳이 못 되는 방대한 지역에서 빈곤 속에 던져져 있는 사람들 간의 간극이 점차 더 확대되고 있는 현실은 정말로 충격적입니다. 당신이 프란치스코 교황의 상징적 행위와 말을 통해 젊은 시절에 읽은, 예수 그리스도에 대한 에밀 루트비히의 책을 떠올렸다면, 저는 현 세계의 경악할 만한 상황에 대한 당신의 글을 읽으면서, 지금은 고인이 되셨지만 1970년대 말에 크라쿠프의 예수회 대학에 계셨던 존 시그 John Sieg 신부의 강의가 생각났습니다. 잠시 그때의 이야기를 할까 합니다. 모든 이야기를 할 것은 아니고, 당신이 기억해낸 것과 관련된 이야기만 하겠습니다.

당신이 기억하고 있는 것은 여러 가지 이유에서 흥미롭습니다. 우선, 저는 상당한 세월 동안 기독교와는 다른 전통들, 특히 유대교의 예수 그리스도 수용사를 연구해왔습니다. 그런데 이 분야에서 루트비히의 책은 그다지 인정을 받지 못합니다(당신이 말했듯이, 루트비히의 책은 1928년에 쓰였습니다. 따라서 이 주제에 관한 유대인의 저술로는 최초의 책 중 하나라고 할 수 있습니다). 이 분야의 가장 중요한 저술들로는 1938년에 이디시어로 쓰인 숄렘 아시Sholem Asch의 《나자렛 사람The Man of Nazareth》, 1937년에 히브리어로 쓰인 아론 카바크Aaron Kabak의 《좁은 길The Narrow Path》, 루트비히의 책보다 앞서 1922년에 히브리어로 쓰인 요셉 클라우스너Joseph Klausner의 《나자렛 예수Jesus of Nazareth》 등이 있습니다. 최근에는 몇몇 학자가 서로 영향을 주고받으면서 예수 그리스도에 대한 새로운 현대적 논쟁을 향해 나아가는 다양한 목소리도 있습니다. 잘 아시다시피, 앞서 말한 책들은 《사람의 아들》을 제외하고는 폴란드에 전혀 소개되지 않았습니다. 《사람의 아들》이 베를린에서 출간된 지 1년 만에 르네상스 출판사에서 파벨 홀킨 라스코프스키Pawel Hulkin-Laskowski(개심한 복음주의 기독교도)의 폴란드어 번역본이 나왔습니다. 당신이 "1939년 9월 직전에 읽었다"라고 한 책이 바로 이것입니다.

당신은 이 책의 내용에 대해 "피로 얼룩지고 불타는 폴란드의 이곳저곳을 여러 주 동안 돌아다니면서 곰곰이 생각"했다고 했습니다. 당신이 이 책의 내용과 거기서 받은 영향에 대해 한 말은 매우 감동적이었습니다. 앞서 언급한 클라우스너는 이 책을 아주 다르게 받아들였다는 점에 비추어 볼 때, 당신의 말은 특히 흥미롭습니다. 클라우스너는 1938년에 유대 잡지 《의견Opinion》에 이 책에 대한 생각을 몇 회에 걸쳐 피력했습니다. 클라우스너의 글로 인해 카코프스키Kakowski 추기경이 개입하게 되면서 이 잡지는 결국 폐간되었고, 《사람의 아들: 예수 이야기》도 인쇄가 금지되었습니다. 그런데도 이 책이 출간될 수 있었던 것은 루트비히의 책에 '소설'이라는 부제가 붙어 있어서 교회 검열관의 눈을 피할 수 있었기 때문일 것입니다. 그리고 그 덕분에 당신은 나자렛 출신 목수의 삶을 각색한 이야기를 읽을 수 있었던 것이고요.

이제 "오늘날의 세계에서 품위 있고 존엄한 삶을 위한 기회들이 부당하게 분배되고 있는 것보다 더 중요하고 화급한 문제는 없습니다. 폭주하는 사회적 불평등과 탐욕보다 더 무서운 위협은 없습니다"라는 당신의 말에 대한 제 생각을 이야기하겠습니다. 탁월한 강사이면서 강론자로서도 인기가 높았던 시그 신부도 예수회의 젊은 성직자들과 폴란드 신학생들에게 당신의 주장과 비슷한 이야기를 했습니다.

당신의 말은 맞습니다. 교회가 '역사의 수레바퀴의 한 개의 톱니바퀴'에서 '엔진'으로 그 역할을 바꿀 때라는 말도 맞고, "지금까지와 똑같은 방식으로 살기를 원하지도 않고 그렇게 살 수도 없는 세상 사람들을 향해 눈살을 찌푸리는 것이 아니라 교황의 인도하에 지구를 파괴에서, 인류를 전쟁에서 구원할 길에 쌓여 있는 장애물들을 인식하고 제거하는 인류의 선도적 기관이 될 수 있습니다"라는 말도 맞습니다. 교황 베네딕트 16세가 당대의 사람들을 통렬한 진실과 대면하게 했던 2008년의 교황 회칙 〈희망으로 구원된 우리Spe Salvi〉에 대해 언급하면서 "가톨릭은 다시 세상의 공격을 받고 있다"라고 했던 말이 기억납니다. 그의 말은 옳은 것이었지만, 그는 때때로 저항이나 반대, 분노에 직면했습니다. 프란치스코 교황은 다릅니다. 당신과 저의 바람처럼, 그가 교회와 인류를 새로운 방향으로 나아가게 하는 데 성공할 수 있을까요? 지금까지 그가 발표한 유일한 회칙인 〈신앙의 빛Lumen Fidei〉을 보면 그럴 수 있을 것 같습니다. 이전의 교황들에게는 교회와 교회의 전통만이 희망과 사랑의 원천이었다면, 프란치스코 교황은 교회 너머에서 빛—신앙의 빛만이 아닌—을 보고 있는 것 같습니다.

물론 프란치스코 교황의 회칙은 이전 교황들이 발표한 회칙들에서 크게 벗어나지 않습니다. 특히 처음으로 회칙을 발표하기 시작한 교황 베네딕트 16세의 회칙들을 참고하고 있습니다. 하지만 프란치스코 교황의 회칙에는 새로운 정신을 보여주는 진술이 있습니다. 하나만 소개해보겠습니다. 프란치스코 교황은 신앙의 본질에 관해 성찰하면서 이렇게 말합니다. "하느님은 어떤 곳의 하느님이 아니고, 특정한 신성한 시간과도 연결되어 있지 않습니다. 하느님은 인간의 하느님입니다." 저는 '인간의' 바로 뒤에 '모든 인간의'라는 구절을 추가하고 싶습니다. 교황의 이 진술은 잘 알려진 요한복음의 첫 부분과 비슷한 울림이 있습니다. 그러한 울림은 제가 아는 한 '교황의' 가르침에는 없었던 것입니다. 교황의 가르침에서는 장소(가톨릭교회)와 시간(기독교 전례)의 유일무이성을 강조하는 것이 일반적이니까요. 물론 이 말에 새로운 것이 전혀 없다고 볼 수도 있습니다. 원래 육화의 교리는 모든 사람 안에 있는 하느님에 대해 이야기하니까요. 하지만 교리적 믿음에서 가톨릭의 신앙을 느끼는 데로 넘어가는 것은 소위 '통계상의 가톨릭 신자'들에게는(만일 이런 사람들이 있다면) 멀고도 험한 길입니다. 현실에서 그들은 자신의 독자성에 대한 확신을 갖고 있는 사람들, 따라서 가톨릭교회의 교리를 공유하지 않는 사람들을 자신들의 공동체에서 배제하니까요. 이런 의미에서 교황은 혁신적인 새로움을 보여주고 있습니다.

하시디즘 전통에 대한 프란치스코 교황의 언급은 감동적입니다. 마르틴 부버Martin Buber는 코츠크Kock의 랍비[1787~1859년. 폴란드의 하시디즘 지도자이자 랍비인 메나헴 멘델 모르겐슈테른Menachem Mendel Morgensztern의 통칭. 코츠크는 원래는 폴란드에 있는 마을 이름인데, 여기서는 멘델이 창시한 하시디즘 일파를 가리킴]가 제시한 우상숭배의 정의를 인용한 바 있습니다. "하나의 얼굴이 얼굴 아닌 얼굴을 존경에 찬 눈으로 바라본다"면 그것은 우상을 숭배하고 있는 것이다. "사람들은 하느님God을 믿기보다는 그 얼굴을 확인할 수 있고 우리가 만들었기 때문에 그 기원도 알려져 있는 신god을 숭배하기를 더 좋아한다."[16] 교황이 이러한 유대 전통에 대해 언급했다는 것은 오랜 우정이 없이는 불가능했을 일입니다. 호르헤 베르고글리오 추기경과 아브라함 스코르카Abraham Skórka[1950년 생. 아르헨티나의 생물물리학자이자 랍비] 랍비 간의 대화록《천국과 지상On Heaven and Earth》[17]은 그런 우정의 산물입니다. 가톨릭 사제가 랍비와 함께 책을 쓰고 대화를 통해 자신의 영성을 풍요롭게 할 수 있다는 것은 놀라운 일입니다. 프란치스코 교황이 종교의 오용 가능성, 즉 우상숭배에 더 민감하게 된 데는 스코르카 랍비―우연하게도 프란치스코 교황과 같은 아르헨티나 출신인―의 영향도 있지 않을까 생각합니다. 우상숭배는 히브리 성서의 주요 주제들 중 하나로, 거기에서는 살아 있는 하느님에서 벗어나는 상징은 어느 것이든 가장 큰 죄로 간주됩니다.

당신이 여러 차례에 걸쳐 찬사를 보낸 바 있는 안제이 스타시우크Andrzej Stasiuk〔1960년생. 국제적으로 명성이 높은 폴란드의 작가, 저널리스트, 문학평론가. 동유럽의 현실과 동유럽과 서유럽의 관계에 대한 에세이와 기행문학 작품으로 잘 알려져 있음〕는 최근에 《티고드니크 포프셰흐니Tygodnik Powszechny》〔폴란드의 크라쿠프에서 발행되는 가톨릭 주간지로, 주로 사회적·문화적 문제에 관심을 둠〕에 이 주제에 관한 글을 발표했습니다. 그는 신랄한 아이러니와 예리하고 정확한 시선으로 우상숭배를 다루었습니다. 그가 이 글에서 이야기하는 '히베르나투스Hibernatus'는 얼어붙은 채 전혀 움직이지 못하고 있는데도 모든 문제에 대한 답이었고 지금도 답인, 그리하여 질문을 던지는 사람들을 생각하거나 믿는 일에서 해방시키는 폴란드인 교황을 의미합니다. 그가 지적하는 이러한 우상숭배적 태도는 분명히 신앙에 대한 부정입니다. 스타시우크는 말합니다. "교회―낮은데로 임하는 일상 교회〔일상 교회의 주창자들은 사람들을 부르던 자리에서 사람들에게 나아가는 교회, 평범한 매일의 삶 속에서 이웃과 만나 부대끼고 사랑하며 살아가는 공동체로서의 교회로 패러다임을 변화시켜야 한다고 주장함〕―가 가장 좋았던 때는 공산주의 시대이다. 적정한 수준의 탄압과 말 없는 관용하에서, 교회는 저항의 징표인 동시에 타협의 징표였다. 교회는 지나치게 부유하지도 지나치게 가난하지도 않은 상태로 보통 사람들의 보통의 삶을 함께했다." 스타시우크는 저 시대의 교회의 모습을 좋아했던 것이 분명합니다.

어쩌면 그때가 폴란드 교회가 복음주의에 가장 가까웠던 때가 아니었을까? 결국 승리한 교회, 권력을 지향하는 교회, 왕권과의 동맹을 위해 손을 뻗은 교회, 더 정확히 말하면 왕좌를 차지한 교회보다 더 나쁜 것은 없다. 교회는 주님이 구원하러 오신 사람들만큼 박해를 받아야 한다. 내 말이 틀렸다면, 말해보라. 어디가 틀렸는지.

저는 어디가 틀렸는지 말할 수 없습니다. 틀린 것이 없기 때문입니다. 저는 다음과 같은 그의 말에도 동의합니다.

그렇다. 내 생각에 공산주의 시대의 교회가 더 좋았다. 어찌 됐건, 그때의 교회가 더 기독교적이었다. 교회의 겸양은 강요된 것이었을 수도 있지만, 당시의 교회는 확실히 지금의 교회보다 예수의 교회에 더 가까웠다. 주교들은 라디오, 신문, 텔레비전에 출연하지 않았다. 그들은 사람들과 어울리지 않았고, 신자들은 견진성사 때만 그들을 볼 수 있었다. 내가 젊었을 때는 TV에서 주교들을 볼 수 없었다. 신문에서도 볼 수 없었다. 교구사제와 총대리가 교회의 얼굴이었다. 그들(총대리들)과 우리(신자)는 은밀하게 박해를 받았다. 그 때문에 우리는 하나의 공동체라고 느꼈다. 종교에 관한 한, 나는 저 시대의 회귀에 반대할 이유가 전혀 없다.[18]

저도 반대하지 않습니다. 그리고 확실하지는 않지만, 저 시절이 되돌아오고 있는 것 같습니다. 다시 〈신앙의 빛〉에 대한 이야기를 잠시 하겠습니다. 제가 볼 때, 이 회칙에서 다음 구절은 교의의 본질과 교황의 태도의 본질을 잘 보여주는 것 같습니다.

사랑의 진리는 강요될 수 있는 것이 아니기에 개인을 억압하지 않습니다. 그 진리는 사랑에서 나온 것이기에 인간의 마음, 곧 각 사람의 인격적 중심에 다다를 수 있습니다. 그러므로 신앙은 다른 것들과 상관없이 독자적으로 존재하는 것이 아니라 서로를 존중하는 공존 속에서 자랍니다. 믿는 사람은 오만하지 않습니다. 그와 반대로 신앙은 믿는 사람을 겸손으로 이끕니다. 믿는 사람은 우리가 진리를 소유하는 것이 아니라 진리가 우리를 소유한다는 것을 알기 때문입니다. 신앙의 확신은 결코 우리를 완고하게 만들지 않으며, 오히려 계속 증언하고 모든 이와 대화를 나눌 수 있게 해줍니다.

그러나 주님의 관리들이 '모든 사람과의 대화'라는 방식으로 세상에 말을 거는 일은 거의 없습니다. 하지만 만일 가톨릭이 그런 것이라면, 저는 언제든 그 대화에 기꺼이 참여할 생각이 있습니다.[19] 또한 이 회칙에는 자연과 우리의 관계에 대해 이야기하는 대목도 있는데, 그 내용이 황폐해진 세계에 대한 당신의 우려와 비슷합니다.

또한 신앙은 우리에게 창조주 하느님의 사랑을 드러냄으로써 자연을 한층 더 존중하게 하고, 자연 안에서 하느님께서 빚으신 것과 우리에게 가꾸고 돌보라고 맡겨주신 집을 알아볼 수 있게 해줍니다. 신앙은 효용과 이익에만 바탕을 둔 개발 모형이 아니라 창조물을 우리 모두가 받은 은혜로운 선물로 여기는 개발 모형을 찾는 데 도움을 줍니다. 신앙은 우리가 권력이 공동선에 봉사하도록 하느님에게서 비롯된다는 것을 깨닫고 공정한 통치 형태를 찾는 법을 가르쳐줍니다.[20]

온전히 동의할 수밖에 없는 말씀입니다. 바티칸의 이른바 '책임' 해설자들은 알지 못하고 있지만, 당신이 말하는 희망을 실현시킬 잠재력을 품고 있는 것은 바로 이러한 진술일 것입니다. 왜냐하면 가톨릭 신앙의 본질을 더 잘 이해하기 위해 비기독교적 전통들(코츠크의 랍비)을 참고한다는 것은 여태까지 들어본 적이 없는 새로운 것이기 때문입니다. 지금까지 서양철학을 비롯해 기독교 이외의 전통들은 대개 진리에서 벗어난 사례로 거론되어왔지만, 이는 그와는 정반대입니다. 정말로 새로운 움직임이 일어나고 있는 것일까요?

2014년 8월 25일에 요제프 코발치크Jozef Kowalczyk 대주교가 쳉스토호바Czestochowa에서 행한 강론에서도 프란치스코 교황의 정신의 메아리를 들을 수 있습니다.

우리의 선조들은 사회정의를 위한 투쟁을 할 때, 굶주리고 있는 사람들을 바닥에 내팽개쳐 둔 채 저 꼭대기에 부자들이 살 탑을 세우려고 했던 것이 아닙니다. 그런 것은 선조들의 투쟁 목적과는 정반대되는 것입니다. 그런 것은 비판해야 하고, 우리의 양심에 비추어 따져보아야 하고, 개혁해야 할 사회적 죄악입니다. 지금의 위기에서 특히 성공한 사람들에게 주어지는 보너스와 상은 이 사회에 분노와 환멸을 불러일으키고 있습니다. 이러한 상황은 양심에 대한 위협입니다. 그단스크Gdansk 조선소 시위의 핵심에 있는 모든 근본적인 것에 대한 위협, 그단스크 협약에 대한 위협입니다. 당시에 그단스크 시위에 참여한 사람들은 모두 이것을 기억하고 있습니다. 하지만 오늘날 그 당시의 일에 대해 들어본 적도 없으면서 그 위대한 행위에 참여한 척하면서 당시의 생생하기 이를데 없었던 저 이상, 이른바 사회적 협약으로 표현된 저 이상을 왜곡하는 사람들이 있습니다.

정말로 오랫동안 폴란드의 고위 성직자들에게서 들도 보도 못한 말입니다. 정말로 뭔가 바뀌고 있는 것 같긴 합니다.

제가 교회에 대해 너무 많이 이야기한 것을 양해해주시기 바랍니다. 오늘날 우리 폴란드인들의 정체성을 규정하는 것이 가톨릭교회와 고위 성직자들이라는 것은 부정할 수 없습니다. 폴란드의 최근 과거에는 감격할 만한 것이 거의 없었습니다. 그게 제가 저 인용문들에 그토록 매달린 이유입니다. 저 인용문들은 안제이 스타시우크처럼 제게도 우리 젊은 날의 교회를 생각나게 했습니다.

이제 가톨릭이라는 프리즘이 아니라 폴란드적 정체성이라는 프리즘을 통해서 우리 폴란드인들을 한 번 살펴볼 필요가 있을 것 같습니다. 폴란드적 정체성이 무엇일까요? 그것은 과거에는 어떠했나요? 지금 그것은 어떻게 이해되고 있나요? 그것이 숙고할 만한 가치가 있는 것일까요?

지그문트 바우만

코츠크의 랍비보다 오래전이고 마르틴 부버보다는 훨씬 더 전인 중세 말, 유럽과 아프리카 간에 긴밀한 관계가 동트기 시작하던 시기에 '페티시'라는 개념이 등장했습니다. 처음에는 '페이티쿠feitico'라는 포르투갈어로 출현했던 것이 '페티슈faitiche'라는 프랑스어로 옮겨졌고, 점차 다른 모든 유럽 언어로 퍼져나가 '페티시fetish'('인위적인', '고안된'이라는 뜻의 라틴어 '팍티키우스facticius'와 '하다', '만들다'라는 뜻의 '파케레facere'라는 동사에서 파생된 말)라는 단어가 되었습니다. 기독교 유럽에서 온 사람들이 볼 때, 아프리카인들이 숭배하는 물건들은 얼굴 아닌 얼굴이었습니다. 다시 말해 그것들은 초자연적 존재와 닮은 것도 아니고, 은유나 환유도 아니었으며, 나무나 진흙, 금이나 동으로 만들어진 수공품들이었습니다. 얼마 뒤에 이 '뒤떨어진 시대에 속한' 문화들에서 되살아난 통찰은 수단이 목적으로 바뀐 훨씬 더 광범한 현상의 개별 사례들로서 생각되기 시작했습니다.

갈수록 많아지는 세속적 우상들에서 비슷한 논리/절차가 탐지되기 시작했습니다. 마르크스의 상품 물신주의(즉, 상품 관계의 배후에 숨어 있는 인간들 간의 관계)의 이론에서 '물신주의'라는 개념은 새로운 의미를 갖게 되었고, 브루노 라투르Bruno Latour와 알프 호른보리 Alf Hornborg(제가 보기에는 너무 과소평가된 학자)를 거치면서 더 중요한 개념이 되었습니다.[21] 라투르의 주된 목표는 인간이 만든 도구들을 '살아 있는 것으로 취급'하거나 심지어 '정신을 가진 것으로 만듦'으로써 인간관계를 알아보기 어렵게 만드는 광범한 경향을 폭로하는 것입니다. 이를테면 '사태를 결정한' 것, '요구한' 것, 사건들의 진행을 명한 것이 의지, 의사 결정 능력, 주관성 같은 인간의 이익이나 동기, 결국에는 선택이 아니라 마치 도구들의 능력이기라도 한 듯이, 도구들에 그 제작자인 인간의 능력을 부여하는 경향을 폭로하는 것입니다. 프란치스코 교황이 '우상숭배'라는 개념을 어떤 의미로 사용했는지는 잘 모르겠지만, 아마 물신주의라는 개념에 들어 있는 의미들을 염두에 두었던 것이 아닐까 생각합니다. 우상숭배와 물신주의라는 두 개념은 서로 대체 가능하니까요. 두 개념은 불경스러운 오만함과 자발적 노예 상태—물신주의적 경향에 반대하는 사람들이 비판하는 의미에서의—의 혼합입니다.

뒤집어 말하면, 두 개념은 그 바탕에 인간 행위와 그 결과에 대한 양도할 수 없는 인간적 책임을 벗어던지려는 의도가 깔려 있다는 것을 폭로하고 비판합니다. 그런데 프란치스코 교황이 자연을 우리에게 보살피도록 위탁된 공동의 집이라고 말할 때, 권력을 공동선을 보살피도록 우리에게 주어진 것이라고 말할 때, 신앙을 땅을 박차고 날아올라 증언하고 대화에 참여하라는 신호라고 말할 때, 그가 줄곧 염두에 두고 있는 것은 바로 이러한 책임의 짐/특권입니다. 당신이 인용한 대주교 요제프 코발치크와 안제이 스타시우크의 말에서도 같은 생각을 읽을 수 있습니다. 다만 유감스러운 것은 당신의 말처럼 "이 세상에 대한 주님의 관리들의 말에서는 그런 경우를 거의 볼 수 없다"는 점입니다. 저는 앞으로 우리가 공유하고 있다고 생각하는 믿음을 더 많은 사람이 공유하게 될 것이라는 믿음으로 위안을 삼고 있습니다.

인간 운명의 변증법의 장단점을 무엇이라고 보건 간에, 양이 질로 전화되는 경향이 있다는 것은 분명합니다.

스타니스와프 오비레크

저도 프란치스코 교황이 말한 '우상숭배'는 물신주의에 대해, 그리고 진정한 하느님을 보지 못하게 만드는 모든 것을 바꾸는 것에 대해 이야기한 것이라고 생각합니다. 어쩌면 교황은 교회 제도를 비판하는 것이 적절하지 않다고 보고 하시디즘 전통을 이야기했던 것일지도 모릅니다. 어쨌건 교황과 교회 제도에 대한 이야기는 그 정도로 그치고, 이제 폴란드의 정체성에 대해 이야기해볼까 합니다.

제가 폴란드인이라는 것을 깨닫게 된 것은 1970년대 초에 고등학생으로 리보프Lvov 근처에 있는 브주호비체Brzuchowice의 여름 캠프에 참가했을 때였습니다. 폴란드에서 온 스카우트 서른 명과 러시아 전역에서 온 파이어니어(서구의 스카우트 운동을 모방한 소련의 청소년 훈육 단체의 회원. 러시아어로는 '비오네르') 수천 명이 캠프에 참가했습니다. 우리는 폴란드라는 다른 나라에서 왔다는 사실만으로 저들과는 다른 존재였습니다. 캠프에 참가한 우리 폴란드의 10대들에게 그것은 다름에 대한 최초의 경험이었습니다. 저에게 다르다는 것은 자부심이 아니라 당혹감의 원천이었습니다.

저는 그 타자성을 벗어나고 싶었습니다. 더 정확히 말하면, 가능한 한 빨리 타자성을 극복하고 싶었습니다. 제가 러시아에서 온 파이어니어 몇 명과 빨리 친해진 것은 아마 그 때문이었을 겁니다. 저는 폴란드인이라는 자부심이 강한 친구들과 함께 폴란드의 스타니스와보프Stanisławow(오늘날 우크라이나의 이바노프란키우시크Ivano-Frankivsk) 마을로 가지 않고 러시아 친구들과 함께 숲으로 간 적도 있습니다. 이미 그 때부터 저는 남들보다 튀지 않거나 남들과 다르지 않은 것을 더 좋아했던 셈입니다. 그 뒤 1980년대에 이탈리아에서 다시 이 폴란드적이라는 것과 직면하게 되었습니다. 그 문제는 어느 정도 교황(요한 바오로 2세)이 폴란드인이라는 사실과 관련이 있었습니다. 저는 이탈리아에서 공부하는 신학생 신분이었기 때문에 폴란드 가톨릭의 대표로 간주될 수밖에 없었습니다. 저는 당황스러웠고, 도망치고 싶었습니다. 폴란드에서 온 다른 신학생들은 로마에서 폴란드인 교황에 의해 사제 서품을 받는 것을 대개 대단한 특권으로 생각했지만, 저는 그러고 싶지 않았습니다. 그래서 나폴리로 가서 이탈리아인 신학생들과 함께 사제 서품을 받았습니다. 마치 제 집에 있는 것처럼 마음이 편했습니다.

그 후 저는 귀국해서 다른 사람들처럼 많은 폴란드인 중의 하나로 살아가고 있습니다. 어쩌다 제가 외국에 나가거나 외국인들이 저를 찾아왔을 때만 저 자신이 폴란드인이라는 것을 의식할 뿐입니다. 저는 1980년대부터 폴란드인 교황과 폴란드 주교들과 돌이킬 수 없이 묶여 있는 폴란드적이라는 것이 부끄러워지기 시작했고, 거기서 벗어나고자 했습니다. 탈출구는 책뿐이었고, 거기서 프로제크와 곰브로비치를 만나면서 저 자신과의 연결과 저의 폴란드적 정체성과의 연결을 회복할 수 있었습니다. 하지만 저는 거기서 그치고 않고 저의 정체성을 확립했어야 했는데, 그러지 못했습니다. 제가 프란치스코 교황의 글에서 다른 표지들을 열심히 찾기 시작한 것은 이 때문이라고 할 수 있을 것입니다.

제가 폴란드적 정체성에 대해 제대로 이야기를 할 수 있을지 잘 모르겠습니다. 왜냐하면 저는 제게 갈수록 낯선 것이 되고 있고 저를 받아들이지 않고 있는 교회 제도와 저 자신에 대해 논리적으로 말하고 생각할 수 있는 언어를 제공하는 문학 사이를 오락가락하고 있기 때문입니다. 교회와 문학에 대한 이야기는 더 이상 하지 않겠습니다. 교회에 대해서는 이미 많이 이야기했고, 문학에 대해서는 다른 사람들이 저보다 훨씬 더 잘 이야기한 것이 많으니까요. 그래서 이 자리에서는 제 가족의 이야기, 특히 일곱 명이나 되는 제 형제자매 이야기를 할까 합니다. 그들에게 특별한 면이 있다고 생각하기 때문이 아닙니다. 오히려 그들은 전형적인 편에 속한다고 할 수 있습니다. 그런데 바로 그렇기 때문에 그들은 교회나 문학보다도 폴란드의 정체성에 대해 더 많은 것을 말해주는 것 같습니다. 가족은 해석이 필요 없는 구체적 사실, 이론의 여지가 없는 있는 그대로의 사실이니까요.

저의 막내 남동생은 아일랜드 아가씨와 결혼해서 오랫동안 더

블린에서 자녀들과 함께 살고 있습니다. 자녀들은 아일랜드인입니다. 제 여동생 중 하나는 로마에서 일을 하며 살고 있습니다. 그녀에게 이탈리아는 폴란드보다 더 소중한 곳이 되었습니다. 제 남동생 중 하나는 독일에 살고 있고 가끔씩만 폴란드에 옵니다. 제 여동생 중 하나는 고향에 남았고, 지금은 자기 가족과 어머니와 함께 살고 있습니다. 또 여동생 하나는 오랜 세월 동안 세계 이곳저곳을 돌아다니다가 마침내 폴란드에 정착했습니다. 큰형도 이곳 폴란드에 살고 있습니다. 그는 폴란드를 떠나고 싶어 한 적이 한 번도 없습니다. 큰형은 폴란드에 사는 것을 정말 좋아하고 다른 곳에서 사는 것은 상상도 못 합니다. 그는 이른바 '제1기 솔리대리티'에 열정적으로 참여했습니다. 그는 계엄령 동안에 집으로 편지들을 보냈는데, 어머니는 아들이 감옥에 가게 될까 봐 그 편지들을 태워버렸죠. 큰형은 제2기 솔리대리티에는 참여하지 않았습니다. 그는 오늘날의 정당인들이나 정치가들을 제1기 솔리대리티 이전의 정당인들이나 정치가들과 다를 바 없다고 봅니다. 그래서 그는 사람들과 어울리지 않고 혼자 지내면서 퇴직할 날을 기다리고 있습니다. 그가 다니는 회사에는 앞으로 새로운 경영진이 들어설 예정입니다. 처음에는 폴란드 협동조합이 경영을 맡았지만, 그 후에 경영진이 중국인들로 바뀌었고, 이제는 터키인들로 바뀔 예정입니다. 큰형의 은퇴가 몇 달 남지 않은 게 오히려 다행이라는 생각이 듭니다.

그리고 저는 오랫동안 생활하던 예수회와 결별하고 나서 이스라엘 시민인 쇼샤나와 결혼했습니다. 잘 알려져 있듯이, 가톨릭 사제와 수사는 평생 독신으로 살겠다는 순결서원을 합니다. 그래서 결혼을 하게 되면 자동적으로 사제직에서 물러나게 됩니다. 사제직을 그만두고 결혼한 사람이 전 세계적으로 대략 15만 명가량 됩니다(많죠!).[22] 이스라엘 여인과 결혼했다는 것은 제 가족의 반이 이스라엘에 있다는 뜻입니다. 저의 처제는 페루인 남편과 함께 오스트레일리아에 살고 있습니다. 저와 아내는 이곳 바르샤바에 우리끼리 농담 삼아 모코토프 키부츠Mokotow Kibbutz라고 부르는 자그마한 친구들 공동체를 만들었지만, 제 친구들 대부분은 전 세계 곳곳에 살고 있습니다. 그렇다고 문제가 있는 것은 아닙니다. 지구화는 추상적인 개념이 아니라 일상 경험입니다. 살만 루슈디Salman Rushdie처럼, 저도 제가 살고 있는 세계에서 가장 중요한 자산은 내가 원하는 것을 읽을 수 있는 능력이라고 생각합니다. 이렇게 생각하는 것은 제가 처음에는 공산주의 학교에서, 나중에는 교회 제도에서 독서 시간에만 책을 읽을 수 있던 시대를 살았기 때문일지도 모릅니다. 어찌 됐건, 이제 지구는 저의 집이 되었습니다. 어린 시절에 보았던 만화의 주인공 베니와 레니처럼, 저는 가고 싶으면 전 세계 어디든 갈 수 있습니다. 일이 있고 친절한 사람들이 있는 곳이라면 어디든 말입니다. 저만 그런 것이 아니고, 제 어머니 체칠리아Cecilia도 그렇게 생각합니다.

하지만 그녀는 고향을 떠날 생각 같은 것은 전혀 없습니다. 그녀는 당연히 자신에게도 외국 여행을 할 권리가 있지만, 유럽이든 세계든 모두 나한테 찾아오는데 다른 나라에 갈 필요가 어디 있느냐며 웃습니다. 여러 나라에 흩어져 사는 가족들이 그녀를 만나러 오거든요. 우리 가족도 유럽적·전 지구적이 된 셈입니다. 그러니 제가 폴란드에서 정체성을 두고 벌어지고 있는 일에 때로는 두려움을 느낄 정도로 놀라는 것은 어찌 보면 당연한 일이라고 할 수 있습니다. 해마다 벌어지는 광기의 물결, 의도적으로 만들어진 요한 바오로 2세 세대(요한 바오로 2세 교황의 영향하에 가톨릭 신자가 되어 낙태와 결혼 등에 대한 교황의 보수적 입장을 지지하는 젊은이들을 가리킴), 스몰렌스크교smolensk religion(1940년에 스탈린의 비밀경찰 NKVD가 폴란드 장교 수천 명을 스몰렌스크 인근의 카틴 숲에서 학살함. 2010년 4월 10일, 이 '카틴 대학살 사건' 추모 행사에 참석하러 러시아의 스몰렌스크로 가던 민족주의자 레흐 카친스키 폴란드 대통령이 탄 비행기가 스몰렌스크 공항 인근에 추락해 탑승자 전원이 사망하는 사고가 발생함. 폴란드에서는 이것이 사고가 아니라 폴란드 내의 반민족주의적 세력과 러시아, 독일 등이 개입된 '제2의 카틴 대학살'이라는 의혹이 퍼져나감. 비행기를 추락시키려고 러시아가 안개를 만들어냈다, 진공 폭탄이 사용되었다, 거대한 자석으로 비행기를 끌어당겼다, 일부 승객이 살아남았지만 살해당해 땅속에 묻혔다 등등 온갖 음모론이 난무하자, 폴란드의 자유주의적 지식인들은 이를 과열된 망상증 내지 편집증이라고 보고 '스몰렌스크교'라는 용어를 만들어냄. 이 '종교'의 교의는 폴란드의 메시아주의, 종교적 근본주의, 외국인 혐오, 순교에 대한 사랑 등이 혼합된 독특한 성격을 띠고 있음), 증오의 문구가 적혀 있는 반다나들과 깃발들에서 볼 수 있는 애국주의, 폴란드적 정체성의 기준과 규범을 외치는 스킨헤드들의 독립 기념일 행진, 이웃에 대한 사랑을 빼고는 모든 것에 대해 보고 듣고 읽을 수 있는 '가톨릭 매체들' 등등. 종교적 순례지들은 증오와 배제의 장소가 되었습니다. 이 모든 것은 제가 경험하고 알고 있는 저의 정체성과는 너무나 동떨어진 것입니다.

이렇듯 타자에 대한 혐오, 폴란드인은 특별한 민족이라는 확신, 축구장이나 인터넷 포럼에서만이 아니라 모든 곳에서 벌어지는 증오의 발작이 어디에서 비롯되는 것인지, 당신에게 묻고 싶습니다. 당신이라면 답을 줄 수 있을 것이라고 생각합니다. 수십 년간 세계를 관찰해왔고, 관점들을 바꾸었을 때도(대개 당신 자신의 선택은 아니었지만!) 계속해서 놀랍도록 정확한 진단들을 내려왔으니까요. 듣기 좋으라고 그냥 드리는 말씀이 아닙니다. 당신이 이런 식으로 치켜세우는 말을 좋아하지 않는다는 것은 잘 알고 있으니까요. 제가 '폴란드적 정체성'이라고 부르는 이 이상한 현상에 대해 당신은 사회학자로서 어떻게 생각하는지 정말 알고 싶습니다. 폴란드에서 볼 수 있는 이러한 현상은 전 세계적으로 볼 수 있는 것인가요, 아니면 놀랍고 이상한 현상을 익히 알고 있는 사회학자로서도 단적으로 뭐라고 규정하기 힘든 현상, 즉 다른 나라들에서는 볼 수 없는 독특한 현상인가요? 물론 우리가 각기 다르고 특별한 존재로서 공통분모로 환원될 수 없다는 것, 이론의 예시가 아니라는 것은 잘 알고 있습니다. 폴란드적 정체성은 헛소리이지만 이 용어의 의미론적 장은 공집합이 아닐지도 모릅니다. 아니, 공집합에 불과한 것인가요?

지그문트 바우만

당신은 키나 눈 색깔을 물려받듯이 폴란드적 정체성을 자연스럽게 물려받았지만, 저는 그렇지 않았습니다. 적어도 저의 기억으로는, 저의 폴란드적 정체성은 도둑질한 것이 아닌가 하는 의심을 받았고, 폴란드인이라는 저의 지위는 뻔뻔하게도 자격이 없는 것을 탈취해 갖게 된 불법적인 것으로 간주되거나 혹은 제가 사악한 전 지구적 음모를 획책하거나 그 음모에 가담한 증거로 간주되기도 했습니다(당신도 시온의 현자들과 '시온 의정서'에 대한 이야기를 들어보았을 것입니다). 지금도 마찬가지입니다.

폴란드를 제외한 다른 나라들에서는 그렇지 않았습니다. 그랬기 때문에 저는 폴란드인이기를 바라지만 허구한 날 그러한 바람에 대해 변명하고 싶지는 않은 유대인이 폴란드를 떠나서는 안 되는 것일까 하는 의문이 들었습니다(오늘날 폴란드의 유대인은 폴란드의 국수주의적 언론, 인터넷 포럼, 블로그들을 읽는 것을 멈출 필요가 있습니다). 저는 폴란드적 정체성을 힘들게 획득해야 했고, 폴란드인으로서의 저의 권리를 '증명'해야 했습니다. 그러나 저는 이러한 수난이 죽을 때까지, 그리고 아마 그 후에도 끝나지 않고 계속되리라는 것을 곧 깨달았습니다.

저는 끈질긴 요청에 못 이겨 두 차례에 걸쳐 이 문제에 대한 저의 솔직한 고백을 공개하는 데 동의한 바 있습니다. 하나는 작년에 요안나 로샤크Joanna Roszak 박사와의 인터뷰에서 이루어졌습니다.

요안나 로샤크: 파울 첼란Paul Celan은 학창 시절에 고향인 체르니우치에서 겪은 반유대주의를 글로 쓰면 두툼한 책 한 권이 될 것이라고 말한 바 있습니다. 당신의 저서에는 학창 시절에 겪은 반유대주의에 대한 내용이 얼마나 되나요?

지그문트 바우만: 그리 많지 않습니다. 게다가 쓰여 있는 내용도 지루할 정도로 단조로운 것들입니다. 스워바츠키 거리에 있는 초등학교를 다닌 6년 동안, 저는 체육 시간을 제외하고는 학교 운동장에 나간 적이 단 한 번도 없었습니다. 제게 가해지는 주먹질과 발길질을 막을 수 없었던 선생님들은 제가 쉬는 시간을 교실에서 보낼 수 있도록 허락했습니다. 아니, 허락했다기보다는 그렇게 하도록 강력히 권유했습니다. 첼란 같은 재능이 없는 저 같은 사람이 서사시로 쓸 만한 경험은 아니었던 것 같습니다.

요안나 로샤크: 이다 핀크Ida Fink는 《율리아Julia》라는 소설에서 양차 세계 대전 사이의 포즈난을 다음과 같이 묘사하고 있습니다. "그녀는 깨끗하고 잘 정돈되어 있는 포즈난을 좋아했다. 그런데 이 도시에 머문 지 이태째 되던 해에 두 가지 사건을 겪으면서, 이 도시에 대한 그녀의 사랑은 급격히 약해졌다. 큰아들 다비드가 학교에서 '저 유대인 놈을 패주자, 패!'라고 외치는 동료 학생들에게 구타를 당한 사건이 있었다. 그때부터 이 소년은 늘 누가 때리기라도 하는 듯이 몸을 웅크리고 다니기 시작했다. 또 하나는 음악당의 아름다운 휴게실에서 일어난 일이었는데, 비록 앞의 사건만큼 폭력적인 것은 아니었지만 그 못지않게 강한 감정적 충격을 안겨준 사건이었다. 유명한 피아니스트의 연주를 들으러 간 율리아는 중간 휴식 시간에 누군가 낮게 속삭이는 소리를 들었다. '이런 데서도 저들을 마주칠 수밖에 없다고.' 율리아는 자신이 좋아하는 베토벤 소나타 두 곡을 듣기를 포기하고 음악당을 떠났다. 그녀는 다시는 그곳에

발을 들이지 않았다." 다소 나이가 든 지금, 당신은 당시에 포즈난을 둘러싸고 있던 안 좋은 분위기에 대해 기억나시는 게 있나요?

지그문트 바우만: 당시 저는 거의 빈털터리였지만, 극장 다리 근처의 다브로프스키 거리에 있는 빌라크 서점을 즐겨 찾았습니다. 살 수는 없어도 책꽂이에 꽂혀 있는 책들의 책등이라도 보고 싶었거든요. 그런데 어느 날 서점 창문에 '기독교계 상점'이라고 쓰인 문구가 나붙었고, 그 밑에는 정성스럽게 쓴 "빌라크에서 책을 사주세요/ 여러분과 같은 폴란드인에게 힘을 주세요"라는 부탁의 말이 쓰여 있었습니다. 그것은 제가 더 이상 환영받고 있지 못하다는 것을 알려주는 분명한 메시지였습니다. 그런데 제가 알기로, 포즈난에서 빌라크 씨와 경쟁 관계에 있는 서점 중에 유대인이 운영하는 곳은 단 하나도 없었습니다.

스워바츠키 거리에는 '인민도서관협회'에서 운영하는 도서관이 있었는데, 저는 거기서 책들을 빌렸습니다. 한 달 납부금이 약 20그로시 정도로 아주 쌌습니다. 저는 끊임없이 책을 읽어치웠고 나름대로 책을 보는 안목도 있었습니다. 사서로 일하는 아가씨는 제게 책 읽는 요령에 관해 친절히 알려주었고, 종종 새로운 읽을거리 중에 흥미로운 것이 있으면 일부를 챙겨두었다가 제게 전해주곤 했습니다. 저는 그녀에게 많은 도움을 받았습니다. 그러던 어느 날, 잡지꽂이에서 가장 잘 보이는 곳에 나치 신문인《돌격대 Der Stuermer》를 본떠 만든 주간지《차꼬 아래에서Under Pillory!》가 등장했습니다. 저는 빌린 책들을 모두 반납하고는 그 사서에게 나를 원치 않는 사람들에게 신세를 지지 않을 것이라고 말했습니다. 당시의 사회 분위기에 대한 책임이 전혀 없었으면서도, 그 불쌍한 아가씨는 얼굴을 붉혔습니다. 그녀는 작별할 때 눈물을 흘렸습니다.[23]

또 다른 고백은 나와 마찬가지로 1968년 3월의 이민자 중 하나로 지금은 《레스프레소L'Espresso》와 《라 레푸블리카La Repubblica》에서 일하는 블로데크 골드코른Wlodek Goldkorn 기자와의 대화에서 했던 것입니다. 그 고백은 다른 문제와 관련된 것으로 보이겠지만, 제 생각에는 당신의 개인사와 잘 들어맞는 이야기입니다. 당신의 어린 시절이 당신을 예수회와 교회로 이끌었듯이, 나의 어린 시절은 나를 공산주의로 이끌었습니다. 아니, 공산주의로 이어지는 길을 닦았다고 해야 할지도 모르겠습니다. 블로데크는 저에게 물었습니다. "무엇이 당신을 공산주의로 이끌었나요? 무엇이 장래가 촉망되고 지적이고 야심에 찬(그의 의견이지 제 의견이 아닙니다!) 젊은이를 공산주의로 이끌었던 것일까요? 당신은 어떻게 해서 공산주의자가 되었습니까? 당신이 바라거나 기대한 것이 무엇이었나요?"

저는 다음과 같이 대답했습니다.

대답하기 쉽지 않은 문제입니다. 제가 공산주의로 향한 것이 70년도 더 전의 일인데, 당신은 제가 공산주의로 향하게 된 이유들을 말하라고 하는군요. 그런데 저의 선택들을 이끈 것은 '이유들'이 아니었습니다. 물론 단 하나의 이유가 있었다는 말도 아닙니다. 제 삶의 여정을 '결정한' 사건들을 논리적으로 재구성하는 것은 위선일 것입니다. 그 사건들 하나마다 저는 실제 선택과는 다른 선택을 할 수도 있었을 테니까요. 제가 할 수 있는 일이라고는 저의 길을 열 수 있었을—하지만 꼭 열 필연성은 없었던!—상태들과 사건들을 나열하는 것뿐입니다. 예를 들면, 어린 시절에 저의 가족이 겪었던 상대적 빈곤, 더할 나위 없이 정직했던 저의 아버지가 가족을 먹여 살리기 위해 윗사람들로부터 당해야 했던 굴욕, 건방지게 포즈난의 비유대인 구역인 예지체Jeżyce의 거리들을 혼자 걸어간 유대인 소년에게 퍼부어졌던 타격과 발길질 같은 것들 말입니다. 이런 것들이 저의 선택에 어느 정도 역할을 했겠지만, 어린 시절에 저와 비슷한 경험을 했으면서도 다른 길을 걸어간 소년들도 있었습니다. 그 후 소련의 모워데치노Mołodeczno에 있는 고등학교를 다닐 때도 마찬가지였습니다. 이 학교를 다니면서 저는 생애 처음으로 학교 운동장에 나가는 것을 두려워하지 않게 되었습니다. 동료 학생들은 발길질을 하고 때리는 대신에 저를 존중해주었습니다(심지어 저를 좋아했던 것 같다는 생각이 듭니다). 학생들도 선생님들도 저를 팔레스타인이나 마다가스카르로 보내버리고 싶어 하지 않았습니다. 저는 우연한 기회에 학교에서 폴란드 문화에 대한 깊은 애정을 공개적으로 말하게 된 적이 있었습니다. 그런데도 그 자리에서 저를 비난한 사람은 아무도 없었습니다. 그리고 얼마 뒤에 저는 당시 소련에 거주하는 많은 폴란드 피난민과 망명자를 위해 최근에 세워진 '폴란드 애국연합'이 간행하던 《자유 폴란드Free Poland》와 《새로운 지평New Horizons》이라는 잡지들을 접하게 되었습니다. 이 잡지들을 탐독하면서 저는 마치 유리로 지은 집들에 대한 아버지의 이야기를 경청하는 체자리 바리카 〔스테판 제롬스키Stefan Zeromski가 쓴 소설의 주인공〕가 된 듯했습니다. 저는 점령자들을 몰아내기만 하면 빈곤과 증오에서 해방된 폴란드, 한 인간이 다른 인간에게 크고 작은 굴욕을 당하지 않는 자유 폴란드가 실현될 것이라는 생각에 매료되었습니다. 제가 소련 내에서 창설된 폴란드 군대에 폴란드 애국연합의 도움으로 입대한 순간부터, 모든 일은 순조롭게 진행되었습니다. 특별한 어려움도 없었고, 선택이나 성찰을 위한 시간도 없었습니다. 마치 모든 일이 저절로 진행되는 듯했습니다. 모든 사건은 이전의 사건으로부터 자연스럽게 따라 나왔습니다. 아니면 모든 사건이 '이전의 사건으로부터 필연적으로 귀결되었다'고 말할 수도 있겠네요. 소위 다음에는 중위가 되었고, 그다음에는 대위가 되었습니다. 그것은 선택된 결정 인자들과 결정된 선택들의 혼합이었다고 할 수 있었습니다. 다시 한 번 말하지만, 저만 그와 같은 일련의 사건, 조건, 경험을 겪은 것은 아니지만, 그렇다고 해서 그러한 사건과 상황을 겪은 사람들이 모두 저와 같은 종착지에 도달한 것은 아니었습니다. 혼돈 속에서 질서를 찾으려고 할 때마다 키에슬로프스키Kieslowski의 〈사건The Incident〉이 생각납니다. 당신도 아시겠지만, 뛰어난 통찰력을 보여주는 이 영화에서 세 주인공(아니, 한 주인공의 세 가지 다른 운명이라고 하는 것이 더 적절할지도 모르겠습니다)은 앞으로 자신들을 근본적으로 각기 다른 길로 가도록 결정한 것이 바로 저 사건이라는 것을 그 당시에는 알지 못했습니다.[24]

그 후에 저는 공산주의에 실망했습니다. 실망은 견디기 힘들 정도로 커져갔습니다(다른 자리에서 여러 번 밝힌 적이 있기 때문에 이에 대해서는 다시 말하지 않겠습니다). 또한 저는 유리 집으로 상징되는 폴란드를 꿈꾸던 비전을 점차 잃어갔습니다. '빈곤과 증오, 한 인간이 다른 인간에게 크고 작은 굴욕'을 당하지 않는 자유 폴란드는 당신이 표현했듯이 "증오의 문구가 적혀 있는 반다나들과 깃발들에서 볼 수 있는 애국주의, 폴란드적 정체성의 기준과 규범을 외치는 스킨헤드들의 독립 기념일 행진, 이웃에 대한 사랑을 빼고는 모든 것에 대해 보고 듣고 읽을 수 있는 '가톨릭 매체들'"로 대체되거나 그것들에 의해 무자비하게 추방되었습니다. 오늘날의 폴란드를 본다면, 데카르트Descartes는 "나는 증오한다. 그러므로 존재한다"라고 말했을 것입니다. 물론 그가 폴란드인이라면 말입니다. 폴란드 문화의 멘토/검열관을 자처하는 자들에 따르면, 진짜 폴란드인일수록 더 많이 증오합니다. 자신들만이 애국자라고 주장함으로써 갈수록 대중의 호응을 얻고 있는 자들의 말대로라면, 오늘날 폴란드적 정체성의 크기는 우리를 뒤덮고 있는 쓰레기의 양과 악취에 의해 측정됩니다. 폴란드의 정체성이 가톨릭에 의해—사랑이신 하느님의 종교에 의해—규정된다는 주장은 갈수록 섬뜩한 비웃음처럼 보입니다.

당신은 이 문제에 대해 '사회학자라면 어떻게 말할지' 알고 싶어 합니다. 안타깝지만 사실을 확인하고 추세를 주시하는 것 외에는 별다른 길이 없습니다. 하지만 사회학자들도 인간이므로 절망하고 한탄할 권리는 있습니다. 또한 그렇게 하고 싶은 마음도 있습니다.

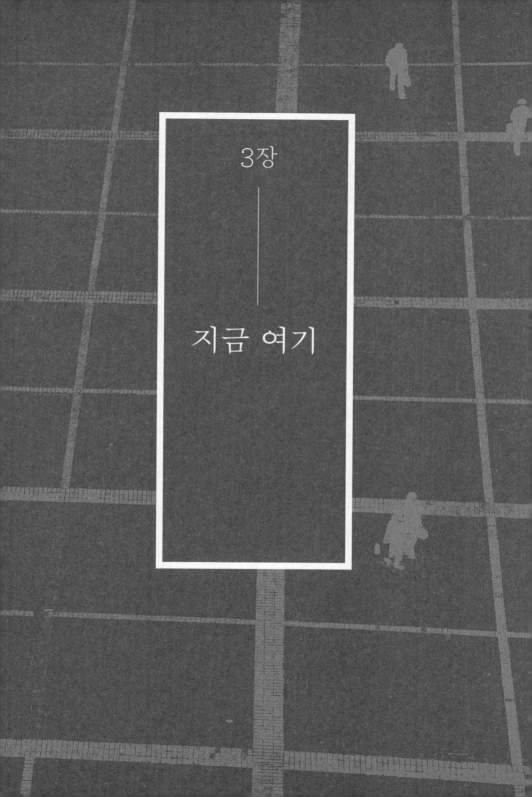

3장

지금 여기

문명의 가치는 약자의 편을 들 수 있는 능력과
의지에 있습니다. 왜냐하면 그러한 능력과 의지
만이 세계를 변화시키고 세계의 병을 치유할 수
있기 때문입니다.

스타니스와프 오비레크

이제부터는 현재, 즉 우리의 지금 여기에 대한 이야기를 했으면 합니다. 즉, 당신의 지금 여기와 저의 지금 여기에 대한 이야기 말입니다. 지금까지 우리는 몽상을 시도했고, 당신의 운명과 저의 운명을 포함해 사람들의 얽히고설킨 운명들을 풀어보려 했습니다. 우리의 시도는 그다지 성공적이지 못했지만, 그나마 위안이 되는 것은 다른 사람들도 실패했다는 것입니다. 잠시 멈춰 서서 우리, 즉 바르샤바에 있는 저와 리즈에 있는 당신이 살아가고 있는 시간과 장소에 대해 숙고해보았으면 합니다. 이것은 일종의 불교적인 실천입니다. 미래에 대해 숙고하지 않는 것, 그리고 과거를 되돌아보려 하지 않는 것은 종종 책임으로부터의 도피로 간주되곤 하는데, 정말 그럴까요? 눈을 크게 뜨고 아주 사소한 것까지 주시하면서 순간에 침잠하는 바로 거기에, 우리가 살고 있는 세계의 병들을 치유할 답이 있을지도 모릅니다. 그러므로 불교적 실천이라는 동양의 지혜를 우리 주위의 사람들이 이해할 수 있는 언어로 옮겨보는 것은 시도할 만한 가치가 있는 일 같습니다.

저의 삶에는 바뀐 것이 아무것도 없는 것 같습니다. 저는 계속 대학에서 일하고 있습니다. 방학이 끝나면 우치Łódź 대학이 아니라 바르샤바 대학에서 일하게 되겠지만, 그렇다 해도 해야 할 일은 그대로입니다. 강의를 준비하고 재시험을 실시하고 학부회의 계획을 세우게 될 것입니다. 새 학기도 이전 학기와 거의 다를 바 없을 것입니다. 그렇지만 새 학기는 다른 한편으로는 완전히 다른 학기가 될 것 같습니다. 프란치스코 교황이 예수회 잡지인 《라 치빌타 카톨리카La Civilta Cattolica》와 가진 비공식 인터뷰로 인해 예기치 못했던 상황이 벌어졌기 때문입니다. 30쪽이 안 되는 이 비공식 대화가 공개되면서, 모든 사람이 가톨릭 신앙, 교회, 하느님, 나아가 하느님의 본질에 대해서까지 이야기하기 시작했습니다. 하지만 교황은 예수회 잡지와의 인터뷰만으로 그치지 않고, 반교권적 신문인 《라 레푸블리카》의 창립자인 에우제니오 스칼파리의 질문에 답장을 보냈을 뿐만 아니라 그와 진솔한 대화를 나누기까지 했습니다. 스칼파리는 가톨릭 신자로 길러진 무신론자를 자처하는 인물이었는데도 말입니다. 스칼파리가 교황이 자신을 개종시키려 할 것이라고들 말한다고 하자, 프란치스코 교황은 이렇게 답합니다. "어떤 사람을 개종시키려 드는 것은 어리석은 일이고 아무 의미도 없습니다. 당신은 우리를 둘러싸고 있는 세계를 배우고 경청하고 탐구해야만 합니다. 저는 하나의 만남을 가지면 또 다른 만남을 이어가고 싶은 생각이 듭니다. 그 만남을 통해 새로운 생각이 태어나고 새로운 필요가 발견되기 때문입니다. 이것은 중요합니다. 만나고 경청하고 사고 범위를 넓히는 것. 세상은 서로 만났다가 갈라지는 길들로 가득 차 있습니다. 중요한 것은 그 길들이 우리를 선으로 이끈다는 것입니다."[1] 스칼파리는 교황이 서한에서 양심은 자율적이고 모든 사람은 자기 양심의 소리를 따라야 한다고 쓰지 않았느냐고 반문합니다. 교황은 그렇게 썼다는 것을 부인하지는 않으면서 다음과 같이 말합니다. "다시 말하지만, 모든 사람은 나름대로의 선악 개념을 가졌고, 자신이 이해하는 한에서 선을 선택하고 악과 싸워야 합니다. 그러면 세상은 더 나은 곳이 될 것입니다."[2] 《라 레푸블리카》에 보낸 이전 서한에도 자신이 범한 실수와 죄에 대한 고백은 물론이고, 맥락적 진리라든가 주교들이 일반적으로 인정하는 것에서 벗어나는 미적 취향 등에 대한 충격적인 말이 들어 있었습니다.[3]

이는 대단히 흥미로울 뿐만 아니라 미래에 대한 기대를 갖게 합니다. 그렇기 때문에 지금 여기에서 일어나고 있는 일을 읽고 지켜보고 귀 기울이는 것만으로도 세상은 바뀌기 시작할 것입니다. 이 인터뷰 내용을 더 자세히 살펴보고 나서 정확히 무엇이 그토록 혁명적이고 감동적인지를 이야기할까 합니다. 그것은 저한테는 과거로의 회귀, 다시 말해 세상이 달라질 수 있고 교회와 예수회에 들어감으로써 세상을 바꿀 수 있을 것이라는 저의 꿈(아마도 환상)으로 회귀하는 것이나 다름없습니다(결국 과거에서 도망칠 수는 없습니다). 만일 제가 교회의 권위주의와 싸우고 있을 때의 교황이 프란치스코였다면, 저는 여전히 교회 제도의 일원으로 남아 있을지도 모릅니다. 하지만 저는 그런 생각을 거부합니다. 그것은 어리석고 순진한 생각이고, 중요한 것은 지금 여기라는 것을 잘 알고 있기 때문입니다.

한 가지 더 이야기할 것이 있습니다. 9월 말에 저는 아내인 쇼샤나와 함께 아시시Assisi에 갔습니다. 아시시는 프란치스코 교황을 맞을 준비를 다 끝냈더군요. 마침내 교황이 도착했습니다. 전임 교황들은 강론에서는 아시시의 빈자(프란체스코 성인)의 정신을 따라야 한다고 설교하면서도 그와 관련된 일은 거의 하지 않았지만, 프란치스코 교황은 달랐습니다. 물론 프란치스코 교황도 강론을 하지만, 어느 정도는 강론 내용대로 행동합니다. 이는 아주 좋은 출발입니다. 그의 강론이 모든 프란체스코회 형제들을 기쁘게 하지는 않았을 것입니다. 다시 한 번 교황의 강론은 교황 곁에 있던 아주 많은 주교와 추기경을 당황하게 만들었습니다. 저는 교황의 강론 내용에 공감합니다. 물론 많은 사람이 제게는 기독교인이라고 할 권리가 없다면서 기독교인이 정확히 무엇이냐고 따져 물을 것입니다. 프란치스코 교황이 미리 준비한 내용에서 벗어나 즉석에서 강론을 펼칠수록, 저로서는 그 물음에 답하기가 더 쉬워집니다. 예를 하나 들어보겠습니다. 교황은 교회는 "하느님의 것이 아니거나 하느님을 위한 것이 아닌 행위는 어떤 것이든 거부"해야 하고 "문을 열고 밖으로 나오는 것에 대한 두려움을 (떨쳐버리고) 당장 모든 사람, 특히 빈자들, 어려운 처지에 놓인 사람들, 멀리 떨어져 있는 사람들을 만나러 나와야" 한다고 말합니다.[4] 맞는 말입니다. 이 말의 정확한 의미를 두고 논란이 있을 수도 있겠지만, 그렇다 해도 교황이 말하고자 하는 바는 아주 분명합니다. 적어도 제가 보기에는 그렇습니다. 교회 제도의 공식적 구성원이기를 포기한 저로서는 교회 제도가 "구조(설사 대단히 중요하고 유용하다고 해도)가 현재 참인 것처럼 제시하고 있지만 결코 교회의 유일하게 참된 힘인 '하느님의 권능'을 가릴 수는 없는 질서를 포기"해야 한다는 교황의 말에 전적으로 동의합니다. 그렇기 때문에 저는 교황의 그러한 권고가 앞으로 교회를 어떻게 변화시킬지 궁금합니다. 가톨릭은 성 프란체스코만이 아니라 기독교도 새롭게 재발견하게 되지 않을까요? 당신은 혹시 프란치스코 교황의 인터뷰, 자발적인 답신, 아시시 방문 같은 예상을 깨는 사건들을 접하고서 서로 모순되는 생각이나 대안적 시나리오에 사로잡힌 적이 없나요? 사실 일상생활에서 우리의 지각에 영향을 주는 것은 문학, 영화, 뜻밖의 만남, 우연히 듣게 된 말, 어린 시절의 기억 같은 것일지 모릅니다. 요컨대 지금 우리가 이야기하고 있는 지금 여기는 어떻게 작동하나요?

지그문트 바우만

教황이 아시시를 방문했을 때 저는 아시시에 없었습니다. 문을 열고 모든 사람을 만나러 밖으로 나오라는 프란치스코 교황의 말은 제게는 그다지 와 닿지 않았습니다. 하지만 당신처럼 저도 대화는 개종시키기 위한 것이 아니라 이해하기 위한 것이라는 그의 말에 깊은 감동을 받았습니다. 더군다나 추기경들이 받아들이기에는 매우 힘든 칼럼들을 쓰는, 대단히 영향력 있는 반교권적 잡지의 편집자이자 회의론자를 자처하는 사람과의 대화에서 한 말이라서 특히 감명 깊었습니다. 왜냐하면 진정한 대화—지금 여기의 세계에 가장 필요하지만 인간의 기술들 가운데 가장 힘든 기술 중의 하나—는 적과도, 그러니까 당신의 견해에 동의하고 수용하는 사람만이 아니라 당신이 혐오하는 견해를 가진 사람들과도 기꺼이 이야기를 나누려는 자세를 요구하는데, 잡지에 '대화'라는 형식으로 연재되는 사실상의 독백들에서는 그러한 자세를 실천에서는 고사하고 이론에서조차 받아들이는 일이 극히 드물기 때문입니다.

프란치스코 교황이 생각하는 대화는 이와 같이 아주 흔히 볼 수 있는 형태의 사이비 대화가 아닙니다. 교황은 그런 식의 대화를 하지 않습니다. 그가 오랜 세월 동안 꾸준히 피력해온 대화 이론에서 말하는 대화도 그런 사이비 대화가 아닙니다. 1991년에 처음 발표되었다가 약간의 수정을 거쳐 2005년에 다시 발표된 글[5]에서, 그는 사이비 대화를 타락의 징표로 보았습니다. '용서할 수 있는' 죄와 다르게, '용서할 수 없는' 타락의 징후로 보았습니다(25쪽). 그는 타락은 결코 용서할 수 없는 것으로 '척결되어야만' 한다고 이야기합니다(29쪽).

호르헤 마리오 베르고글리오는 타락한 개인의 징표에 대해 다음과 같이 말합니다.

〔그는〕 어떠한 비판이건 언짢아합니다. 그는 자신을 부정적으로 평하는 사람들을 불신하고 자신의 행위를 조금이라도 문제 삼을 수

있는 도덕적 권위는 모두 없애려 듭니다. 그는 다른 사람들을 비난하고 다른 생각을 가진 사람들을 믿지 않습니다. 그들(타락한 개인들)은 자신들에게 반대하는 누구에게든 공포의 체계를 부과합니다. 그들은 생각이 다른 개인들을 사회생활에서 배제함으로써 그들에게 앙갚음합니다(11~12쪽).

타락은 형제애도 우정도 알지 못하고 오직 합작만 압니다. 그에게 적에 대한 사랑은 아무 쓸모도 없습니다. 그에게는 고대법의 기저를 이루고 있는 아군과 적군의 구별도 아무런 쓸모가 없습니다. 그는 적국에 협력하는 부역자나 적군 같은 역할을 합니다. 예를 들어 공적 기능을 수행하는 타락한 개인은 항상 다른 사람들을 자신의 타락 속으로 끌어들일 것입니다. 그는 그들을 자신처럼 타락하게 만들고, 그들이 타락에 연루되어 있다고 느끼게 만들 것입니다(46쪽).

게다가 "타락한 개인은 자신의 타락을 알지 못합니다." 입 냄새가 나는 사람처럼 말입니다. 구취로 사람들에게 고통을 주는 사람은 자신에게서 입 냄새가 난다는 사실을 알아차리지 못합니다. 하지만 사람들은 그에게 입 냄새가 난다고 말해주어야 합니다(27쪽). "타락한 개인이 내리는 판단의 근저에는 거짓이 있습니다." "타락한 사람들은 스스로를 '정의의 척도'로 여기고, 더 나아가 자신들의 악함을 다른 사람들에게 투사합니다."(40, 43쪽)

요컨대 타락한 인간의 행위를 규정하는 감정이 있습니다. 그것은 헨리크 엘젠베르크Henryk Elzenberg(1887~1967년. 폴란드의 철학자)가 "자신이 아닌 다른 사람의 존재에 대한 기쁨"이라고 정의한 감정인 사랑과는 정반대인 증오입니다. 타락한 인간은 타락에 협조하지 않는 사람들, 특히 다른 생각을 가진 사람들을 증오합니다. 바르바라 스카르가Barbara Skarga의 말처럼, 증오심을 품은 사람들은 "다른 사람들에게 소중하고 중요한 것에서" 아무것도 보지 못하고 "이중성, 퇴보, 기만"만을 봅니다.[6] "왜냐하면 그들에게는 이것이 자연적인 인간 조건으로 보이기 때문입니다." 바르바라 스카르가는 '나는 증오한다'라는 뜻에 해당하는 폴란드어 '니에나비제nienawidze'(이 단어는 원래 'nien'과 'awidze'의 합성어로, 'nien'은 '아니다'라는 부정의 의미이고 'awidze'는 '보다'라는 뜻임)가 어원적으로 '나는 보지 않는다'라는 뜻을 갖고 있다는 브루크너Bruckner의 주장을 인용합니다. 그런데 저는 알고 싶지 않기 때문에 보고 싶지 않습니다. 저는 눈을 감습니다. 귀를 막습니다. 컴퓨터 화면에서 내 생각과 상충하는 생각을 보게 되면 급히 '삭제' 키를 누릅니다. 물론 저는 대개 '당신과' 이야기를 나눌 때만 인터넷에 접속하기 때문에 이런 일은 별로 없습니다. 사람들이 인터넷에서 찾고자 하는 것은 창문(윈도)이 아니라 거울입니다.

자기 자신이 그 반영상인 거울 이미지 말입니다. 여기, 즉 휴대용 컴퓨터나 아이패드나 아이폰 화면 앞. 그리고 지금, 즉 보통의 현대인들이 그런 것들을 응시하면서 보내는 7시간가량. 우리가 디지털 지능의 선물로 받은 이러한 지금과 여기는 논쟁도 없고, 지겨운 논증을 펼칠 필요도 없고, 자신의 주장이 옳다는 증거도 없고, 논쟁에서

질 위험도 없는 일종의 '안전지대'입니다. 우리는 불신자들이나 이 방인들, 그리고 그냥 '타인들', 요컨대 부역하지 않는 자들로 가득 찬 '현실'의 소요와 아우성으로부터 자신을 지키기 위해 저 '안전지대' 로 이끌립니다.

바르바라 스카르가는 묻습니다.

인간은 타자를 찾는다는 레비나스와 티슈너Tischner의 주장과 달리, 인간은 오히려 타자가 자신을 두려워하기를 바라는 것이 아닐까? 타자에게 문을 여는 것은 결코 쉬운 일이 아니다. 그것은 자기비 판과 타인에 대한 객관적이고 호의적인 이해를 필요로 한다. 대부 분의 경우에 두려움은 이웃을 사랑하라는 명령보다 더 강하다. 우 리는 모든 사람을 이웃으로 삼기를 원하지 않는다. 우리는 대개 낯선 이를 적으로 인식한다.

그녀는 이렇게 결론을 내립니다. "아마 그것이 인간의 삶에서 모 든 사람과의 대화, 적어도 많은 사람과의 대화가 그토록 중요한 이유 일 것이다. 접촉의 최초의 실들은 대화에서 만들어진다. 우리는 대화 를 통해서만 다른 사람의 생각, 세계관, 의도, 목적을 알 수 있다."[7]

그러나 위대한 게오르그 지멜은 갈등이 통합의 서막이라고 주 장했습니다. 즉, 갈등을 접촉의 순간이자 충돌의 순간 혹은 경관을 더럽히는 오점을 제거하려는 (실패한) 시도, 오점을 경관에 맞게 수 용할 가능성으로 보았습니다.

이방인은 도전에 직면하기 전까지 낯선 존재로, 완전히 철저하게 낯선 존재로, 본성상 영원히 접촉이 단절된 채 갇혀 있습니다. 갈등은 굳게 닫힌 문을 두드리는 것과 같습니다. 보안구의 덮개를 젖히고 불청객을 주의 깊게 살펴볼 것을 정중히 요청하거나 살펴보라고 고집하는 것과 같습니다. 지멜은 갈등은 서로 간의 사랑을 만들어내건 증오를 만들어내건 간에 서로를 소외시키는 황무지로부터의 출구라고 주장했습니다. 그렇다면 사랑과 증오의 이중주 대신에 사랑, 증오, 무관심(혹은 상호 무시)의 삼자 관계에 대해 생각해볼 필요가 있습니다.

지금 여기에서, 다시 말해 가톨릭교회, 루터파 교회, 정교회, 감리교회, 침례교회, 모스크, 시너고그, 여호와의 증인 교회가 하나의 거리에(현실의 도시 속의 거리가 아니더라도, 사람들이 훨씬 더 자주 찾는 컴퓨터 세계의 거리에) 존재하는, 갈수록 혼잡해지는 세계에서 서로를 무시하기란 갈수록 더 불가능해지고 있습니다. 갈등의 가능성은 감당하기 힘들 정도로 커지고 있습니다. 그와 더불어 시급히 소통을 해야 할 필요성도 커지고 있습니다. 사랑에 대한 갈망 역시 커지고 있습니다.

스타니스와프 오비레크

제 생각도 그렇습니다. 다양성의 세계에서의 삶은 다원주의의 수용을, 나아가 다원주의에 대한 환대까지도 요구하는데, 그런 일이 바로 지금 일어나고 있는 것 같습니다. 어떤 상황에서 다른 상황으로 이행한다고 해서 항상 자신의 과거와 단절하고 과거를 잊게 되는 것은 아닙니다. 이런 일이 호르헤 베르고글리오에게 일어나고 있다고 생각됩니다. 그는 우리의 마음을 사로잡고 있고, 우리는 그에게 큰 기대를 걸고 있습니다. 저는 프란치스코 교황의 생각에 대한 당신의 깊은 식견에 매우 놀랐습니다. 그리고 바티칸의 관영지인 《로세르바토레 로마노L'Osservatore Romano》에 실린 당신의 인터뷰를 읽고, 당신만이 아니라 교황청도 당신의 생각에 관심을 갖고 있다는 것, 당신의 생각이 바티칸에서 인정되기 시작했다는 것을 알게 되었습니다. 베르고글리오의 《타락과 죄Corruption and Sin》는 거의 알려져 있지 않은 책인데 그 책을 읽은 것으로 볼 때, 당신도 베르고글리오의 생각이 어디에서 온 것인지를 알고 싶어 하는 것 같습니다. 당신의 관심은 매우 중요합니다. 폴란드의 언론인들은 그러한 원천에는 전혀 관심이 없기 때문입니다. 언론인들이 주교나 사제의 강론을 일일이 찾아 읽지는 않지만, 그들의 강론에 대해 모를 수는 없습니다. 폴란드의 매체들에는 강론 내용이 아주 자세히 실리니까요. 거기에 실린 강론들을 살펴보면, 교황의 말과 폴란드 교회의 말만큼 대조되는 것을 찾기 어렵습니다. 프란치스코 교황에게서는 예수와 신약성서와의 관련성이 보이는 반면, 폴란드 주교들에게서는 극도로 정치적인 성향이라든가 정치적 논쟁과 직결되는 종교적 이데올로기가 보입니다. 폴란드 주교들은 현재의 정치 게임들과 거리를 두지 못하고 있을 뿐만 아니라 다른 의견들에 대한 공감이나 이해의 능력이 없습니다.

그들에 대한 이야기는 그만하고, 그 대신에 2010년에 출간된 호르헤 베르고글리오 추기경과 아브라함 스코르카 랍비의 대담집《천국과 지상》의 내용을 소개할까 합니다. 이 책이 출간되고 3년 뒤에 베르고글리오 추기경이 교황이 되지 않았다면, 이 책은 기독교와 유대교 간의 대화를 보여주는 많은 책 가운데 하나에 그치고 말았을 것입니다. 베르고글리오 추기경이 가톨릭교회의 수장으로 선출되고 나서 출간된 이 책의 폴란드어 판본은 폴란드의 독자들에게 '프란치스코 교황의 생각은 무엇인가?'에 대한 답이 들어 있는 책으로 소개되었습니다.[8] 물론 이는 주로 마케팅의 일환이었습니다. 하지만 그 책의 내용은 실제로 이후에 교황이 한 말의 배경이라고 할 수 있기 때문에 그 책의 내용 중 일부를 소개해볼까 합니다.

이 책의 도입부에서, 베르고글리오 추기경과 스코르카 랍비는 각자가 생각하는 대화의 개념을 제시합니다. 스코르카 랍비는 아르헨티나의 좌파 지식인인 에르네스토 사바토Ernesto Sabato의 말을 빌려 대화 상대방을 알고 이해할 필요성에 관해 이야기합니다.

진정한 대화는 대화의 당사자들이 서로를 알고 이해하고 사유하는, 인간의 실존의 의미를 파악하고자 하는 대화입니다. 에르네스토 사바토는《인간과 우주Uno y el Universo》라는 에세이집의 서문에서 다음과 같이 말하고 있습니다. "미지의 땅을 향해 길을 떠난 인간은 사람들을 알고자 하고 자연에 대해 의문을 품고 신을 찾다가, 결국에는 자신이 뒤쫓고 있던 유령이 다름 아닌 자기 자신이라는 것을 발견하게 된다."[9]

저명한 핵물리학자이면서 유명 작가이자 에세이스트인 저자가 닫힌 사고 체계들의 위험을 지적하고 있다는 점이 흥미롭습니다. 사바토는 자신의 책에 대해 다음과 같이 적고 있습니다.

이 책은 이행의 기록이다. 따라서 이 책을 읽는다는 것은 운동의 특징인 혼란과 일관성 결여에 참가한다는 것을 의미한다. 마치 대규모 쇼의 제작자와 특별한 비밀 협정을 맺기라도 한 듯이, 수많은 체계 중에서 자신들의 체계만이 진리를 소유하고 있다고 확신하는―이해하기 힘든 이유를 들어―광신자들은 이 책을 읽고 격분할 것이다. 하지만 그들과 달리, 내게는 그러한 비밀 협정 같은 것은 없다는 것을 밝혀둔다.[10]

사바토는 자신들의 신앙의 전파와 영속화에 관심이 있는 두 제도 종교의 대표자들 간의 대화에 관심을 갖고 적극적으로 지지한다거나 하는 사람이 아닙니다. 이렇듯 체계 밖에 있는 사바토 같은 사람에게서 정신적 자극을 받아들이는 것은 신학에서 일어나고 있는 새로운 현상입니다. 체계 밖에서 영감을 끌어온다는 점에서 말입니다. 스코르카 랍비에게 베르고글리오 추기경과의 대화의 목적은 일종의 다성음악입니다. 다시 말해, 타자와의 진정한 접촉의 시도였습니다.

이 책을 통해 우리가 대화에서 주고받은 각자의 고유한 목소리를 전함으로써 이웃이 누구이건 간에 이웃과 일치를 이루고, 둘 사이의 대화를 많은 사람과의 대화로 변화시키고, 온갖 위험이 수반될 수 있음에도 불구하고 우리 자신의 영혼을 드러내는 것이 인간의 일들에 대한 인식에 이르는 유일한 길이자 신에게 더 가까이 다가가는 유일한 길이라는 깊은 확신하에 우리 자신의 영혼을 드러내려는 시도…….[11]

이 책을 다 읽고 나면, 두 대화자의 서로 다른 종교적 전통에 대해 우리가 기존에 갖고 있던 생각을 수정할 필요가 있다는 것을 깨닫게 됩니다. 베르고글리오에게 기본적인 문제는 타자와의 접촉과 이해의 시작입니다. 그렇기 때문에 그는 오랜 세월의 오해 끝에 형제들을 인정하게 되는 성서의 요셉 이야기를 합니다. 요셉과 형제들은 안 좋았던 일들을 잊기로 결의함으로써 일치를 이루었습니다. 베르고글리오에 따르면, 이러한 일치의 경험은 매우 드뭅니다. 우리는 통합 대신에 분리에 초점을 맞추는 경향이 있기 때문입니다. "우리는 자신을 다리를 세우는 존재가 아니라 벽을 세우는 존재로 생각합니다. 아버지, 전통, 뿌리, 조국 등에 대한 포옹도 눈물도 질문도 없습니다. 어떠한 대화도 없습니다."[12] 하지만 대화의 결여는 어쩔 수 없는 것이 아닙니다. 상대에 어울리는 태도를 보여줌으로써 치유될 수 있습니다. 중요한 것은 바로 이것만이 지금은 알려져 있지 않은 세계로 들어갈 수 있는 유일한 길이라는 것을 깨닫는 것입니다.

대화는 타인에 대한 존중에서, 말할 가치가 있는 것을 타인이 갖고 있다는 확신에서 태어납니다. 대화는 타자의 관점, 타자의 의

견과 주장이 들어설 자리가 우리 마음속에 마련되어 있다는 것을 보여주는 것입니다. 대화의 태도는 선험적인 유죄 선고가 아니라 진심 어린 수용입니다. 대화를 하려면 방어벽을 허물고 문을 열고 인간적인 친절함을 보여줄 수 있어야 합니다.[13]

이러한 태도가 가장 필요한 것은 세계관이 다른 사람과 만날 때, 특히 불신자나 불가지론자와 만날 때입니다. "저는 신앙을 갖고 있지 않은 사람과 만나면 세상일에 대해 이야기합니다. 저는 개종을 목적으로 신앙을 갖고 있지 않은 사람을 만나지 않습니다. 저는 그를 존중하고 있는 그대로의 저의 모습을 보여줍니다. 친교가 깊어질수록 존중, 충심, 우정이 더 커집니다."[14]

이는 상대에게 다가가기 위한 수사적 표현이 아닙니다. 베르고글리오는 교황이 되고 나서도 자신은 누구도 개종시킬 생각이 없다고 분명히 밝힙니다. 이는 체념의 태도가 아니라 서로 다른 세계관들이 같은 방향을 바라볼 수 있는 가능성을 배제하지 않겠다는 신념을 보여주는 태도입니다. "의심으로 가득 찬 불가지론자와도 함께 바라보고 함께 초월을 모색할 수 있습니다. 모두가 각자의 전통에 따라 기도를 드립니다. 그렇다면 무슨 문제가 있겠습니까?"[15] 그렇습니다. 전혀 문제가 없어 보입니다. 하지만 현실은 다른 것 같습니다.

다른 생각을 가진 사람들을 바라보는 이 새로운 방식에 당신도 흥미를 느끼는 것 같습니다. 저는 바티칸의 기관지인《로세르바토레 로마노》에 실린 당신의 인터뷰 기사를 보고 기뻤습니다. 새 교황으로 취임한 프란치스코에 대해 어떻게 생각하느냐는 질문에 당신은 이렇게 말했습니다. "사람들의 마음에 직접 이야기하는 베르고글리오의 능력은 요한 23세를 생각나게 합니다. 프란치스코 교황은 자신이 하는 일에서 용기를 보여줍니다. 그가 람페두사 섬에서 지구화된 세계에서 추방된 사람들에 대해 이야기하면서 보여주었던 태도가 생각나는군요."[16] 당신은 인터뷰에서 이런 말도 했습니다.

이것이 진정한 대화입니다. 그것은 이미 자신과 같은 견해를 가진 선별된 질문자들을 필요로 하는 것이 아니라 대화 참여자들이 입장을 바꿀 수도 있는 세계와의 정면 대결을 필요로 하기 때문입니다. 저는 교황 스스로 대화를 실천하는 것을 보고 놀랐습니다. 우리에게 시급한 것은 이러한 용기 있는 시도입니다. 오늘날 우리는 부자들과 세계 인구의 대다수인 빈자들 간의 간극이라든가 지구 자원의 제한 없는 이용처럼 아직 해결책이 없는 심각한 문제들을 해결해야만 하기 때문입니다. 이는 이탈리아인만의 문제도 아니고 폴란드인이나 중국인만의 문제도 아닙니다. 그것은 모든 인류와 관련된 문제입니다. 더욱이 일시적인 해결책과 관련된 것이 아니라 우리의 생활 방식 전체의 근본적인 변화와 관련된 것입니다.

저도 프란치스코 교황의 활동을 열심히 지켜보고 있고 지지합니다. 제가 알고 싶은 것은 교황의 대화가 폴란드 내에서 하느님과 교회에 대한 논의에 영향을 미칠 것인가 하는 점인데, 아직까지는 그런 조짐을 찾아볼 수 없습니다. 오히려 일부의 극렬한 가톨릭 평론가들과 대부분의 주교들 사이에서 갈수록 당파성과 초조함이 커지고 있는 것만 보일 뿐입니다. 그들에게 프란치스코 교황은 갈수록 골 칫거리가 되고 있습니다. 그들은 교황을 자신들의 세계에 끼워 맞추 려고 하지만, 그러한 시도는 갈수록 성공과는 거리가 멀어지고 있습 니다. 이런 이야기를 하는 이유는 제가 교회를 걱정하기 때문입니다. 그렇지만 제가 교회에만 관심이 있는 것은 아닙니다. 저도 당신처럼, 다른 세계관을 가진 사람들과 만날 새로운 기회를 결코 마다하지 않 는 뜨거운 열정을 가질 수 있었으면 하고 진심으로 바랍니다. 제가 우려하는 것은 갈수록 심한 말로 교황의 이미지를 흠집 내고 있는 폴란드의 고위 성직자들과 가톨릭 평론가들만이 아닙니다. 학생들과 의 수업이 아니었다면, 저는 바티칸의 공식 웹페이지에서 이루어지 고 있는 검열을 알지 못했을 것입니다. 물론 바티칸 내에 검열이 존 재한다는 것은 새삼스러운 일이 아닙니다. 바티칸과 조금이라도 접 촉이 있었던 사람이라면 누구나 검열의 손길을 피할 수 없었을 것입 니다. 하지만 이번에 제가 알게 된 검열은 프란치스코 교황의 말에 대한 것이었다는 점에서 유례없는 것이었습니다. 교황이 한 언론인 과 했던 인터뷰가 삭제되었더군요. 며칠 전만 해도 올라와 있던 글이 링크는 되어 있었지만 연결이 되지 않더군요.

저는 11월 초에 교황의 언어에 대해, 구체적으로 말하면 교황 의 새로운 형식의 대화에 대해 쓴 에세이 한 편을 탈고했습니다. 저 는 그 에세이에 '새로운 형태의 대화의 철학'이라는 제목을 붙였습 니다. 짐작하시겠지만, 교황이 《라 레푸블리카》와 한 인터뷰는 변화 에 대한 최고의 지지 표명이라고 할 수 있습니다. 갑자기 이런 의문 이 떠올랐습니다. 프란치스코 교황은 자신이 한 인터뷰가 검열되고 있다는 것을 알고 있을까? 만일 알고 있다면, 그는 과연 어떤 생각을 하고 있을까? 만일 알고 있지 못하다면, 검열되고 있다는 사실을 알고 있는 것은 누구일까? 그리고 그 사람은 왜 이 인터뷰를 삭제했던 것일까? 다른 생각을 가진 많은 사람에게, 특히 무신론자들에게 가톨릭교회의 새로운 개방성의 징표였던 인터뷰를? 이 질문들에 답할 수 있는 사람이 누구일지 궁금합니다. 교황은 사람들이 보내는 편지에 기꺼이 답신을 보내는 것으로 유명하니까, 직접 프란치스코 교황에게 편지를 쓰는 것이 좋을지도 모르겠네요. 프란치스코 교황이 제안한 새로운 대화 형식, 특히 로마 교황청에 대한 비판을 좋아하지 않는 사람도 있겠죠. 교황청 대변인인 예수회원 페데리코 롬바르디 Federico Lombardi의 해명은 예수회의 가장 안 좋은 모습을 생각나게 합니다. "그 인터뷰 기사는 전반적으로는 신뢰할 수 있지만, 일부 의견은 그렇지 않습니다. 교황청 웹사이트에서 그 인터뷰에 대한 접근을 차단하기로 결정한 것은 그 때문입니다."

이 해명을 듣다 보니, 사실적 진리와 전술적 진리를 구분하면서 둘을 구분할 줄 아는 능력이 곧 지혜라는 유명한 궤변이 생각나더군요. 이 해괴한 해명을 듣다 보면, 과연 바티칸이 변화할 수 있을까 하는 의문을 품지 않을 수 없습니다.

이런 의미에서 저도 당신이 말한 바르바라 스카르가와 비슷한 관심을 갖고 있습니다. 그녀는 만남 앞에서의 두려움에 대해 썼습니다. 하지만 당신처럼 바르바라 스카르가에게도, 게오르그 지멜이 생각한 다자간 대화와 양자 간 대화의 필요성은 이론의 여지가 없었습니다. 이러한 대면의 정신은 제게는 낯선 것이 아닙니다. 저는 대화하는 쌍방이 서로에게 매우 중요한 목적을 진정으로 실현하려는 마음만 있다면 얼굴을 맞대고 토론함으로써 높은 수준의 이해에 도달할 수 있다고 생각합니다. 리처드 세넷Richard Sennett이 대화에 대해 한 이야기가 생각납니다. 당신은 비공식적이고 열린 접근이 특정한 문제 해결에 얼마나 중요한지를 보여주면서 여러 차례에 걸쳐 세넷의 말을 인용한 바 있습니다. 저도 학생들에게 강의할 때 세넷에 관해 이야기한 적이 많습니다. 필요한 것은 협력입니다. 협력 속에서는 모든 사람이 강요된 진리의 수용자가 아니라 서로 동등한 파트너라고 느낍니다. 지금 저는 오늘날 우리가 씨름하고 있는 가장 근본적인 문제를 이야기하고 있습니다. 그것은 바로 진리의 문제입니다. 대문자 'T'로 시작하는 '진리Truth' 말입니다.

바르바라 스카르가는 가다머Hans Georg Gadamer에 대해 쓴 글에서 이와 관련해 흥미로운 이야기를 하고 있습니다. "저는 어떤 주장을 객관적이고 공정한 것으로 받아들일 때는 주의해야 한다는 가다머의 조언을 매우 좋아합니다. 그는 공평무사함을 유지하는 것이 어렵고, 사실상 불가능하다는 것을 아주 잘 보여주었습니다. 결국 모든 저자는 어떤 상황 속에 있고, 각기 특정한 편견을 갖고 있습니다."[17] 저 상황과 편견을 더 자세히 살펴볼 필요가 있는데, 정식화된 견해들에서는 그것들을 알아보기가 쉽지 않습니다. 이데올로기적 논쟁에 휘말려 들어간 진리는 우리를 자유롭게 해주기는커녕 오히려 우리를 철저하게 구속함으로써 갈등의 원천이 됩니다. 그러나 우리가 열망하는 것이 정말로 진리라면, 진리는 우리 안에 있는 일치의 잠재력과 선을 해방시키고 자유롭게 해줍니다. 이런 일이 실현되는 것이 공동체이고, 공동체는 바로 그런 길을 통해 탄생합니다.

바르바라 스카르가의 말처럼, "우리는 사회적 관계를 통해서만 형성됩니다. 우리는 우리가 항상 누군가와 함께 있고, 누군가와 함께 일하고, 누군가와 함께 생각하며, 살아 있는 동안에는 언제나 개인·사회제도·국가·교회 등의 타자들에 의존하고 있다는 것을 알고 있습니다."[18] 그렇다면 진리를 위해 일하는 종교 기관의 대표자들은 진리를 더 잘 이해하는 데도 이바지할 수 있을 것입니다. 따라서 그들을 위협적인 존재로 생각해서는 안 되고 동맹자로 생각해야만 합니다. 하지만 그들도 생각이 다른 사람들을 비난하고 비방해서는 안 되고, 그들의 세계에 관심을 가져야 합니다. 당신은 바르샤바의 와지엔키 궁전 공원에 있는 스타니스와보프스키 극장에서 스카르가의 말과 관련해 대단히 감동적인 이야기를 했죠. 바르바라 스카르가의 말을 다시 한 번 인용해보겠습니다. "열린 대화는 나와 너 사이의 유대를 형성할 뿐만 아니라 진리도 만들어낸다. 그리하여 열린 대화는 공동체를 탄생시킨다. 사실 우리의 삶은 과거와의 끊임없는 대화인 동시에 사회적 상호 작용 속에서 가다머가 말하는 인간적 상호 작용의 네트워크를 만들어내는 타자와의 끊임없는 대화이다."[19] 그런데 이런 식의 대화를 시작하는 것이 왜 그토록 어려운 것일까요? 그런 대화가 반드시 선善으로 귀결되는 것이 확실한가요? 문을 열고 모험을 하게 되면 재앙을 피할 수 없을 것이라는 두려움과 불안이 왜 그토록 팽배해 있는 것일까요? 바르샤바의 거리와 제 주변에서는 갈수록 공격성이 증가하는 것을 볼 수 있습니다. 그렇다면 어떻게 해야 변화의 방향을 반전시킬 수 있을까요? 당신은 대안이 있다고, 할 수 있는 일이 아무것도 없다는 대답이야말로 최악이라고 누누이 말해왔습니다. 저도 그렇게 믿고 싶습니다. 하지만 시간이 갈수록 그것이 더 힘들다는 것을 깨닫고 있습니다. 아니, 대안이 있다는 것을 뒷받침할 만한 논리를 제가 찾을 수 없다고 말하는 것이 더 정확하겠네요. 모든 것이 갈수록 더 어두운 심연 속으로 빠져들고 있는 것 같습니다.

지그문트 바우만

베르고글리오는 교황이 되고 나서도 추기경이었을 때와 마찬가지로 대화의 필요성에 대해 이야기하고 대화를 실천합니다. 이때 말하는 대화란 서로를 치켜세우고 박수를 받기 위한 대화가 아니라 상호 이해를 추구하는 진정한 대화, 분명하게 견해가 다른 사람들 사이의 대화입니다. 전자는 자조적인 독백들의 연쇄라는 점에서 후자와는 근본적으로 정반대되는 것입니다. '정반대'된다고 말하는 이유는 '대화 아닌 대화'나 실패한 대화는 둘 다 의식적으로 차이와 대면하는 위험을 피하려 들기 때문입니다. 의견 차이, 관점의 차이, 가치와 우선순위의 차이를 피하려 들기 때문입니다(이러한 태도는 정계와 재계에서 흔히 볼 수 있을 뿐만 아니라 온라인에서의 인간관계에서도 갈수록 일반적인 것이 되고 있습니다). 최근에 미로스와프 콘키엘Mirosław Konkiel[20] 이 하버드 비즈니스 스쿨의 로자베스 모스 캔터Rosabeth Moss Kanter 교수의 의견을 인용해 주장했듯이, 우리가 가장 좋아하는 것은 '우리의 클론들'과 함께하는 것입니다. '직원 모집과 승진에서도, 교구회의 회원 선출에서도' 이러한 경향을 볼 수 있습니다. 위원회, 파트너십, 협의회, 친구 집단은 '자신들의 이미지에 따라 스스로를 재생산합니다.' 즉, 그들은 '자신들이 좋아하는 사람들, 자신들과 같다고 생각하는 사람들에게 권력과 특권을 넘겨줍니다.' 그런 점에서 프란치스코가 교황 취임 뒤에 이탈리아 언론의 원로이자 유명한 무신론자인 스칼파리의 반교권적 신문 《라 레푸블리카》와 제일 먼저 언론 인터뷰를 했다는 것은 정말로 의미심장한 결정입니다.

물론 프란치스코 교황이 강조하고 매일 몸소 실천하는 대화 방식을 일상생활에서 배우는 것은 쉽지 않고, 직접 실천하는 것은 그보다 훨씬 더 어렵습니다. 그것은 더 안전하기에 더 매력적인 대화 방식에 비해 훨씬 덜 매력적으로 보입니다. 진정한 대화에 들어갈 때는 패배의 위험을 각오해야 합니다. 우리의 진리(우리의 믿음)가 틀렸고 적의 진리가 더 옳은 것으로 입증될 위험을 감수해야 합니다. 그렇지 않으면 걱정은 심화되고 재생산됩니다. 우리와는 다른 견해나 사고방식을 가진 사람들과의 만남을 피할수록 우리 입장의 장점을 방어할(선험적으로 적으로 간주되는 상대방의 주장을 침묵시키거나 외면하는 것이 아니라) 능력은 약해지고 패배를 두려워할 이유들이 더 커지기 때문입니다. 다른 의견과 엄격하게 거리를 둔다고 해서 우리의 의견이 더 타당한 것이 되지는 않겠지만, 그러한 격리는 우리의 자신감을 커지게 할 것이고 우리가 지지하는 주장을 더 믿게 만들 것입니다. 심지어 틀린 주장이라고 해도 말입니다. 따라서 힘의 논증이 논증의 힘보다 더 유혹적입니다.

그러나 유혹에 이끌려서는 안 됩니다! 대화에 등을 돌리고 품위 있는 삶을 위한 많고 다양한 방안을 외면하게 되면 마음의 평화(틀림없이 곧 깨지고 말)는 얻을 수 있을지 모르지만, 이 행성과 인류의 삶을 파멸로 몰아가는 문제들은 단 하나도 해결하지 못할 것입니다. 온갖 위험을 안고 있는 대화에 동의하게 되면 우리의 개인적 삶은 힘들어질 수 있겠지만, 그렇다고 해서 대화를 받아들이지 않게 되면 우리의 삶은 불행으로 귀결될 것입니다. 돌이킬 수 없이 다문화적이고 다중심적인 세계에서 인류의 미래를 위해서는, 대화에 대한 동의는 생사가 걸린 중대한 문제입니다.

에드거 앨런 포Edgar Allan Poe의 단편소설 〈소용돌이 속으로 떨어지다The Descent into the Maelstrom〉에서 심연에 빨려 들어간 주인공인 선원은 배에 실려 있던 잡동사니들과 짐들처럼 깊은 바닷속으로 빨려 들어가지 않고 굽이치는 파도 표면에서 격렬하게 솟구치는 물결에 의해 수면으로 떠오르게 됩니다. 그리하여 갑판 위를 굴러다니던, 근처에 있는 통 위에 올라타게 됩니다. 바닷물이 모든 선원을 삼켜버렸지만, 그만은 구조됩니다. 예리한 통찰력의 소유자였던 노르베르트 엘리아스Norbert Elias(1897~1990년. 독일 태생의 유대계 사회학자. 대표 저서로 《문명화 과정》이 있음)는 포에 의해 불멸의 생명을 갖게 된 이 모험을 자연 앞에 속수무책으로 던져져 있는 사람의 상황을 나타내는 동시에 불가피해 보이는 파괴로부터 자신을 구원할 수 있는 길을 보여주는 알레고리로 보았습니다. 모차르트를 철저하게 '개인화된' 우리 사회의 정신을 선취해 오직 자기 자신에만 의지하고 자신의 두 발로 땅을 딛고 섰던 근대 예술가의 선구이자 전형으로 찬양하는 책을 쓴 바 있는 엘리아스는 우리 시대의 사람들에게 포의 소설에 나오는 선원과 그의 불운한 동료들처럼 거대한 소용돌이의 한복판에 있게 될 때는 이 선원처럼 행동할 것을 권고했습니다.

시노페Sinope의 디오게네스Diogenes의 시대 이래로 통 속의 집은 이웃들이나 지나가는 사람들의 의견이라든가 그들이 옳다고 생각하는 공생의 규칙에는 아랑곳없이 협력의 가치에 냉소를 보내면서 세상으로부터의 격리와 자신의 안락만을 추구하는 태도의 전형으로 간주되었습니다(고향 마을 사람들이 알렉산더의 군대에 맞서기 위해 열심히 성벽을 세우고 검을 갈고 있을 때, 디오게네스는 사람들이 쓸데없이 부지런을 떠는 것에 대한 냉소의 의미로 거리 이곳저곳으로 통을 굴리고 다녔습니다. 또한 그는 스승인 아리스토텔레스의 영향으로 철학자들에 대한 존경심을 품고 있던 알렉산더가 무슨 소원이든 들어주겠다고 했을 때는 햇볕을 가리고 있으니 옆으로 비켜달라고 말했습니다). 통은 한 명만 살 수 있는 거처입니다. 거기에는 두 명이 들어갈 공간이 없습니다. 통을 피신처로 삼으려는 사람은 어려운 처지에 있는 동료들을 도우려고 애쓰지 않을 것입니다. 동료들을 보살피고 돕기는커녕, 그에게 어려움에 처해 있는 동료는 자신의 구원에 도움이 되지 않는 방해물에 지나지 않습니다.

현대인들을 속수무책의 상태로 만들고 있는 것은 허락도 구하지 않고 생존 가능성과 품위 있는 삶의 가능성을 갖고 노는 시장입니다. 우리에게 쉼터이자 구원 수단으로 제공되는 통은, 허락을 요청하지도 않고 우리의 생존 기회와 품위 있는 삶을 위한 전망을 가지고 장난치는 시장입니다. 피신처이자 구원의 수단으로 우리에게 제공되고 있는 통은, 마찬가지로 고통 속에서 피신처를 찾는 우리 동료들을 너무나도 희소한 재화와 그것의 소유를 통한 만족감을 얻기 위해 물리쳐야 할 침입자, 경쟁자, 적으로 취급합니다. 우리는 상품 시장의 재화들입니다. 생산자들의 사회가 연대의 학교이자 공장이라면, 우리의 소비사회는 '각자 자기 힘으로. 약한 놈은 내버려 두어라'의 원칙이 지배하는 보편적 경쟁, 이기심, 타인에 대한 의심의 학교이자 공장입니다. 경쟁은 제로섬 게임입니다. 승자는 모든 것을 갖고 패자는 모든 것을 잃습니다. 당신의 말처럼 그러한 세계에서는 우리는 다리보다는 벽을 세우게 됩니다. 교두보를 위한 공간도 남겨두지 않고 빈틈없이 벽을 쌓아 올립니다. 우리는 자신의 목소리까지 포함해 우리가 들을 수 있는 목소리라고는 오직 서로의 메아리일 뿐인 '반향실'이나 자신의 얼굴과 일그러진 얼굴들만이 보이는 거울의 방에 자신을 가둠으로써 경쟁에서 벗어나기를, 우리가 죽기만을 우리 주변에서 호시탐탐 노리는 경쟁자들에게서 벗어나기를 꿈꿉니다. 이러한 시도는 실패로 끝나지만, 그것이 시도를 포기할 이유가 되지는 못합니다. 특히 교활한 악당으로부터 자신을 지키려는 노력이 실패했을 때, 그것은 그 노력이 타당하다는 증거이지 부적절하다는 증거가 아닙니다. 실패는 포기가 아니라 더 열심히 노력하려는 마음을 불러일으킵니다. 성과가 없다는 것은 음모자들이 그만큼 교묘한 수완을 가졌고 무자비하고 냉혹하고 잔인하다는 증거입니다.

저는 발데마르 쿨리고프스키Waldemar Kuligowski의 말에 정말로 공감합니다. 저는 악취를 풍기는 노숙자들에게 혐오감을 느끼는 자신을 발견하곤 합니다. 그런 저 자신이 부끄럽습니다만, 바르샤바의 혼잡한 버스나 전차에서 노숙자들과 마주치게 되었을 때 그런 감정이 드는 것을 피할 수는 없습니다. 때로는 그들이 그 자리에 없었으면 하고 바라기도 합니다.

그렇다고 해서 그들이 병들기를 바라는 것은 아닙니다. 저는 진심으로 그들이 저와 마찬가지로 정상적인 삶을 살 수 있기를 바랍니다. 몸차림을 깨끗이 하고 직장을 다니면서 일을 하기를 바랍니다. 몇 년 전에 크라쿠프에서 우연히 학창 시절의 친구를 만난 일이 있습니다. 제게 다가와 도와달라고 말한 그 친구는 노숙자가 되어 있었습니다. 저는 나름대로 그에게 도움을 주기는 했지만, 그 친구 대신에 제가 노숙자가 되었을 수도 있다는 생각을 떨쳐버릴 수 없었습니다. 그의 출발은 저보다 훨씬 더 좋았습니다. 재능도 있고 집안도 부유했고 어학 수업도 받았습니다. 시간이 지나, 우리는 대학에서 다시 만났습니다. 그는 뛰어난 실력을 갖춘 전도유망한 학생이었습니다. 그는 폴란드를 떠나 외국으로 갔는데 일이 잘 풀리지 않았습니다. 척추만 다친 채 귀국했습니다. 그 친구에게 무슨 일이 있었는지는 모릅니다. 분명한 것은 그가 비극적이라고 할 만큼 매우 힘든 상황에 처해 있었다는 것입니다. 당신은 제 친구 같은 사람들에 대해 오랫동안 글을 써오고 있습니다. 당신은 그들에 대해 상당한 공감과 이해를 가지고 있습니다. 당신은 그들보다는 세계에 책임을 묻습니다. 저도 마찬가지입니다. 세상이 갈수록 적대적이고 잔인해져 가고 있는 것 같습니다. 저도 그 영향을 받고 있다는 생각이 들 때가 종종 있습니다. 제 친구인 야누시Janusz는 수많은 사례 중의 하나일 뿐입니다. 그가 어떻게 되었는지는 모릅니다. 계획대로 집으로 돌아가서 인연을 끊었던 가족의 믿음을 되찾았을까요? 저는 그를 도울 수 없었습니다. 도움을 주려고 애를 쓰지도 않았다고 해야 할 것입니다. 저 자신의 일만으로도, 저 살기에도 바빴으니까요. 하지만 그의 기대를 저버렸다는 느낌을 떨쳐버릴 수 없습니다.

당신은 문화혁명을 해야 한다고 말합니다. 당신은 문화혁명이 가져올 긍정적 결과를 주목합니다. 더 정확히 말하면 저를 비롯해 많은 사람이 처해 있는 거의 절망적인 상황을 극복할 진정한 기회를 봅니다. 당신의 요구는 두 가지 이유에서 비옥한 토양에 떨어졌다고 할 수 있습니다. 하나는 이란 핵 협정〔2015년 7월 14일에 미국을 비롯한 서방의 주요 6개국과 이란 간에 체결된 협정. 이란이 핵 개발 활동을 중단하는 대신 이란에 대한 국제사회의 제재를 해제하는 내용을 담고 있음〕이 타결된 것입니다. 이는 무슬림 세계와 '서구' 사이에 또 하나의 충돌이 빚어질 위험을 크게 감소시키는 조치입니다. 지난 20년간 양측이 싸움만을 해법으로 보았다는 것을 고려할 때, 이는 상당히 중요한 성과입니다. 다른 하나는 첫 번째와는 별 관련이 없는 것입니다. 그것은 두 권의 책입니다. 한 권은 비에스와프 미실리프스키Wiesław Myśliwski의 《최후의 대결The Last Deal》이고, 다른 한 권은 카롤 모젤레프스키Karol Modzelewski〔1937년

생. 현재. 폴란드의 역사가, 작가, 정치가)의 자전적 소설로, 유명 시인인 블라디미르 마야콥스키Vladimir Mayakovsky의 시에서 제목을 딴 책《우리는 역사의 말이 고꾸라질 때까지 치달릴 것이다: 학대받은 기수騎手의 고백 We'll Ruin the Jade of the Past: Confessions of a Battered Rider》(마야콥스키가 소비에트 수병들을 위해 쓴 〈좌향앞으로가!〉라는 시에 "우리는 역사의 말이 고꾸라질 때까지 치달릴 것이다"라는 구절이 나옴)입니다.

저는 정치학자가 아니므로 미국과 이란 협정에 대한 평가는 그 방면의 전문가들에게 맡기도록 하겠습니다. 다만 베냐민 네타냐후Benjamin Netanyahu 이스라엘 수상이 이란 협정이 타결되고 몇 시간도 안 돼 기자 회견에서 한 그다지 영리하지 못한, 아니 사실상 어리석기 짝이 없는 발언에 대해서만은 이야기를 안 할 수가 없습니다. 그는 이란 협정은 역사적 실수라고 비난했습니다. 한심한 일입니다. 네타냐후는 이 어리석은 발언의 주인공으로 역사에 기록될 것입니다. 어쨌건 위대한 정치만이 중요한 것은 아닙니다. 그리고 세계를 바꾸는 것은 책이 아닙니다. 중요한 것은 우리에게 어떤 일이 일어나고 있느냐 하는 것입니다. 이러한 외적 사건들이 우리의 세계관과 우리 자신을 어떻게 형성해가고 있느냐는 것입니다. 우리의 두려움만을 보고 만든 치료법은 가상적인 것일 뿐입니다. 당신의 말처럼, "통을 피신처로 삼으려는 사람은 어려운 처지에 있는 동료들을 도우려고 애쓰지 않을 것입니다. 동료들을 보살피고 돕기는커녕, 그에게 어려움에 처해 있는 동료는 자신의 구원에 도움이 되지 않는 방해물에 지나지 않습니다." 그렇습니다. 혼자서 구원을 찾기는 어렵습니다.

최근에 안제이 발리츠키Andrzej Walicki는 이러한 사실을 상기시켜주었습니다. 그는 폴란드에서 자생적으로 출현한 개혁가들이 신자유주의적 질서를 무조건적으로 환영하는 것을 질타했습니다. 그는 자기 조정적 시장에 대한 믿음이 경쟁만을 심화시키고 목욕물과 함께 아기도 버렸으며(사회주의가 제공하던 공공 주택을 버림), 사회 전체를 시장에서 헤엄치는 상어들에게 맡겨버림으로써 사회질서를 위한 합의된 개선책에 대한 희망도 완전히 짓밟아버렸다고 주장했습니다. 하지만 그는 여전히 희망을 버리지 않고 있고, 저도 마찬가지입니다. "그럼에도 불구하고 한두 가지 정도는 우리에게 달려 있다. 신자유주의의 세뇌와 거리를 두는 중도좌파 정치가들에 의해 한두 가지는 바뀔 수 있다. 따라서 이 기회들을 최대한 이용해야 한다."[21]

그런 의미에서 저도 당신처럼 대안은 발견되는 것이 아니라 만들어지는 것이라고 믿습니다. 따라서 대안을 간절히 기다리는 것만으로는 충분하지 않습니다. 지금 여기에서 대안을 만들어내야 합니다. 저는 대안이 있다고 믿습니다. 제 삶을 걸고 확언하건대, 믿음은 살이 될 수 있습니다. 저는 이러한 태도가 실제로 실천 가능하고 유효하다는 분명한 증거를 갖고 있습니다.

물론 그러한 태도를 갖는 것은 결코 간단한 일이 아닙니다. 위험을 불러오거나 우리 자신과 타자들에게 인간적 괴로움을 안겨줍니다. 하지만 그러한 괴로움은 불가피합니다. 만남과 논쟁을 피하는 것은 비겁한 일이고, 우리가 인간이라는 것을 보여주기를 포기하는 것입니다. 당신의 말처럼 가상적인 대화가 아니라 차이와 만남을 회피하지 않는 진정한 대화를 염두에 두고 제 이야기를 해보도록 하겠습니다. 제가 1976년에 연극 공부를 그만두고 예수회에 들어가기로 결정했을 때, 저의 어머니 체칠리아는 몹시 당혹스러워하면서 눈물을 흘렸습니다. 그녀에게 저의 결정은 아들을 사악한 수도회에 빼앗기는 것과 같았습니다. 그녀에게 이런 두려움을 불러일으킨 것은, 예수회가 사실은 회원들을 꼼짝 못하게 하고 비밀 규칙에 따라 움직이는 마피아로서 서로를 감시하고 상급자에게 다른 회원들에 관해 보고하도록 되어 있다는 어느 신부의 말이었습니다. 그 신부는 예수회가 사유재산을 완전히 금지하고, 심지어 자기 생각에 따라 결정하는 것조차 완전히 금지한다는 자극적인 이야기까지 했습니다. 이는 가톨릭 교회 내부에 차이와 긴장이 존재한다는 것을 보여준다는 점에서 매우 흥미로운 문제이지만, 이 자리에서 이야기하기에는 적절하지 않은 것 같습니다. 중요한 것은 몇 년 후 어머니가 저의 선택을 받아들였다는 것입니다. 더욱이 현명한 선택으로 인정하게 되었다는 것입니다. 30년 뒤인 2005년에 제가 예수회를 떠나기로 결정했을 때, 어머니는 그 이유를 이해하지 못했습니다. 아마 이해하고 싶지도 않았을 것입니다. 어찌 됐건, 그녀는 저의 결정에 전혀 동의하지 않았고 오히려 제 마음을 되돌리려고 온갖 애를 썼습니다.

저는 어머니의 생각을 존중했고 어머니도 그 사실을 알고 차분히 생각할 시간을 갖기로 했습니다. 그리고 몇 년 뒤 그녀는 결국 너의 인생이고 너의 일인데 내가 못마땅하게 생각할 이유가 어디에 있느냐고 말했습니다. 어머니와 저는 다시 친구가 되었고, 서로의 선택권을 존중합니다. 다른 선택을 할 권리, 심지어 정반대되는 선택을 할 권리까지도 말입니다. 저는 이와 같은 존엄성과 자기 결정권에 대한 존중이 우리의 모자 관계를 구원했다고 생각합니다. 심판대에 놓인 다른 관계들도 마찬가지입니다. 틀에 박힌 자신의 관점에 대한 집착보다 타인에 대한 존중이 우선할 때, 삶은 더 견딜 만한 것이 되고 믿을 수 없을 만큼 놀라운 것이 됩니다.

저는 언젠가 모젤레프스키의 자전적 소설에 담겨 있는 기억에 대해 다루어볼 생각입니다. 제가 볼 때, 그의 기억은 다수의 지지를 얻지는 못했지만 역사의 시련을 견뎌낸 선택들에 대한 기록 같아 보이기 때문입니다. 우선 그 소설은 이 세상에 단 하나뿐인 존재의 삶을 기록하고 있을 뿐만 아니라 독특한 서술 방식을 갖고 있다는 점에서도 주목할 만합니다. 또한 이 소설은 창의적인 상상력이 자신이 피력하는 견해에 대한 고귀한 믿음과 매우 행복한 결합을 보여주고 있습니다. 저는 이 소설이 우리 눈앞에서 끊임없이 일어나고 있는 문화혁명을 잘 보여준다고 생각합니다. 이 작품의 유일한 결함은 눈에 잘 띄지 않는다는 점이지만, 그것은 부끄러움을 아는 겸손한 은신입니다. 바로 그런 점 때문에 많은 독자가 《우리는 역사의 말이 고꾸라질 때까지 치달릴 것이다: 학대받은 기수의 고백》[22]을 읽는 게 아닐까 합니다. 저는 이 책을 천천히 읽고 있습니다. 너무 빨리 읽어버리고 싶지 않습니다. 이 책은 저에게 깊은 울림을 주지만, 그것에 관해 쓰기에는 제 생각을 정리할 시간이 필요합니다. 그 대신에 미실리프스키의 《최후의 대결》에 대해 몇 마디 적고 싶습니다. 이 소설은 저의 지금 여기를 설명해주는 일종의 해설서같이 느껴집니다. 마치 저를 염두에 두고 쓴 책이 아닌가 하는 착각이 들 정도입니다. 저는 이 소설을 읽으면서 '나는 혼자가 아니다'라는 것을 느낍니다. 이 소설의 2부에 보면, 이런 고백이 나옵니다.

나는 되는대로 살았다. 내가 세상의 일부라는 생각 같은 것 없이 살았다. 나는 파편, 조각, 단편으로, 순간 속에, 닥치는 대로, 사건에서 사건으로, 마치 밀물과 썰물에 의해 뒤흔들리듯이. 나는 종종 내 삶이라는 책에서 대부분의 페이지가 텅 빈 페이지거나 내가 아니라 다른 사람의 삶의 페이지라서 누군가에 의해 찢겨나갔다는 인상을 받았다.[23]

제가 미실리프스키에게 동질감을 느낀 것은 이 마지막 문장이 마치 저 자신과 이제는 지나가 버린 저의 세계에 대해 말하고 있는 것 같은 느낌을 받은 것과 무관하지 않을 것입니다.

물론 그런 식의 독해가 객관적이지 않다는 것은 잘 알고 있습니다. 아마 많은 것을 투사해 읽었겠죠. 마치 어린아이처럼 미실리프스키의 이야기를 저의 이야기인 듯이 동일시한 것도 있었을 것입니다. 하지만 미실리프스키가 전에 쓴 책들을 읽었을 때는 그 정도로 제 이야기 같다는 느낌을 받은 적이 전혀 없었습니다. 왜 바로 지금 《최후의 대결》을 읽을 때만 그런 느낌을 받는 것일까요? 왜 이 소설이 저의 이야기, 저에 대한 이야기처럼 느껴지는 것일까요? 물론 이 물음에 대한 답이 있을 수 없다는 것은 잘 알고 있습니다. 아니, 저는 그 답을 알아내거나 듣기를 원하지 않는지도 모릅니다. 저는 그저 언어의 마술에 취해 그 매력과 특이한 최면 상태를 즐기는 중입니다. 거기서 깨어나고 싶지 않습니다. 제가 바라는 것은 깨어 있는 꿈입니다. 왜냐하면 이러한 최면 상태에서의 몽상이 저를 사라지고 있는 세계로 데려가지는 못해도, 제가 몸담고 있으나 이해하지 못하는 지금 여기의 현실을 이해할 수 있는 열쇠를 제공해주는 것 같은 느낌을 받기 때문입니다.

미실리프스키는 지금 여기의 현실을 이해하지 못하고 길을 잃은 것 같다고 느끼는 것이 저 혼자만이 아니라는 것, 사실 우리 모두다 같은 처지인데 모두가 그런 사실을 알고 있는 것은 아니라는 사실을 일깨워주었습니다. 우리 모두는 한 배를 타고 있습니다. 그런데 그 배는 갈수록 안정성을 잃고 있습니다. 우리 가운데 일부만이 우리가 목적도 없이 표류하고 있고 우리를 기다리는 항구는 사실상 없다는 것을 깨닫고 있습니다. 그렇다고 해서 그에 관해 이야기까지 할 수 없는 것은 아닙니다. 그러니 다 써서 너덜너덜해지다 못해 뜯어지기 일보 직전인 우리의 노트(미실리프스키가 이 소설을 쓰게 된 외적 계기가 바로 그런 노트였습니다)를 살펴보면서 정리를 할 필요가 있습니다. 그렇다고 반드시 '맨 앞'부터 시작할 필요는 없습니다. 어디서 시작하든 아무런 차이가 없으니까요. 우연, 혼돈에 맡기는 편이 낫습니다. 왜냐하면 저자가 소설의 처음 단락들에서 경고하고 있듯이, 질서는 믿을 수 없는 것일 수 있기 때문입니다. "'질서'라는 단어는 모든 것을 담을 수 있을 정도로 포괄적이고 애매모호하다. 나아가 무한정 확대될 수도 있어서 세계를 규칙적으로 배열하려는 의도를 의미하는 것일 수도 있다. 그러한 질서는 대중의 불안감을 조성한다." 분명히 과도한 질서는 안 좋은 의미를 함축하고 있고 불신과 불안을 불러일으킵니다. 지난 몇 세기 동안 수많은 규율주의자가 인류를 행복하게 만들고자 했지만, 결국 모두 실패로 끝났습니다. 그러나 질서는 필요합니다. 그런 점에서 우리가 살고 있는 불안정한 세계를 질서 있는 세계로 만들려는 소망을 서둘러 포기할 필요는 없습니다. 그러한 소망은 때로 새 시대의 출발점이 됩니다. 상충하는 진리들을 화해시킬 길을 제시했던 강력한 개혁가들은 모두 그렇지 않았나요? 그들은 격렬한 언어와 놀라운 제스처로 자신들의 시대를 기록했습니다. 미실리프스키의 소설에 나오는 대사大使의 제안은 장구한 세월 동안 이어져 온 이와 같은 유토피아적 시도들과 비슷해 보입니다. 그는 이 소설에서 가장 수수께끼 같은 인물 중 하나입니다.

원인을 알 수 없는 병에 시달리던 이 인물은 망상에 사로잡힌 상태에서 세계(혹은 세계들)의 치유에 대해 말합니다. 이런 상태에서 하는 말이라는 점이 흥미롭습니다. 양복점 직원들에게 깊은 인상을 준 그의 말이 등장하는 대목은 다음과 같습니다.

그것은 오싹한 광경이었다. 발병한 것인가 하고 모두가 궁금해했다. 그는 전에는 결코 이 세상 너머의 세계를 추구한 적이 없었다. 때로는 그가 맞는 말을 하는 것 같았다. 이번 전쟁이 끝나고 얼마 있다가 또 전쟁이 벌어질지 시간이나 재고 있을 수는 없소. 언제나 어디에선가 전쟁이 벌어지고 있고, 사람들이 굶주림이나 질병으로 죽어가고 있고, 서로를 살육하는 전쟁이 쉴 새 없이 벌어지고 있소. 그러니 세상을 고쳐야 하오. 그러면 영구적인 평화를 누리게 될 것이오. 어떻소, 여러분. 벌레들이 있는 밑바닥 말고 신이 있는 꼭대기에서부터 시작합시다. 두 세계를 합칩시다. 세계가 왜 두 개씩이나 있어야 한단 말이오? 여러분, 생각해보시오. 얼마나 많은 공간을 갖게 될지를 말이오. 누구도 다른 사람을 쫓아낼 필요가 없을 것이오. 강, 산, 평야, 고원, 바다, 대양이 널려 있지 않소? 천연자원, 숲, 물고기, 새, 짐승은 또 얼마나 많소. 이렇게 공간이 넓어지면 모든 게 훨씬 더 싸지지 않겠소. 우리가 살고 있는 이 세계는 너무 작아서 사람들이 고통을 겪지 않을 수 없소. 그런데 우리가 무엇이든 하지 않는다면, 이 세계는 훨씬 더 작아질 것이오. 둘이 하나가 되면, 모두가 살 수 있는 공간이 생길 것이오.[24]

이것은 유토피아적 환상이고 병든 상상력의 산물입니다. 하지만 꼭 그렇기만 할까요? 사보타주와 사회혼란죄로 고발당한 이 인물(나중에 외교관이 되는)은 어쩌면 부조리한 갈등과 끊임없는 전쟁으로 분열되어 있는 우리 인류의 문제들을 해결할 길을 보여주고 있는 것인지도 모릅니다. 지금의 인류는 더 이상 자신을 믿지 않습니다. 우리는 아무도 믿지 않습니다. 정치가나 종교 지도자만이 아니라 자신조차도 믿지 않습니다. 바로 이것이 이 소설 전체의 유일한 구성 원리입니다. 그 밖의 모든 것은 의문시되며, 그중에서도 가장 의문시되는 것은 사랑입니다. 하지만 우정, 신앙, 예술, 사랑을 포기할 수는 없습니다. 우리는 그것들을 추구해야만 합니다.《최후의 대결》은 결국 마리의 짝사랑을 노래한 한 편의 훌륭한 시가 아니겠습니까? 사실 그녀의 편지들이 이 소설의 주축이 아니겠습니까? 그것들은 젊은 사랑의 편지들입니다. 혹은 잡을 수 없는 연인에 대한 중독 혹은 상상적 의존의 기록이라고 할 수 있습니다. 그렇다면 이 편지들을 받는 인물은 어떻습니까? 그는 편지를 읽고 편지를 기다리면서도 한 번도 답장을 하지 않습니다. 편지가 일찍 도착하지 않으면 초조해하면서도 편지를 보낸 사람을 알아보려는 아무런 시도도 하지 않습니다. 자기 자신도 알아차리기 힘들 만큼 쉽게 변할 수 있는 것이 우리인데, 확실한 무엇을 알아낸다고 해봐야 무슨 소용이 있겠느냐는 것이죠. "실로 우리 각자는 누군가의 구성물이다. 우리는 우리 자신이 아니다. 우리는 그저 우리 자신의 표상일 뿐이다. 더욱이 그 표상은 상황, 사건, 타이밍, 관례, 관습, 계산 등에 따라 항상 바뀐다. 우리는 결코 항구적인 형식으로 붙잡을 수 있는 존재가 아니다."[25] 그렇기에 사랑하는 사람에게서 온 편지조차도 사실은 모두 상상일 수 있고, 수취인이 들여다보고는 거기서 자신의 참된 혹은 거짓된 자아를 발견하게 되는 거울일 수도 있습니다.

하지만 항상 그런 것은 아닙니다. 한때 미래를 꿈꾸던 조각가였던 건설 현장 소장 요아힘 스테이네르의 경우에, 삶에 대한 의지를 규정하는 것은 사랑입니다. 그는 완전히 취한 상태에서 자신의 신념을 말합니다. 그런데 바로 그렇게 취한 상태에서 한 말이었기 때문에, 사랑이 예술보다 훨씬 더 중요하므로 '사랑을 해야 한다'는 그의 주장이 훨씬 더 믿을 만한 것일 수도 있습니다. 하지만 그는 그러한 믿음이 옳은지를 자신의 삶에서 확인할 수 없었던 것 같습니다. 전쟁, 강제수용소, 급격한 체제 변화로 이어지는 역사가 그의 삶을 가로막았기 때문일 것입니다. 강제수용소 소장의 관심까지 끌었던 이 전도유망한 조각가가 왜 시골 학교를 짓는 건설 현장에까지 오게 된 것인지는 이해하기 어려운 일입니다.

이렇듯 사랑이라는 것이 문제가 있다면, 인간관계 중에서 가장 안정적으로 보이는 우정은 어떤가요? 친구들도 그들을 향한 바람을 충족시키지 못합니다.

그렇다면 친구들은 어떤가? 우리는 친구가 많지 않다. 더군다나 시간이 갈수록 친구들은 줄어들고 새로운 친구들을 사귀기는 힘들다. 우정은 무르익기까지 오랜 시간이 걸리는 과일이기 때문이다. 가장 오랫동안 지속되는 우정은 대개 젊었을 때, 즉 사람들에게 기쁨과 신뢰를 갖고 마음의 문을 열 때 시작된다. 불신은 신뢰보다 늦게 와서는 우리로 하여금 진정한 우정은 영원이라는 시험을 견뎌내야 한다고 믿게 만든다.[26]

그런데 우리는 과연 우정을 받을 만한 존재일까요? 일시성의 한계를 넘어선 우정을 추구할 자격을 결정하는 것은 무엇일까요? 미실리프스키의 진단은 그리 희망적이지 않습니다. "어떤 점에서 우리는 서로 연결되지 않은 채 마치 유성들처럼 완전히 다 소진된 상태로 서로 충돌하는 입자들과 비슷하다. 빛을 잃은 희망과 꿈, 시들어버린 소망, 낭비된 감정들, 진실인 척하는 거짓들, 거짓인 척하는 진실. 모든 것은 공동의 축을 중심으로 회전하는 것조차 불가능하다."[27] 그리하여 우정도 문제이고 믿을 수 없는 것으로 밝혀집니다. 인류의 문제를 해결할 길은 우리 안에 있는 어떤 것일 것입니다. 우리 정체성의 중심에 있으면서 우리에게 영원과 안정성의 느낌을 갖게 해주는 어떤 것일 것입니다. 그것은 혹시 기억이 아닐까? 하지만 기억도 문제가 있습니다.

누군가는 물을 것이다. 그렇다면 기억은 어떠한가? 기억은 우리의 자아의 수호자 아닌가? 우리가 다른 사람이 아니고 우리 자신이라는 느낌을 갖게 해주는 것이 기억 아닌가? 기억이 우리를 온전한 하나의 존재로 만드는 것 아닌가? 나는 기억을 믿으라고 권유할 생각이 없다. 기억은 우리의 상상력에 의존하기 때문에 우리에 대한 진실을 말해주는 믿을 만한 출처일 수 없다. 우리가 누구인지는 우리의 상상력에 달려 있지만, 상상력은 결코 기억과 함께 가지 않는다. 상상력은 진리와 광기를 구분하지 않는다.[28]

기억과 상상력은 가장 필요한 순간, 우리를 실패로 이끕니다. 전쟁 이후에 소설의 주인공에게서 볼 수 있듯이 말입니다. 그는 부서진 부엌에 있습니다. 과거에 그 부엌은 그의 삶의 중요한 일부였습니다. 하지만 "나는 아무런 슬픔도, 분노도 느끼지 못했다. 저 부엌에 있었던 적이 한 번도 없었던 것 같았다." 그리하여 기억도, 상상력도 과거를 구원할 수 없습니다. 더욱이 친숙한 단어들조차도 "갑자기 등을 돌리고는 다른 사람에게로 몰려감"으로써 우리를 배신할 수 있습니다.[29] 대사大使의 유토피아적 미래상에서는 두 세계를 연결할 가능성이 등장했는데, 그렇다면 희망은 하느님 안에 있는 것일까요? 마리아는 마지막으로 보낸 편지에서 이렇게 쓰고 있습니다. "내게 남은 것은 하느님뿐입니다. 나는 하느님이 존재하는지 알지 못합니다. 그렇기 때문에, 어떤 일이 있건 간에 적어도 하느님을 비난하지는 않습니다."[30] 그러나 이 편지를 쓰고 난 후에 마리아는 자살을 합니다. 따라서 이 말은 그다지 설득력 있게 들리지 않습니다.

이와 마찬가지로, 현장 소장도 학교를 포기하고 양복점에 은둔해 있는 젊은 화가를 기독교로 개종시키려고 합니다. 이 장면은 도스토옙스키 작품의 분위기를 떠올리게 합니다. 술이 취하거나 극도의 절망에 빠졌을 때만 하느님에 대해 의미 있는 말을 할 수 있는 듯합니다(하지만 정말 그럴까요?). 이번에는 믿음이 젊음의 속성인 것처럼 보입니다. "너의 젊음을 거부하지 마. 나중에 가면 그게 무엇이건 어떤 것을 믿는 것이 갈수록 힘들다는 것을 알게 될 거야. 그때가 되면 너는 완전히 혼자라는 것을 알게 될 거야. 너는 길을 물어볼 사람도 없고, 잘못을 저지르지 않게 하거나 완전히 길을 잃지 않게 해줄 사람도 없을 거야. 그렇다면 누구한테 물어볼 수 있을까? 신에게? 하지만 신을 어디서 찾을 수 있지? 신은 모든 믿음을 포기하고 떠나버렸어. 왜 그랬느냐고? 인간들이 신을 실망시켰기 때문이지."[31] 그러니 신에게도 희망을 걸 수 없습니다. 그렇다면 뭐가 남아 있을까요? 그 대답은 다시금 도스토옙스키의 목소리를 듣는 듯합니다. 그러나 이번에 아름다움은 특정한 이름을 갖고 있습니다. "어쩌면 그들의 죽음 뒤에 우리가 누군가를 발견할 수 있는 것은 음악뿐일지도 몰라. 기억이 아니라 음악. 음악은 살아 있는 자들과 죽은 자들이 공유하는 세계일지도 몰라."[32]

그렇다면 아직 남아 있는 것이 뭘까요? 비에스와프 미실리프스키는 소망을 실현하지 못하고 망가져 버린 주인공들의 삶을 그리고 있지만, 그럼에도 불구하고 저는 그가 삶에 대해 긍정적으로 이야기하고 있다고 봅니다. 그는 피할 수 없는 상처, 균열, 눈물 등을 보여주면서 바로 이런 것이 삶이고 그렇지 않은 삶은 존재하지 않는다고 말하는 것 같습니다. 그렇다면 남은 것은 지금 여기 있는 것에 충실한 것뿐입니다. 물론 이 삶은 마찬가지로 길을 잃고 상처 받은 다른 영혼들의 삶과 뒤얽혀 있습니다. 이 소설에서 주인공의 삶은 그의 어머니와 얽혀 있습니다. 주인공의 어머니를 보면서 제가 어머니와의 관계에서 느끼는 어려움이 생각났습니다. 그러나 어찌 됐건 마지막에 가서 이 소설은 구원과 치유와 조화로 끝납니다.

불안하고 혼란스러운 세계에서 우리를 구원해줄 수 있는 것은 이런 인식과 태도가 아닐까요? 바로 이것이 제가 저의 지금 여기를 인식하는 방식입니다. 디오게네스가 지키려고 애썼던 통과 달리, 지금 우리는 타인들을 맞으러 나오고 타인들의 다름을 찬양합니다. 또한 우리는 삶의 풍부함과 매우 가까운 사이인 실수로부터 배웁니다.

지그문트 바우만

《팔로마 씨Mr Palomar》는 이탈로 칼비노Italo Calvino의 마지막 소설입니다. 소설가 중에 가장 위대한 철학자에 속하고 철학자 중에 가장 위대한 소설가에 속하는 칼비노는 죽기 2년 전에 이 작품을 발표했습니다. 귀스타브 플로베르는 생전에 《부바르와 페퀴셰Bouvard et Pecuchet》를 발표하지 않았고, 더 오래 살았더라면 발표했을 것이라고 볼 만한 근거도 없습니다. 플로베르의 미완성작은 사후에 출간되었습니다. 칼비노와 플로베르는 자신들의 마지막 작품에서 불가능한 과제와 씨름했

습니다. 당신이 앞서 말했듯이, 그것은 비에스와프 미실리프스키가
《최후의 대결》에서 씨름했던 과제이기도 합니다. 즉, 이 세 작가는
각기 다른 방식으로 동일한 목표를 추구했습니다. 그것은 혼돈 속의
질서, 우연 속의 확실성, 우발성 속의 필연성, 즉흥성 속의 의도, 무
작위적 투쟁 속의 목적, 산재된 단편 더미 속의 점착이었습니다. 미
실리프스키는 오랜 세월에 걸친 치밀한 탐구 결과에 대한 글을 시작
하면서 다음과 같이 말합니다. "삶 전체를 아우르는 것. 또다시 나는
그것이 실현은 고사하고 가능하기라도 한 일일까, 마치 내 노트북에
들어 있는 모든 이름, 성姓, 주소, 전화번호처럼 공통점이라고는 거의
찾아볼 수 없는 사건 더미가 과연 우리의 의도에 순순히 따를까 하
는 의심에 시달리고 있다." 그는 다른 모든 것을 직조織造할 수도 있고
그가 그토록 찾아 헤매고 있는 의미를 다른 사람들에게 불어넣어 줄
수도 있는 가장 중요한 핵심을 찾고 있습니다. 그는 "어떤 삶을 삶에
서 가장 중요한 것의 틀에 맞게 변화시킬 수 있을까?"라고 묻습니다.
그러고는 바로 다음 문장에서 그러한 시도가 성공할 희망을 모두 버
립니다. 그는 "가장 중요한, 중요한, 덜 중요한, 중요하지 않은 같은
위계적 틀로"[33] 삶을 분류할 수 있다고 생각하지 않습니다. 이는 비트
겐슈타인이 처칠 집안의 몇 대의 가족들이 함께 찍은 사진을 보고 했
던 생각과 비슷합니다. 그 사진 속의 사람들 각각은 분명 그 가족에
속하지만, 그들 모두에게 공통된 하나의 특징 같은 것은 없습니다.
　　또한 미실리프스키는 "기억의 본질을 알기에, 나는 기억을 믿을
수도 없다"라고 말합니다.[34] 알파벳(부바르와 페퀴셰의 경우)이나 일련
의 수들(팔로마의 경우)은 통제도 안 되고 통제할 수도 없는 것을 통

제하려고 하거나 극도로 완강하게 이해를 거부하는 것을 이해하려고 할 때 어쩔 수 없이 움켜잡게 되는 마지막 지푸라기들입니다. 그래서 우리는 종합은 못하고 재고 목록만 갖고 있는 것일까요? 요점은 설명 못하고 그저 수만 세고 있는 것일까요? 마침표 대신에 영원히 끝나지 않는 문장만 가능한 것일까요?

　　당신은 내가 인생행로를 통제하는 데 실패한 사람들에 대해 '상당한 공감과 이해'를 가지고 있다고 말합니다. "당신은 그들보다는 세계에 책임을 묻습니다. 저도 마찬가지입니다. 세상이 갈수록 적대적이고 잔인해져 가고 있는 것 같습니다. 저도 그 영향을 받고 있다는 생각이 들 때가 종종 있습니다." 그리고는 미실리프스키의 말을 인용합니다. "실로 우리 각자는 누군가의 구성물이다. 우리는 우리 자신이 아니다. 우리는 그저 우리 자신의 표상일 뿐이다. 더욱이 그 표상은 상황, 사건, 타이밍, 관례, 관습, 계산 등에 따라 항상 바뀐다. 우리는 결코 항구적인 형식으로 붙잡을 수 있는 존재가 아니다." "어떤 점에서 우리는 서로 연결되지 않은 채 마치 유성들처럼 완전히 다 소진된 상태로 서로 충돌하는 입자들과 비슷하다. 빛을 잃은 희망과 꿈, 시들어버린 소망, 낭비된 감정들, 진실인 척하는 거짓들, 거짓인 척하는 진실. 모든 것은 공동의 축을 중심으로 회전하는 것조차 불가능하다." 그리하여 우리는 죽은 희망과 소망의 시신을 무덤에서 파내 검시를 하고 온 힘을 다해(때로는 능력 이상으로까지) 그 결과를 논리에 끼워 맞춤으로써 혼란스러운 사건들을 일련의 인과적 명제들로 깔끔하게 정리하려고 하지만, 결국에는 숲으로 더 깊이 들어갈수록 나무들이 더 빽빽하게 들어차 있고 길은 더 보이지 않는다는 것만 깨닫게 될 뿐입니다. 그리하여 우리가 파편화된 기억—당신이 미실리프스키의 말을 인용해 말하고 있듯이, 이 기억 중 '많은 페이지가 찢겨나갔다'—을 가지고 나중에 재구성한 이야기가 이해하기 쉬운 것은 많은 것을 단순화했기 때문이 아닐까 하는 두려움이 우리 안에서 일어납니다. 기억으로부터 사건들을 되살려내는 마법은 상상의 마법 지팡이 없이는 불가능합니다. 그런데 당신이 미실리프스키의 《최후의 대결》에서 인용하고 있듯이, "상상력은 결코 기억과 함께 가지 않습니다. 상상력은 진리와 광기를 구분하지 않습니다." 그렇기 때문에 상상력을 통해 읽을 만한 이야기를 만들어내는 최선의 방법이 과연 논리인지, 삶의 지도를 그리는 데 논리가 무슨 소용이 있는지의 문제가 제기됩니다.

지금까지의 이야기는 개인적 기억에 대한 것이지만, 이는 '역사'라고 알려진 집단 기억에도 해당되는 이야기입니다. 개인적 기억과 집단 기억 모두 앞뒤가 잘 맞지 않고 군데군데 찢겨나간 페이지들이 있습니다. 둘 모두 상상력이라는 접착제 없이는 읽을 만한 이야기가 될 수 없습니다. 그렇기 때문에 우리는 모호한 두 요소를 가지고 과거 이야기를 짜 맞출 수밖에 없습니다. 그런데 두 요소를 결합한다고 해서 그것들의 고유한 결함이 사라지지는 않습니다. 오히려 결함은 여러 면으로 증대될 것입니다. 그렇다고 해도 우리가 현재 논의하고 있는 것, 즉 우리의 개인적·집단적 지금과 여기를 이해할 수 있는 유일한 길은 기억과 상상력의 결합뿐입니다. 이해에 이르는 길은 개인사와 역사의 융합을 거칩니다. 지금까지 이 길 외에 인간(칸트에 따르면, 너무 뒤틀린 나뭇조각으로 만들어져서 결코 곧게 펴질 수 없는 인간)

이 만들어낸 다른 길은 없습니다. 지금까지 우리가 나눈 대화에서 조금씩 드러난 당신의 삶의 궤적에서, '역사'는 흔히─아마도 가장 흔히─가톨릭교회와 '가톨릭교회 내의 차이와 긴장'의 형태로 등장합니다. 저의 삶의 궤적에서는, '역사'가 내적 차이와 긴장을 가진 공산주의의 형태로 등장합니다. 그러므로 저는 기억─개인적인 기억과 집단 기억─의 길에 놓여 있는 장애물들에 대해 제가 방금 전에 말한 것을 유념하면서 공산주의에 대해 이야기해보도록 하겠습니다.

공산주의는 어느 날 갑자기 저절로 출현한 것이 아닙니다. 하늘에서 떨어진 것도 아니었고, 지옥의 심연에서 기어 나온 것도 아니었습니다. 벼락부자도 아니었고, 처녀생식도 아니었습니다. 요컨대 공산주의는 역사의 일시적 중단이나 유턴이 아니라 역사의 연속이었습니다. 더욱이 상당히 직선적인 역사의 연속이었습니다.

먼저 공산주의가 시작된 시기의 특징들부터 살펴보겠습니다. 무엇보다도 저는 1755년 리스본 대지진이 세계 속에서 인간의 자리/역할에 대한 유럽 문화의 인식에 획기적 전환을 가져온 것에 대해 오랜 세월 동안 많은 글을 발표해왔습니다. 즉, 신이 창조한 것을 온전히 보호하는 사냥터 관리인으로서의 역할을, 노력 없이는 질서가 혼란을 정복하지 못하고 조화가 무정형의 오점을 대체하지 못할 것이라고 생각하는 정원사의 역할로 바꾸는 것, 요컨대 이성과 그 실행 수단인 기술로 무장한 인간의 경영이라는 '새로운 경영에 의한 세계 접수'에 대해 말입니다. 이 결정의 목표는 결코 '낭만적 유토피아'가 아니었습니다. 그것은 이성 주도의 진보라는 종교로 개종한 사람들의 숙고 끝에 나온 매우 논리적인 선택이었습니다. 그러한 결정의 기초를 제공한 것은, 리스본 대지진이 일어나기 150여 년 전에 제2의 (근대적) 강림을 공표하는 진정한 선언문이라고 할 수 있는 프랜시스 베이컨Francis Bacon의 《신기관New Organon》입니다. "자연을 관리하려면 자연을 알아야만 한다." 이것이 그의 이성관이었습니다. 그는 기술이라는 수단을 통한 이성의 실천적 결과에 대해서는 "지식이 곧 힘"이라고 말했습니다. 공산주의는 디드로Diderot, 볼테르Voltaire, 엘베시우스Helvetius, 콩도르세Condorcet의 적자이자 베이컨의 적손이었습니다.

둘째로, 공산주의는 메시아의 도래라는 지복천년의 꿈이 곧 실현될 것이라는 선언이기도 했습니다. 트로츠키Trotsky는 자신이 히브리의 메시아가 된 것처럼 느꼈을 수도 있지만, 또한 제2강림의 약속을 이행하는 그리스·로마의 그리스도가 된 것처럼 느꼈을 수도 있습니다. 천년왕국이라든가 계급 없는 사회 등 지상에 실현된 하느님의 왕국에 대한 비전들은 동일한 주제의 다양한 변주였습니다. 예루살렘이라는 바이러스에 감염된 세계관을 규정하는 액자는 수천 년 동안 변함없이 동일하게 유지되었습니다. 바뀐 것은 그 틀에 끼워진 그림들과 그 그림들을 그리는 데 사용된 물감뿐이었습니다. 공산주의는 프로메테우스의 후예이자 메시아의 후예였습니다. 물론 이 경우에 프로메테우스와 메시아는 둘 다 계몽주의의 세례를 받은 프로메테우스와 메시아였습니다. 연속적 역사에는 불연속들이 산재해 있습니다. 더 정확히 말하면, 불연속은 연속의 현현 양식입니다.

셋째, 공산주의는 권력을 획득하고, 쿠데타를 일으키고, 선거를 조작하거나 무시하고, 완전한 통제권을 갖는 기술이기도 합니다. 이는 앞서 말한 두 가지 특징과 대립하는 것으로 보입니다. 공산주의가 이렇듯 서로 대립하는 특성들을 동시에 갖게 된 것은 '이것이냐, 저것이냐'로 구분되어야 할 것이 실천상에서 '그리고, 그리고'에 따라 공산주의 속으로 합쳐졌기 때문입니다.

　　레닌Lenin이 최첨단의 과학적 토대 위에 세우고자 했던 모든 꿈과 실천은 맹아적이고 지역적인 형태로 이미 오랫동안 메시아주의와 프로메테우스주의 속에 들어 있었습니다. 임신 기간이 너무 길어지는 바람에 더 이상 출산을 참을 수 없었던 산모는 실력 있는 산파가 나타나기만 고대하고 있었습니다. 마침내 레닌이라는 산파가 나타났습니다. 물론 많은 경쟁자가 있었지만, 레닌이 가장 빠른 지름길을 만들어냈습니다(/재발견했습니다). 현실 공산주의의 모든 잘못은 그것의 직접적이고 불가피한 결과였습니다. 베이컨의 말처럼, 레닌은 사물들의 본질(더 정확히 말하면, 청동기 시대의 법칙에 따르는 역사라는 인간사의 본질)을 '알게' 되었고, 따라서 거기에 질서를 부여할 권리가 있다고 느꼈습니다. 자본가들이 더러운 짓거리를 다하고 농민들을 프롤레타리아트로 전환시킬 때까지 기다리라고? 왜 그래야 하지? 역사가 만들어낸 쓰레기들로 지저분한 아우게이아스 왕의 외양간을 우리가 직접, 그것도 자본가들보다 훨씬 더 깨끗하고 빠르게 청소할 수 있는데? 손을 더럽히지 않고 어떻게 외양간을 청소할 수 있겠어? 이러한 사실을 알고 있고 역사적 필연을 무시하지 않는다는 것이야말로 과학적 사회주의를 이해하고 있는 우리가 이상주의자들과 다른 점이잖아. 우리가 역사의 요구를 배운 것은 팔짱을 끼고 관찰하기 위해서가 아니라 역사에 박차를 가하고 필요하면 채찍질하기 위해서야. 사람들이 사회주의를 받아들일 준비가 될 때까지 왜 기다려야 하지? 우리는 저들(아우게이아스 왕의 외양간을 청소하는 힘든 일에서 무사히 빠져나간 사람들)을, 사회주의를 잘 아는 사람들에 의해 초고속으로(최소한 달팽이걸음 같은 속도의 역사를 기준으로 할 때) 세워져 사용되기만을 기다리고 있는 사회주의로 곧장 이끌 것이고, 그 나머지는 존재가 의식을 결정한다는 원리가 알아서 할 텐데. 로자 룩셈부르크Rosa Luxemburg가 레닌과 논쟁을 벌이게 된 것은 지름길의 전략(반세기 뒤에 마오쩌둥의 대약진 운동으로 재탄생) 때문입니다. 그리고 미래에 대한 로자의 예측이 무시됨으로써 피해가 초래되었을 때, 알베르 카뮈는 레닌이 그 무엇보다도 중시했던 것들에 대해 다른 해석을 제시했습니다. 즉, 카뮈는 인간 역사만큼이나 긴 악행의 역사에서 선이라든가 그와 비슷한 숭고한 이상들의 이름으로 행해진 악들이야말로 20세기에 이루어진 혁신에 해당한다고 말했습니다. 20세기는, 지옥으로 가는 길은 선의로 포장되어 있다는 옛사람들의 지혜를 경악할 만한 수준으로 증명했습니다.

　　바로 이것이 공산주의와 파시즘의 차이입니다. 그런데 공산주의와 파시즘을 둘 다 전체주의라고 싸잡아버리는 경우가 비일비재한 탓에, 이러한 차이는 간과되거나 터무니없는 것으로 치부됩니다. 나치/파시스트 체제는 온갖 퇴행을 보여주었지만, 없는 것이 하나 있습니다. 그것은 위선이었습니다. 반면에 공산주의는 위선의 삶을 살았습니다. 공산주의의 모험을 시작한 사람들이 자신들의 말이 거짓이라고 생각했다는 이야기가 아닙니다. 입증하거나 반증할 수는 없지만, 저는 그들이 자신들이 하는 말을 참인 것으로 믿고 있었다고 생각합니다. 그런데 자신들의 말을 믿은 결과가 어떠했습니까? 위대한 극작가 스와보미르 므로제크가 《탱고Tango》라는 희곡에서 종합적으로 보여주고 있듯이, '비판적인 철학적 사유를 하지만' 구제 불능일 정도로 게으른 에우게네 삼촌이 어린 조카 아르투르(아르투르의 부모는 습지에서 나는 악취에 대해 불평을 터뜨리면서도 거기에서 배를 타도록 허락합니다. 아르투르는 그런 부모에게 반항하다가 결국 습지에서 질식사하게 됩니다)와 함께 오직 권력만이 인류를 진창에서 구원할 수 있다는 생각("가능한 것은 권력뿐이다! ⋯⋯ 무로부터 만들어질 수 있는 것은 권력뿐이다. 그 무엇보다도 권력")을 떠올리는 장면[35]은 그러한 생각이 추구하던 목표를 완전히 망각했기 때문에(아니, 아예 들어본 적도 없기 때문에) 에우게네와 아르투르의 말을 현실화하기에 훨씬 더 적합한 악당 유형의 인물인 에디의 등장 배경이 됩니다. 기억하시겠지만, 공산주의의 역사에 대한 므로제크의 이야기는 그러한 생각이 실현되는 순간 아르투르의 끔찍한 죽음으로 마무리됩니다. 그러한 생각을 구상한 자에게 어울리는 결말이라고 할 수 있습니다. 반면에 자신의 새로운 질서를 만들어낸 에디는 에우게네와 포옹을 한 채 '라 쿰파르시타La Cumparsita〔말 자체는 '가장행렬'이라는 뜻으로 20세기 초에 만들어진 탱고의 명곡〕의 선율에 맞춰 춤을 춥니다.

아주 단순화시켜 말한다면, 나치즘은 공산주의가 힘들여 도달하고자 했던 지점에서 출발했다고 할 수 있습니다. 그런 점에서 나치가 내세운 목적과 그 목적을 달성하기 위해 사용한 수단 간에는 모순이 있다고 말할 수 없습니다.

파시즘은 애초부터 '그 무엇보다도 권력'을 믿었습니다. 그리고 파시즘은 처음부터 끝까지 그러한 믿음에 충실했습니다.

'역사'에 대한 이야기는 이 정도로 마치고, 이제는 저 자신의 삶에 대해 이야기하겠습니다. 제가 공산주의 활동에 참여한 것은 무려 75년 전의 일이지만, 지금의 상황 때문에 어쩔 수 없이 그때의 참여 이유에 대한 '합리적 설명'을 내놓지 않을 수 없네요. 합리적 설명이라고 했지만, 사실 저의 선택을 이끈 것은 이성이 아니었습니다. 아니, 더 정확히 말하면 이성만이 저의 선택을 이끈 것은 아니었습니다. 다시 한 번 말하지만, 저는 비의도적 위선을 행할 위험을 감수하지 않고는 일련의 사건들을 논리적으로 설명할 수 없습니다. 각 사건은 저를 실제로 선택한 방향과는 다른 방향으로 끌고 갔을 수도 있습니다. 저는 제가 택한 길을 열어줄 수 있었던—열어줄 수 있었던 것이지, 반드시 열어줄 수밖에 없었던 것은 아닌—조건들과 사건들을 열거할 수 있을 뿐입니다. 한마디 덧붙이자면, 폴란드 일간지《가제타 비보르차》의 편집자는 이 문제와 관련한 인터뷰의 제목을 제 허락도 없이 〈나는 유혹에 넘어갔다〉라고 달았습니다. 저는 공산주의 활동에 가담할 때 '유혹에 넘어갔다'고 생각하지 않았습니다. 그것은 저의 선택이었고, 그에 대한 모든 책임은 저에게 있습니다. 그렇다면 무엇이 저를 그러한 선택으로 이끌었는지, 왜 다른 고려 사항들은 그러한 선택을 막지 못했는지를 해명할 필요가 있습니다. 잠시이 역사와 개인사의 복합체에서 작용했던 역사적 동기들 중의 하나를 말해보겠습니다. 그 동기란 역사와 개인의 삶이 뒤얽힌 현상 중의 하나로서, 나치즘의 본질이라고 할 수 있지만 공산주의에도 결코 낯설지 않은 이론이자 실천인 폭력입니다.

이탈리아의 저널리스트 블로데크 골드코른은 저와 마찬가지로

'창조적 파괴'의 탈을 쓰고 등장하는 '폭력의 매력'에 대해 물음을 던졌습니다. 제 생각에 '폭력의 매력'은 폭력의 주술에 걸리는 것보다 훨씬 더 광범한 현상인 '새로운 시작의 욕망'에 뿌리를 두고 있었습니다. 새로운 시작에 대한 욕구는 선을 그으려는 욕망, 어떻게 해야 할지 모르는 막다른 벽에 부딪힌 상황을 지워버리고 처음부터 새로 시작하고자 하는 욕망입니다. 그런데 이 모든 것의 불가피한 결과가 뭐였습니까? 첫째, '모든 가치를 재평가하라'[36]는 니체의 요구가 실현되는 데 방해가 되는 것은 모조리 제거한 것이었습니다. 새로운 무엇을 세우고 싶으면, 건축 부지를 정리해야 합니다. 불도저가 밀어버리지 않으면 크레인이 들어올 수 없습니다. 승강기가 아니라 굴착기로 시작해야만 합니다. 공산주의의 '모순과 긴장'과 대결했지만 결국 아무런 성과도 얻지 못한 채 비극적인 최후를 맞이한 숱한 소련 작가 중에서 가장 위대한 천재적 작가였던 안드레이 플라토노프Andrei Platonov의 단편소설 《구덩이The Foundation Pit》(1930년)는 거대한 구덩이를 파는 것으로 시작하고 끝납니다. 이 구덩이는 건물의 기초가 들어설 자리이지만, 그 기초는 결코 들어서지 못합니다.

새로운 시작의 매력은 낡은 질서에 대한 혐오에서 탄생합니다. 그런데 행동을 일깨우는 것은 후자이지 전자가 아닙니다. 새로운 시작은 화판상의 스케치일 뿐이고, 죽음에 가까운 현재의 끔찍함과 악취는 결코 부정할 수 없는 현실입니다. 한나 아렌트는 1914년 유럽 전역에 불어닥친 전쟁 동원의 물결에 무릎을 꿇고 신께 감사를 드린 사람들이 히틀러라든가 그와 비슷한 부류의 패배자들만이 아니었다는 것을 일깨워줍니다.

에른스트 윙거Ernst Jünger는 육즙 젤리 속에 보존되어 있는 시체나 다름없는 문화와 함께 썩어서 반은 죽어 있는 모든 살아 있는 것을 모조리 휩쓸어 가버린 '강철 폭풍'을 맹목적 숭배의 기쁨으로 맞이했습니다. 토마스 만Thomas Mann은 임박한 전쟁이 '대청소'와 같은 결과를 가져올 것이라고 기대했습니다. 그는 "시인에게는 군사적 승리가 아니라 전쟁 자체가 영감의 재료였다"라고 말했습니다. 한나 하프케스브링크Hannah Hafkesbrink도 《알려지지 않은 독일Unknown Germany》이라는 책에서 같은 생각을 피력했습니다. 아렌트는 이 책에 실린 수많은 사례를 들어 당시에 시인들 사이에 그와 비슷한 분위기가 퍼져 있었다는 것을 보여줍니다. 아렌트에 따르면, '쓰레기 문화'에 구역질을 느낀 시인들이 '야만인, 스키타이인, 니그로, 인디언'을 불러낸 것은 진흙탕 속으로 던져넣고 짓밟기 위해서였습니다. 그러면서 아렌트는 독자들에게 그러한 것들을 단지 '니힐리즘의 폭발'의 사례에 불과한 것으로 치부하지 말라고, "부르주아적 기준과 이데올로기에 물든 사회에 대한 반감과 혐오감이 얼마나 근본적일 수 있는지"[37]를 간과하지 말라고 경고합니다.

기름을 부어 곧바로 행동에 나서게 한 것은 '새로운 인간'의 꿈이 아니라 '계속 이렇게 살 수는 없다'는 믿음이었습니다. "목적은 존재하지 않는다. 행동이 전부다"라고 말한 에두아르트 베른슈타인Eduard Bernstein과 클레Klee · 벤야민Benjamin의 〈역사의 천사〉는 이유는 서로 약간 다르지만 모자를 벗고 서로에게 경의를 표합니다. 그러나 악수는 하지 않고 각자 자기 손을 모으고 있습니다. 우리의 뒤통수에는 눈이 달려 있지 않은데, 눈앞에서 불어닥치는 바람에 우리 몸이 뒤로 밀려나게 되면……. 그렇다면 어떤 일이 벌어질지 충분히 상상할 수 있습니다. 하지만 그러한 상상은 대개 너무 늦게야 옵니다. 사건을 겪고 나서야 깨닫는 것은 폴란드인들만이 아닙니다. 또한 이러한 깨달음이 나중에 다시 혐오의 공세가 펼쳐지고 그로 인한 피해가 발생하기 전에 이미 힘을 잃어버리는 본질적 경향 역시 폴란드인들만의 특성이 아닙니다.

새로운 질서를 건설하려면 폭력은 불가피한 것인가? 저는 '힘에 의한 해결'을 계획하고 실행하는 사람들이 자신들이 직면한 상황과 문제들 앞에서 이런 질문을 던질지 의문입니다. 낡은 질서가 스스로 알아서 물러나지 않으리라는 것, 낡은 질서는 타성에 젖어 있고 더 이상 상황을 변화시킬 수 없기 때문에 힘으로 쓸어버려야 한다는 것, 그러므로 폭력이 불가피하다는 것은 그들에게는 딜레마가 아니라 항상 당연한 것이었고 앞으로도 계속 그럴 것입니다. 일단 폭력이 불가피하다고 생각하면, 그다음은 놀랄 만큼 간단합니다. 인간의 잔인성에 대한 스탠리 밀그램Stanley Milgram, 필립 짐바르도Philip Zimbardo, 크리스토퍼 브라우닝Christopher Browning 등의 치밀한 연구는 이를 잘 보여주었습니다. 스스로의 진단에 의해서든 아니면 다른 사람들의 명령에 의해서든 일단 폭력이 불가피하다고 생각하게 되면, 그러한 '불가피성'에 대한 반응의 분포는 종형 '가우스 곡선'의 형태를 취합니다. 권위가 명령하고 군중이 복종하는 곳이라면 별다른 저항 없이 어디든가는 대다수, 어떤 상황에서든 악행에 가담하지 않으려는 소수, 기회만 있으면 피에 대한 선호를 보여주는 또 다른 소수가 있습니다. 이러한 일반적 경향은 심리적 조건보다는 사회적 조건에 근거한 것입니다. 그런데도 질투·증오·도착 등을 비롯한 본질적 악들을 불러내는 요인을 찾기 위한 생체 해부는 질병의 증후를 알아내려고 시도하는 과정에서 사소한 것에 매달리거나 별 볼 일 없는 뾰루지에나 초점을 맞추고 있는 것으로 보입니다.

새로운 질서를 건설하려면 반드시 폭력이 필요한가? 저는 그렇지 않다고 생각합니다. 지지부진한 개혁, 위기, 질식할 것 같은 무기력과 무능의 분위기에 지친 서구의 급진주의자들과 이상주의자들이 볼셰비키에게 이끌린 것은 볼셰비키들이 보여준 가차 없는 행위 때문이 아니라 다른 사람들이 안락의자에 앉아 신세 한탄을 하는 동안 기꺼이 소매를 걷어붙이고 나선 그들의 정열, 결단력, 결정, 의지 때문이었다고 생각합니다. 거의 대부분의 자본주의 국가에서 경제가 붕괴되고 있을 때 스탈린Stalin이 5개년 계획을 제시했기 때문에, 소비에트의 실험에 대한 관심은 하늘을 찌를 듯했습니다. 절망에 빠져 있던 서구 지식인들의 눈에, 볼셰비키는 행동의 당이었습니다. 이는 제 기억으로도 그렇고 사후 분석을 통해서도 확인된 바 있습니다. '행동'의 열기가 지배하던 1930년대에 정치적 신념을 가진 사람들은 모두 '행동의 교회들'로 모여들었지만, 맨 앞자리에 앉거나 연단이나 강론단에 앉아 지시를 내리거나 기도문의 내용을 지시한 것은 볼셰비키였습니다. 그리고 곧바로 파시스트들이 그 뒤를 이었습니다. 전반적으로 볼 때, 날로 늘어나고 있던 '사회 개혁' 지지자들에게 유일하게 현실적인 선택, 다시 말해 효과가 있을 것으로 보인 선택은 '공산주의자'로 알려진 볼셰비키들과 '파시스트'로 알려진 사람들 간의 선택뿐이었습니다. 둘 다 말을 행위로 바꾸는 연금술적 매력이 있었습니다. 반면에 나머지 사람들은 나름대로 약속한 것들이 있기는 했으나 노력해도 성과가 없었기 때문에 좌절했습니다.

볼셰비키들은 솜씨 좋은 벌목꾼처럼 보였습니다. "나무를 벌목하면 대팻밥이 날리는 법이다." 혹은 볼셰비키들은 훌륭한 요리사처럼 보였습니다. "달걀을 깨뜨리지 않고 오믈렛을 만들 수는 없는 법이다." 혹은 그들은 사회적 질병들을 치료하는 일류 의사들처럼 보였습니다. "유기체의 질병을 치료하려면 변질된 조직을 제거해야 하는 법이다." 폭력을 정당화하기 위해 이런 식의 비유들이 흔히 사용되었습니다. 그러한 비유들은 오늘날에도 여전히 쓰이고 있습니다. 아주 최근에 그리스나 에스파냐가 경제 위기에 처했을 때 민주적 유럽이 그런 반응을 보인 바 있습니다. 마거릿 대처는 이보다 조금 더 점잖은 비유를 제시했습니다. "좋은 약은 입에 쓰다." 태양 아래 새로운 것은 없습니다.

윌리엄 피트 2세William Pitt Jr(1759~1806년. 두 차례에 걸쳐 영국의 수상을 지낸 정치가. 흔히 소小피트라고 불림)는 이미 1783년에 "필연성은 인간의 자유의 침해에 대한 변명이다. 그것은 폭군들의 주장이자 노예들의 교리이다"[38]라고 말했습니다.

그렇다면 볼셰비키들은 왜 그토록 폭력에 호소했던 것일까요? 거기에는 분명 트로츠키가 발칸 반도에 체류한 적이 있었다는 사실—일부 논평가들은 트로츠키가 여기서 영감을 얻었다고 봅니다—보다 더 중요한 이유들이 있었습니다. 볼셰비키들은 처음부터 공격 방법에 별로 구애받지 않는 적들을 상대해야만 했습니다. 19세기에서 20세기로 넘어올 때까지만 해도, 러시아의 볼셰비키들은 '개인에 대한 테러'는 고려하지 않았습니다. 실제로 레닌은 다양한 종류의 러시아 혁명가들 중에서 '개인에 대한 테러'를 가장 단호하게 반대한 인물 중의 하나였습니다. 그런데 페트로그라드에서 혁명이 일어난 직후에 시작돼 거의 40년간 지속된 러시아 내전 동안에 적군과 백군은 전선이 바뀔 때마다 자신들이 점령한 지역에서 경쟁적으로 학살을 자행했고, 따라서 레닌으로서도 법을 지킨다는 것은 생각할 수 없는 일이었습니다. 그러한 폭력은 무장한 적들을 가차 없이 무자비하게 다루어야 하는 전쟁 상황에서는 불가피했다고 할 수 있습니다. 정작 문제는 직접적인 외적 위협이 사라지고 나서도 장기간에 걸쳐 테러와 협박이 통치술로 사용되고, 시간이 갈수록 그 강도가 심해졌다는 점입니다. 역사가, 사회학자, 심리학자 들이 그러한 잔학 행위와 관련해서 모든 논쟁 당사자가 받아들일 수 있는 결론에 도달하려면 오랜 시간이 걸리겠지만, 볼셰비키 정부를 인간적인 삶에 대한 경멸, 법률과 무조건적 책임에 대한 무시, 개인의 자유에 대한 제한 등과 동일시할 만한 상황이 많았다는 것만은 분명합니다.

앞서 말했던 아쿠닌(치하르티시빌리)의 책에 대해 다시 이야기해 보겠습니다. 역사소설이자 철학적 에세이인 이 책은 작년에 러시아에서 출간되었습니다. 이 책에는 지금까지 우리가 이 주제에 관해 논한 내용과 비슷한 내용이 담겨 있습니다. 우선 아쿠닌은 결코 볼셰비키 지지자가 아니라는 점부터 말씀드려야겠습니다. 그는 사건들의 진행에 책임이 있는 두 요소를 집중적으로 조명합니다. 그에 따르면, 한 요소는 볼셰비키 혁명이 일어났을 당시 광대한 영토에 산재해 있는 제정 러시아의 주민들을 총괄하는 사회구조가 이미 상당히 부패해 있었다는 것입니다. 그리고 페트로그라드에 들어선 새로운 정부가 마주한 것은 뚜렷한 정체성이 없는 다수의 '총을 든 사람들, 즉 개인적 복수를 하고 자신들이 생각하는 정의—대개 서로 모순된—를 실현하기 위해 무기를 들고 고향으로 돌아온 탈영병들'이었습니다. 이런 상황에서 사람들에게 재갈을 물리는 방식을 대신할 만한 것이라고는 러시아에는 알려져 있지도 않고 실행된 적도 없는 제도인 민주주의가 아니라 무정부 상태, 만인에 대한 만인의 투쟁, 주먹의 법칙—할리우드의 서부영화를 통해서 잘 알려진 개척 시대의 서부에 존재하던 법칙보다 더 거칠다는 점만 다른—뿐이었습니다. 볼셰비키들은 통제 불가능한 수준의 부패와 무정부 상태가 만연한 사회에 대해 명목상으로만 주권을 가졌을 뿐입니다. '그들이 우리의 경쟁자들보다 우리를 더 두려워하게 하자'는 생각은 어떠한 파국적 결과가 초래되건 간에 일단은 통치 능력을 가진 정치체political body를 수립할 수 있는 유일한 길처럼 보였을 것입니다.

다른 한 요소 혹은 그 요소를 보여주는 사례 중의 하나는 아쿠닌의 소설에 나오는 판크라트라는 인물입니다. 혁명 시기에 지하활동을 하다가 혁명 후 곧바로 체카Cheka(혁명 후 만들어진 소련의 비밀 정보 기관으로 KGB의 전신임. '반혁명과 사보타주와의 전쟁을 위한 비상위원회'의 약자임)의 책임자 중의 하나로 임명된 판크라트는 자신이 체포한 안톤의 사진기를 훔친 부하에 대해 사살 명령(물론 재판 없이)을 내립니다. "지하실로 데려가 쏴 죽여. 이 지시 사항을 문서로 작성한 다음, 모두에게 교훈이 될 수 있도록 복사본을 모든 지역에 배포해."[39] 절도 피해자인 안톤은 판크라트에게 별로 큰 죄가 아니니 사진기를 훔친 자를 용서해달라고 간청하지만, 판크라트는 말합니다. "우리 체카의 조직원들은 두려움을 전파한다. 그것이 우리의 의무이기 때문이다. 우리의 손, 팔꿈치, 어깨까지 적의 피로 뒤범벅이 되어야 한다. 똥으로 뒤범벅이 되어서는 안 된다! 적의 피는 씻어낼 수 있다. 우리의 피는 막힘없이 자유롭게 흐르기 때문이다. 하지만 똥은 영원히 들러붙어 떨어지지 않을 것이다. 그것은 카메라를 훔치는 것에서 시작된다."[40] 감금에서 풀려난 후에도 안톤은 이 말에서 받은 충격적 인상에서 벗어나지 못합니다. 그리고 이 말에 분명하게 암시되어 있듯이, 필연성의 피로 뒤범벅된 손들의 순수성에 대한 관심이 그에게 안겨준 인상에서 벗어나지 못합니다.

우리는 판크라트를 2~3년 뒤에 드네프르 강둑에서 다시 만나게 됩니다. 이때 그는 전선에서 패퇴한 부돈니Budyonny의 제1기병군이 자행하는 대량 학살, 강간, 약탈 등에 대한 통제 책임을 진 참모 본부 전권 사절로 등장합니다. 판크라트는 또다시 '그들 모두에 대한 교훈으로' 하나, 둘 세서 열 번째에 해당하는 군인들은 모조리 총살하라는 명령을 내립니다.[41] 이때 안톤은 처형될 위기에 있는 자신의 동지를 살려달라고 부탁합니다. 그러나 판크라트는 자신도 집단 처형이 가슴 아프지만, 그러한 폭도를 이끌고는 크림 반도에서 브란겔Wrangel〔1878~1928년. 러시아 내전 후반기에 남러시아에서 볼셰비키에 반대하는 백군의 총사령관〕을 몰아낼 수 없기 때문에 군대에 대한 통제력을 회복하려면 어쩔 수 없다고 답합니다. 그 후 전쟁터에서 몇 년의 세월을 더 보내고 나서 안톤은 말합니다. "그런 식으로는 그들에게 아무것도 가르치지 못할 것이다." 권력 집단에서 몇 년의 세월을 더 보낸 후 통치술에 더 해박해진 판크라트는 답합니다. "우리는 그들에게 가르칠 것이다. 그들에게 가르칠 것이다. …… 우리는 진창에서 퍼낸 진흙으로 벽돌을 구워 새로운 세계를 건설할 것이다." 안톤은 마침내 환상에서 벗어납니다. "그는 사람들을 진흙처럼 취급한다." "판크라트가 생각하는 새로운 세계는 중세의 암흑이다."[42] 판크라트의 광기에도 다 그럴 만한 이유가 있습니다. 아쿠닌(치하르티시빌리)은 셰익스피어의 말을 반복하는 것 같습니다. 판크라트의 광기에도 논리가 있습니다. 그것은 잔인하고 냉혹한 논리로서, 무슨 수를 써도 무너뜨릴 수 없는 논리입니다.

당신이 말한 진보와 관련해서는, 가장 최근에 읽은 책 가운데 존 그레이John Gray의 《동물들의 침묵The Silence of Animals》이 인상적이었습니다. 당신의 말처럼, 진보의 신화를 거부하는 것에는 위험이 따릅니다. 그런데 진보의 신화를 거부함으로써 초래될 수 있는 위험과 고수함으로써 초래될 수 있는 위험 중에 어떤 것이 더 클까요? 그리고 이 두 개의 위험과 그 각각의 구체적 위협들을 측정하고 비교할 척도가 있을까요? 분명한 사실은, 설사 그러한 척도를 찾아낸다 해도 그러한 척도에 따라 위험을 평가하는 것은 언제나 이미 구체적인 위협들이 현실화되고 난 이후라는 것입니다.

마지막으로 개인적인 질문에 대해 언급해야겠습니다. 블로데크 골드코른은 제게 "폴란드의 젊은 지식인에게 공산당의 폭력은 매력적인 것이었습니까, 아니면 단지 '역사적 필연'이었습니까?"라고 물은 적이 있습니다. "'역사적 필연' 혹은 폭력의 매력을 의심하기 시작한 것은 언제부터였습니까?"라는 질문도 했습니다.[43] 첫째, 저는 베를

린과 코워브제크Kołobrzeg 함락에서 공을 세워 1945년 5월 무공훈장을 달고 전선과 군 병원에서 막 돌아온, 아직 제대로 공부한 것도 없는 열아홉 살의 애송이를 '젊은 지식인'이라고 부르기는 어려울 뿐만 아니라 저의 태도를 '젊은 지식인들'의 '전형적인' 모습이라거나 보편적인 모습이라고 보기도 어렵다고 답했습니다. 둘째, 포메라니아 요새 공격과 코워브제크에서의 거리 전투로 몇 달을 보내고 나서 제가 '폭력'에 대해 가졌던 생각은 전선에서 화약 냄새를 맡아보거나 야전병원에 누워 있어본 적이 없는 오늘날의 독자가 폭력에 대해 갖고 있는 생각과는 그 의미가 매우 달랐다고 할 수 있습니다. 셋째, 제가 전선을 떠나 집으로 돌아오던 때는 '폭력'이라고 하면 곧 무장한 사람들을 떠올리게 되던 시절이었습니다. 무장한 사람들은 재판도 없이 대학살과 집단 처형을 자행하기도 했고, 열차를 멈춰 세운 뒤 무슨 구실이든 내세워 승객들을 약탈하고 살해하기도 했으며, 영주들이 나누어준 땅을 받았다거나 위협과 협박에 바로 굴복하지 않고 꾸물거렸다는 이유로 농부들을 사살하기도 했습니다. 폴란드는 1~2년간 일종의 내전에 휩싸였고, 전쟁이 일어나면 늘 그렇듯이 사람들이 죽었습니다. 이 내전에서 죽은 폴란드인들의 대부분을 죽인 것이 누구였습니까? 당시 사망자가 대략 얼마나 되었는지는 지금까지도 논란이 되고 있습니다. 마르친 자렘바Marcin Zaremba의 상세한 연구서《공포의 테러Great Terror》는 그 시절을 살았던 사람들에게 산다는 것이 어떤 느낌이었는지를 잘 보여줍니다. 그때나 지금이나 그들의 행위는 용서하기도 어렵고 이해하기도 힘듭니다.

저는 당시에 벌어지던 일들이 '역사적 필연'이라는 생각을 결코 하지 않았습니다. 저는 악몽이 곧 끝날 날을 꿈꿨습니다. 완전히 지식인도 아니고 그렇다고 전혀 지식인이 아닌 것도 아닌 '젊은 지식인'이 대개 그렇듯이, 저는 배우고 일하고 사랑할 수 있기를 꿈꿨습니다. '정상적'이라는 단어를 어떻게 해석하든 간에, 저는 '정상적인 삶'을 꿈꿨습니다. 그리고 폭력을 통치 수단으로 사용하는 것에 대한 저의 생각은 일찍이 《월간 폴란드Polish Monthly》에 발표한 〈당의 사회학의 필요성에 관하여On the Need for a Sociology of the Party〉와 〈관료제론Treatise on Bureaucracy〉에서 밝힌 바 있습니다. 두 편의 글 모두 검열로 인해 원래 제가 쓴 것보다 온건한 내용으로 발표되었습니다.

결국 이것이 '지그문트 바우만'이라고 불리는 뒤틀린 나뭇조각을 곧게 펴기 위해 제가 할 수 있는 전부입니다. 저의 노력이 충분하다고는 생각하지 않습니다. 저 나무토막은 여전히 뒤틀려 있습니다. 그리고 뒤틀린 다른 나뭇조각들처럼 지그문트 바우만이라는 나뭇조각도 결코 완전히 곧게 펴지지는 못할 것입니다.

스타니스와프 오비레크

비에스와프 미실리프스키는 창작의 여정의 끝에 쓴 소설《최후의 대결》에서 위대한 선구자들인 귀스타브 플로베르와 이탈로 칼비노가 벌였던 기억과의 분투에 대해 이야기합니다. 그는 분명히 밝힌 적은 없지만, 자신이 그러한 계보를 잇고 있다는 것을 기뻐했을 것입니다.

이 작가들도―당신과 저도―뚜렷하게 설명할 수 없어 보이는 개인적 삶의 뒤엉킨 실 가닥들을 푸는 매우 힘든 일을 떠맡았다는 점에서, 이들의 글은 제게 작은 위안이 됩니다. 당신도 잘 아시겠지만, 개인의 삶의 뒤엉킨 실 가닥들을 푸는 것은 아주 힘든 일입니다. 당신은 자신이 걸어온 길을 이야기하고 오랜 세월에 걸친 파란만장한 삶에서 가장 중요한 가닥을 기술하려고 거듭 노력하지만, 앞서 언급한 철학적 작가들과 마찬가지로 성공하지 못합니다. 그런데 이 게임에 걸려 있는 것은 결코 사소한 것이 아니라 이 모든 것에서 어떤 의미를 발견하는 것입니다. 저는 당신이 '유혹'당했다고 쓴《가제타 비보르차》의 기사에 불쾌감을 느꼈다는 말에 깊은 인상을 받았습니다. 당신은 말합니다. "그것은 저의 선택이었고, 그에 대한 모든 책임은 제게 있습니다. 그렇다면 무엇이 저를 그러한 선택으로 이끌었는지, 왜 다른 고려 사항들은 그러한 선택을 막지 못했는지를 해명할 필요가 있습니다." 저를 사로잡은 것은 바로 이 말 속에 들어 있는 이해하려는 노력입니다. 수많은 관찰자와 논평가, 심지어 역사학자와 정치학자조차도 공산주의의 선택을 '유혹'이나 맹목에 의한 것이라고만 설명합니다. 이러한 사고방식의 밑바탕에는 제정신을 가진 사람이라면 누구도 자진해서 그러한 흉악한 이데올로기를 택하지 않을 것이라는 가정이 깔려 있습니다.

이러한 사고방식은 폴란드의 '우익' 언론에서 특히 뚜렷이 볼 수 있습니다. 우익 언론에는 저 가정 외에 다른 선택지가 없습니다. 그들에게는 태어날 때부터 조국에 대한 무한한 사랑과 애국적 가치들의 선택만이 있을 뿐입니다. 이러한 선동의 효과는 거리만이 아니라 대학교 강의실에서도 쉽게 볼 수 있습니다. 그러한 사고방식은 과거와 과거의 맥락을 이해하기 어렵게 만듭니다. 그런 의미에서 당신의 이야기는 아주 소중합니다. 또한 당신의 이야기는 수없이 접한 우익 언론의 글과 이미지를 직접적인 사건 당사자들의 말을 통해 확인해 볼 시간은 없었던 사람들과의 대화의 가능성도 열어줍니다. 이 문제에 대해서는 나중에 다시 이야기하도록 하겠습니다. 지금은 저 자신에 관한 이야기를 할까 합니다. 제가 예수회에서 겪은 일은 당신이 미디어와의 만남에서 겪은 일과 비슷한 면이 있습니다. 당신처럼 저도 다른 누군가 때문에 사는 것은 좋지 않다는 확신을 갖고 있습니다. 우리는 항상 자신의 선택에 책임을 져야만 합니다. 물론 그렇게 하는 것이 언제나 쉬운 일은 아니고, 책임이 언제나 우리에게만 있는 것도 아닙니다. 때로 우리는 오랫동안 관계를 맺어온 가족, 친구, 미디어, 제도 같은 타자들의 방해를 받습니다. 적어도 저의 경우에는 그랬습니다. 저와 가톨릭교회 사이에 있었던 갈등은 아직도 해결되지 않고 있습니다. 그러한 갈등은 보통 사람들에게는 알려져 있지 않기 때문에 이 자리에서 언급할 만한 가치가 있다고 생각합니다.

모든 사제는 평신도로 되돌아가고자 할 때는 공식적으로 환속 절차를 밟으면 됩니다. 20세기 말 현재, 전 세계를 통틀어 환속한 사제들은 대략 15만 명가량으로 추정됩니다. 성직자 환속은 결혼 취소와 비슷한 것이라고 할 수 있습니다. 저는 정식으로 성직자 환속 절차를 밟으려고 했습니다. 관구법원은 제게 질의서를 보냈습니다. 거기에는 제가 사제직을 그만두고 예수회를 떠나는 이유와 관련한 30개의 질의 항목이 있었습니다. 저는 모든 항목에 답변을 적어 보냈고 곧이어 답장을 받았습니다. 답장을 보낸 사람은 책임자가 아니라 크라쿠프에 있는 예수회 관구에서 비서로 일하는 젊은 수도회원이었습니다. 답장에는 나의 답변들이 충분하지 않고 예수회와 교황에 대해 노골적으로 무례한 태도를 보이고 있다고 적혀 있었습니다. 만일 당신이 교회와 화해하기를 진심으로 원한다면, 무례한 태도가 아니라 선의를 보여주어야 한다는 내용이었습니다. 제가 양심적으로 작성한 답변들에는 예수회, 예수회 총회장, 심지어 교황에 대한 존중이 결여되어 있다는 것이었죠. 한마디로 말해, 제도—이 경우에는 예수회—는 저 같은 사람과 합의할 생각이 없습니다. 저는 제 발로 예수회에 들어가 거의 30년의 세월을 보냈지만, 이제는 제 발로 나오려고 하고 있습니다. 저는 미성숙하고 책임 의식이 결여되어 있으며 제가 온전한 정신 상태가 아닌 것은 가족의 정신적 병력의 영향 때문일 수도 있다는 것을 인정하라는 권유를 받았습니다. 제가 문제를 제대로 처리하지 못하는 것은 모두 제 잘못이고, 우울증이 있을지 모르니 정신의학의 도움을 받아보라는 것이었습니다. 저는 이런저런 상황으로 인해 더 이상 사제직에 적합하지 않은 인물이 되어버렸다는 것이었습니다. 다시 말해, 예수회의 고위 성직자들은 제가 자신의 책임하에 결정한 사항에 대해 문제가 없는지 의심을 해보라고 권했던 것입니다. 저는 동의할 수 없었습니다. 화가 났습니다. 저는 솔직히 그들이 자아비판을 기대하고 있고, 사실이 아닌 것을 인정할 것을 요구하고 있다고 써 보냈습니다. 결국 저는 성직자 환속 절차를 밟는 것을 포기했습니다. 그래서 저는 지금까지도 교회법적 방치 상태에서 살아가고 있습니다. 하지만 저는 그 문제에 관해서는 양심에 거리낄 것이 전혀 없습니다. 저와 예수회의 관계가 어그러진 데는 제 잘 못은 하나도 없고 오직 제도가 잘못되었을 뿐이라는 이야기를 하는 것이 아닙니다.

제가 하고 싶은 말은 단지 제가 예수회에 대해 가졌던 기대를 포기해야 할 정도로 그 관계가 무너졌다는 것입니다. 저는 예수회와 좋게 이별할 수 있을 것이라고 생각했지만, 현실은 달랐습니다. 많은 독실한 가톨릭 신자에게 저는 배신자, 변절자입니다. 그들은 제가 교회와 종교에 대해 공개적으로 의견을 표명한 것을 두고 욕을 합니다. 그들은 배신자에게는 그럴 권리가 없다고 생각합니다. 교회 조직은 저를 포함해 수천 명의 환속 사제가 마음 편히 교회 생활에 참여하지 못하게 합니다. 교회 조직은 우리 같은 사람들이 전혀 필요하지 않습니다. 아니, 우리 같은 사람들을 교회 조직에 해로운 존재로 봅니다. 상관없습니다. 저는 교회에 신경 쓰지 않고 살아가고 있으니까요. 교회를 떠난 순간부터 지금까지, 저는 제도적 가톨릭과는 거의 어떠한 접촉도 갖지 않고 있습니다. 제가 이러한 상황을 좋아하는 것은 아닙니다. 저는 가톨릭이 가진 긍정적 가치를 인정합니다. 특히 제가 태어난 곳 같은 환경에서는 가톨릭이 긍정적 가치를 갖고 있습니다. 폴란드의 시골과 작은 도시에서 교회는 대개 판단할 때 참고할 만한 유일한 기준의 역할을 합니다. 교회가 비판받고 있는가 칭찬받고 있는가는 적어도 지금의 제게는 중요하지 않습니다. 중요한 것은 제 가족을 비롯해 대부분의 폴란드인에게 교회 없는 삶은 생각할 수도 없는 일이라는 것입니다. 이런 의미에서 저의 운명은 유감스러운 일입니다. 동시에 그것은 수도회를 나오거나 사제직을 그만둘 생각이 많은 성직자들에게 '너도 교회에서 추방될 것이니, 아예 시도도 하지 마라!' 하는 중대한 경고입니다.

당신의 이야기는 제가 제게는 오랜 세월 동안 더 나은 새 세상에 대한 꿈의 구현체였던 가톨릭과의 묵은 감정을 털어버리는 것에 대해 생각해보는 계기가 되었습니다. 하지만 이에 관해 당장 글을 쓰기는 쉽지 않을 것 같습니다. 우선 당신의 말에서 받은 강력한 영향에서 어느 정도 자유로워질 때까지 여유를 갖고 기다리면서 제 생각을 삭일 시간이 필요합니다. 바로 이런 것이 당신과 제가 원하는 것이죠. 지금 우리는 어떻게 해서든 가장 중요한 실 가닥을 잡아내기 위해 현재의 삶을 균형을 잃지 않고 보려고 애쓰고 있습니다. 그런데 당신이 말했듯이, 우리의 기준 틀은 서로 다릅니다. 개인적인 일화를 하나 들려드리겠습니다. 일화라기보다는 해학곡諧謔曲이라고 하는 것이 더 정확할지도 모르겠네요. 에스파냐의 세비야Sevilla에서 세계무역박람회가 열린 1992년에 있었던 일입니다. 저는 크라쿠프 예수회의 대표로서 세비야에 초대되었습니다. 저는 초청장을 받고 기쁨을 금치 못했습니다. 하지만 제 기쁨은 거기까지였습니다. 1975년에 프랑코 정권이 막을 내렸는데도, 에스파냐의 관료들은 폴란드가 공산주의 국가이고(사실 폴란드에서는 3년 전에 이미 정치체제가 바뀐 상태였습니다), 공산국가의 대표들은 에스파냐를 자유롭게 드나들 수 없다고 생각하더군요. 이른바 범죄자들에 대한 상세한 신상 조사가 필요했던 것입니다. 제가 예수회원이고, 현재 독일에서 지내고 있고, 에스파냐 예수회와 더 긴밀한 협력 관계를 맺기 위해 며칠 동안 에스파냐를 방문하려는 것이라고 누누이 설명했지만 아무 소용이 없었습니다. 그들에게 저는 단지 폴란드의 공산주의자였을 뿐입니다. 결국 저는 세비야 방문을 후일로 미룰 수밖에 없었습니다.

이제 더 심각한 문제들에 대해 이야기할까 합니다. 당신은 지난 번 편지에서 공산주의의 계보에 관해 썼습니다. 사실 공산주의의 계보는 간단하고 일관적이며 논리적입니다. 공산주의는 적절한 조건이 갖추어진 곳이면 어디에든 뿌리를 내렸습니다. 저는 이것이 불변적인 역사 기계의 작동 결과가 아니라 앞서 언급한 바 있는 가능성들을 일상생활 속으로 자발적으로 받아들인—어떤 사람들은 기쁨 속에, 어떤 사람들은 경악 속에—이름 없는 사람들이 하나둘 늘어나 축적된 결과라는 데 동의합니다. 기쁘게 받아들일 만한 사람들은 충분히 많았지만, 대부분의 경우에 사람들은 수동적 관찰과 영웅 숭배에 머물렀을 뿐입니다. 러시아와 중국에서처럼, 역사에 참여한 자들이 승리했을 때는 공산주의에 열광하는 사람들이 증가했습니다. 하지만 에스파냐나 칠레에서 볼 수 있듯이, 공산주의가 실패한 곳에서는 그 수가 급격히 감소했습니다. 러시아와 그 영향권에 있던 나라들도 예외가 아니었습니다. 당신이 아쿠닌(치하르티시빌리)의 최근 소설 《아리스토노미아Aristonomia》에서 인용한 끔찍한 대목은 역사의 제분소 바로 앞까지 갔던 중국인, 한국인, 에스파냐인, 칠레인, 그 밖의 많은 나라의 사람들의 기억과 그리 다르지 않습니다. 당신은 인생의 고비마다 갑자기 완전히 다른 선택들을 하면서도 최악의 선택은 피한 것 같습니다. 일어나고 있는 변화들을 이론적으로 정당화하려고 하는 것은 현실을 적극적으로 만들어가고 현실의 진행 과정에 직접 영향을 미치려고 하는 것과는 완전히 다른 것입니다. 어쨌건 당신은 이론의 가능성이 제한적이라는 것을 아주 빨리 깨달았습니다. 또한 당신이나 레셰크 코와코프스키, 브로니스와프 바치코Bronisław Baczko〔1924~2016년. 폴란드의 철학자.〕같은 사람들은 실제로 칼자루를 쥔 사람이 누구인지를, 그리고 이론은 환영받지 못하고 1950년대 이래로 치밀한 배급 제도에 종속되었다는 것을 깨달았습니다. 정해진 궤도에서 벗어나려고 하는 사람은 누구든 제자리로 되돌려졌습니다. 앞서 언급했던 카롤 모젤레프스키의 소설이 생각납니다. 사실 모젤레프스키의 소설은 그의 동지였던 야체크 쿠론Jacek Kuron의 소설과 함께 읽어야 그 의미를 완전히 이해할 수 있습니다.

하지만 먼 과거보다는 제가 관찰자로서만이 아니라 수혜자이자 희생자로서도 참여했던 최근 시대에 대해 이야기하는 것이 좋을 것 같습니다. 1980년대 말에 폴란드에서는 정치체제가 바뀌었습니다. 저는 승자들이 억압자에서 침묵이 강요된 희생자로 처지가 바뀐 패자들을 어떤 식으로 억압하기 시작했는지를 보았습니다. 전에 공산주의자였던 자들이 몰락해 역사의 쓰레기통에 처박히자, 새로운 독재자들은 역사를 기술하고 해석하는 단 하나의 올바른 길을 가리키면서 새로운 적을 찾아 주위를 두리번거리기 시작했습니다. 그들이 찾아낸 새로운 적은 어제의 동지들이었습니다. 그들에게는 충분히 급진적이지 못했다는 이유로 배신자, 겁쟁이, 부역자라는 딱지가 붙었습니다. 언론인들과 역사가들은 자청해서 반역의 '증거'들을 제공해가며 새로운 마녀사냥에 열을 올렸고, 군중의 기대에 맞춰 증오의 장면들을 연출했습니다. 카롤 모젤레프스키는《우리는 역사의 말이 고꾸라질 때까지 치달릴 것이다》에서 이러한 태도들을 면밀히 검토합니다. 그가 진상 조사와 그 심리적 근원들에 대해 이야기하는 대목이 생각납니다. 그것은 저와도 무관하지 않습니다. 저도 대학 교원으로서 조사를 받으면서 그것의 불길한 표정을 보았습니다. 저는 개인적으로는 폴란드 민족추념연구소의 동굴 같은 복도들을 돌아다니면서 방마다 쌓여 있는 '무오류적 지식'의 문서들을 뒤지고 싶은 생각 같은 것은 전혀 없습니다. 하지만 그것은 제 생각일 뿐, 무엇인가 밝혀질까 봐 전전긍긍하는 사람들이 있습니다. 그들의 심정은 이해가 갑니다. 마음 놓고 잠잘 수 있는 사람은 아무도 없어 보입니다. 쉼 없이 진행되고 있는 '진상 조사'에서 언제 무엇이 튀어나올지 아무도 모르는 일이고, 일단 무엇이든 튀어나왔다 하면 비밀 요원들이 기록해놓은 일과 아무 관계도 없다고 아무리 설명해봤자 소용없을 테니까요. 부당하게 기소되는 사람들의 목록은 길고, 인간적 비극의 목록은 훨씬 더 깁니다. 어쨌건 모젤레프스키가 진상 조사와 양심 조사에 대한 이러한 열정에 종교적인 기미가 있다고 지적한 것은 옳은 것 같습니다.

그런데 공적 영역에서 이루어지고 있는 조사는 해방적 잠재력이 아니라 파괴적 잠재력을 드러내 보이고 있습니다.

당신은 자신의 양심을 면밀히 조사해야 한다. 그것은 지극히 불쾌한 경험이다. 만일 자신의 양심을 조사하기 싫다면, 당신보다 더나쁜 누군가에게 죄를 뒤집어씌워야 한다. 나보다 훨씬 나쁜 자들은 너무도 많았다. 당 집행위원, 철새 언론인, 그리고 무엇보다도밀고자. 우리 속에 섞여 있으면서 적의 눈과 귀 역할을 했던, 믿을 수 없고 기만적인 밀고자. 밀고자를 잡아 형틀로 보내 당신의 치욕을 씻어내야 한다. 마치 우리 자신의 마음속 악령을 몰아내고 있기라도 한 듯이, 조사는 자기가 자기에게 행하는 일종의 구마의식 같은 면이 있다. 우리 다 함께 정체가 드러난 밀고자를 붙잡으러 갑시다. 밀고자에게 제일 먼저 돌을 던지는 자가 곧 죄 없는 자일지니. 복음의 말씀과는 순서만 뒤바뀌었을 뿐이다.

그렇습니다. 인간 존엄성 회복에 기여하는 증인은 요한복음 8장에서처럼 죄 없는 자는 간음한 여인에게 돌을 던지라는 예수의 말씀에 부끄러움을 느끼고 물러나는 사람이 아니고, 오히려 앞장서서 제일 먼저 돌을 던지는 사람입니다. 그러한 고발로 인해 실제로 범죄를 저지른 것으로 밝혀지거나 범죄를 저질렀다는 혐의를 받는 사람은 파멸하겠지만(고발자에게 이는 중요하지 않습니다), 그것이 끝이 아닙니다. 자기 자신을 정화하고 마침내 고발자 공동체에 들어가고 싶은 욕구가 뒤를 잇기 때문입니다. 모젤레프스키는 이렇게 결론짓습니다.

마지막으로, 조사의 열기는 보편적 의심의 분위기를 부채질하고, 이는 다시 시민들의 과거와 현재를 전면적으로 통제하는 것에 대한 동의를 낳는다. 조사와 그 밖의 일들로 인해 만연한 의심과 빈틈없는 통제에 대한 동의는 경찰국가가 자라는 데 매우 좋은 자양분이다. 경찰국가의 싹들은 우리의 삶 속에 있으며, 우리의 부끄러움의 이유일 뿐만 아니라 최근에 되찾은 자유의 운명을 우려하는 이유이기도 하다.[44]

모젤레프스키의 이러한 진단은 매우 예리하고 정확합니다. 바로 우리의 눈앞에서 과거의 망령들을 몰아내는 일이 행해지고 있습니다. 이는 마찬가지로 고통스러운 결과를 가져온 교회의 조치들과 매우 닮아 있습니다. 다만 교회는 참된 신앙을 욕보이고 모독해 엄벌에 처해 마땅한 종파 분립론자, 이단자, 배교자, 불신자 같은 죄인들을 찾아내는 일을 했다는 것만 다를 뿐입니다. 잘 아시다시피, 그들은 죄를 정화시키는 불의 은혜를 베풀기를 주저하지 않았습니다(결국 그들은 저 죄인들이 마지막 순간에 회개할 수 있고, 죽음을 앞둔 영혼을 통해 참된 신앙을 깨닫고 받아들일 수 있다는 것을 의심하지 않았던 것입니다). 그러한 경우에 지상 세계는 상당한 부수적 피해를 입었지만, 그러한 피해는 오로지 죄인을 위한 것이라서 문제가 되지 않았습니다.

공산주의의 계보가 1755년의 리스본 대지진, 그리고 그보다 훨씬 앞서 1620년에 《신기관》에서 인간의 과학과 기술에만 의존하는 새로운 종교를 주장한 프랜시스 베이컨의 선언까지 거슬러 올라간다면, 종교에서의 근본주의의 계보는 16세기 유럽의 종교전쟁까지 거슬러 올라갑니다. 종교적 믿음을 강제로 규정한다는 생각이 처음 등장한 것이 바로 이 시기입니다. 당신의 말처럼 "공산주의가 디드로, 볼테르, 엘베시우스, 콩도르세의 적자이자 베이컨의 적손"이라면, 종교적 근본주의는 마르틴 루터, 울리히 츠빙글리Huldrych Zwingli, 장 칼뱅 Jean Calvin 같은 프로테스탄트 교회의 위대한 창시자들의 종교적 열정, 이냐시오 로욜라가 이끄는 정통 가톨릭교회와 트리엔트 공의회의 결정에 대한 열렬한 옹호자들로부터 탄생했다고 할 수 있습니다. 1555

년의 아우크스부르크 평화조약은 통치자가 신민의 종교를 결정한다는 원칙을 제시함으로써 적어도 당분간 유럽에서 종교전쟁을 종식시키는 데 기여했지만, 동시에 세속 권력의 남용 가능성을 활짝 열어주었습니다. 실제로 이 조약 이후로 세속 권력은 아무런 제한 없이 양심의 딜레마를 심판할 수 있는 존재가 되었습니다. 미국 예수회원인 존 오말리John O'Malley는 기독교 종파들이 서로 대립하게 된 기원과 관련해 몇 가지 매우 흥미로운 이야기를 합니다.[45] 그는 기원이 된 사건들의 주역들에 대해 객관적이고 공정한 태도를 견지하려고 애쓰지만, 그가 이야기하려는 것이 무엇인지는 분명한 것 같습니다. 그것은 인간이 신을 완전히 믿지는 않기 때문에 자신의 종교의 운명을 자기 마음대로 처리한다는 것입니다. 프랜시스 베이컨의 엄숙한 선언과 비슷하지 않습니까? 오말리는 트리엔트 공의회 참석자들이 마지막 몇 달 동안 벌인 분투와 교황과 세속 통치자들의 막후 활동에 대한 서술에서 근대의 문턱에 있던 가톨릭의 특징들에 대해 상당히 많은 이야기를 하고 있습니다. 그에 따르면, 교황의 권위와 세속적 통치 간의 열띤 논쟁에서 트리엔트 공의회 이후의 가톨릭의 약점과 강점을 볼 수 있습니다. 또한 그 시기에 공포된 가장 중요한 법령 중 하나는 주교 선출 기준과 가난한 집의 소년들을 위한 신학교 설립에 관한 것이었습니다.

신학교 설립에 관한 법령은 광범한 영향을 미친 데서 알 수 있듯이 특히 중요했습니다. 신학 교육을 담당하게 된 것은 대체로 예수회원들이 책임자로 있는 신설 수도회들이었습니다. 이러한 신학 교육 덕분에, 가톨릭 성직자들은 당시 폴란드·리투아니아 연방을 포함해 유럽의 많은 지역을 다시 가톨릭으로 되돌려놓고, 더 나아가 소위 '선교 지역'을 개척하는 데도 중요한 역할을 하게 되었습니다. 하지만 1563년 12월 4일에 막을 내린 트리엔트 공의회는 그 누구도 만족시키지 못했습니다. 특히 그 문제점을 잘 간파했던 것은 공의회 소집에 주된 역할을 한 조반니 모로네Giovanni Morone 추기경이었습니다. 그는 공의회 참석자들에게 "우리는 인간입니다. 천사가 아닙니다"라고 말했습니다. 최소한 공의회 회의들을 '독일 땅에서' 개최하고 싶어 했던 황제가 단정 지은 바에 따르면, 트리엔트 공의회의 주목적, 즉 루터교와의 화해는 달성 불가능한 것으로 밝혀졌습니다. 주로 두 가지 이유 때문이었습니다. 하나는 토론을 위해 제시된 자료들이 배경이나 전후 상황이 빠져 있는 건조한 신학적 조약 문서들이었다는 것입니다. 게다가 자료들의 서술 방식도 스콜라주의적이어서, 마르틴 루터, 칼뱅 등의 논쟁적 저술들 같은 대학 강단의 방식과는 전혀 다른 상황에서 쓰인 텍스트들을 이해하는 데 분명한 한계가 있을 수밖에 없었습니다.

또 다른 이유는 앞에 말한 이유와 밀접한 관련이 있는 것으로, 바로 역사의식의 부재라는 고질병이었습니다. 이는 스콜라주의의 전형적 특징이기도 하죠. 요컨대 휴머니즘에 대한 이해 부족이 개혁가들과 교황의 궁정 신학자들이 서로 다른 기대를 품게 된 주된 이유 중 하나였습니다. 그뿐 아니라 당시의 유럽 궁정들과 교황 국가의 관계는 극히 복잡했습니다. 이런 사정에도 불구하고 공의회가 개최되어 가톨릭교회가 지위를 공고히 하는 중대한 일을 이루어냈다는 것은 놀라운 일입니다. 가톨릭교회는 이 공의회 이후 사실상 아무런 변화 없이 20세기 중반까지 지속되었습니다. 그러나 가톨릭이 이러한 '성공'을 위해 지불한 대가는 컸습니다. 가톨릭은 갈수록 '권력 집단'과 동일시되었고, 배타적인 가톨릭 신학은 타자들과의 소통 가능성을 사실상 배제했습니다. 이러한 신학적 기획에 희생된 것은 1658년에 새롭게 가톨릭 국가가 된 폴란드에서 추방된 폴란드 형제단Polish Brethren처럼 주로 약자들이었습니다. 흥미로운 점은, 종교적 폭력의 조치들이 결코 종교의 이름으로 자행되지 않았다는 것입니다. 조치를 취한 자들은 대개 다른 이유들을 찾아냈습니다. 그들이 폴란드 형제단에게서 찾아낸 가장 중대한 죄상은 국가의 이익을 배반하고 침략자인 스웨덴인들과 밀약을 맺었다는 것이었습니다. 때마침 침략자 스웨덴인들은 프로테스탄트였습니다(덕분에 수월하게 명분 있는 기소를 할 수 있었습니다). 강력한 라지비우Radziwiłł 가문과 그 밖의 유력한 대부호들은 폴란드 형제단보다 훨씬 더 자주 스웨덴인들과 어울렸는데도 아무런 처벌도 받지 않았습니다. 폴란드 형제단은 17세기 유럽의 가장 뛰어난 교사였다고 할 수 있는 얀 아모스 코멘스키Jan Amos Komenski와 마찬가지로 힘도 없었고 자신들을 보호해줄 정치적 후원자도 없었습니다. 코멘스키에게 죄가 있었다면, 가톨릭 신자가 아니라 체코 형제단의 지도자였다는 것뿐이었습니다. 하지만 그가 1658년에 폴란드에서 추방되는 데는 이 이유만으로 충분했습니다. 위키피디아를 찾아봐도, "그는 체코 형제단 공동체의 지도자로서 스웨덴의 폴란드 침략을 준비하는 데 일조했다"라고 나와 있습니다. 역사가들이 아무리 연구를 한다 해도, 이 '사실'이 바뀔 것 같지는 않습니다.[46]

인간의 선택이 얼마나 복잡한 것인지, 그리고 결정이 어떤 상황에서 내려졌는지는 중요하지 않습니다. 중요한 것은 고발장의 표현이 얼마나 치밀하냐는 것입니다. 이런 치밀함만 갖춰지면 역사는 쉽게 받아들여집니다. 당신은 포즈난에서 보낸 어린 시절과 아버지의 불운에 대해 이야기하면서 그런 것들이 당신의 인생행로의 선택에 어떤 영향을 미쳤을지 알고 싶어 하지만, 그렇다고 해서 그런 영향을 아무런 의심 없이 당연시하지는 않습니다. "예를 들어, 제가 어렸을 때 우리 가족이 견뎌야 했던 상대적 빈곤, 더할 나위 없이 정직한 사람이었던 아버지가 가족을 먹여 살리기 위해 윗사람들로부터 당해야 했던 굴욕, 건방지게 비유대인 구역인 예지체의 거리들을 혼자 걸어간 유대인 소년에게 퍼부어졌던 타격과 발길질 같은 것들 말입니다. 이런 것들이 어느 정도 역할을 했겠지만, 비슷한 경험을 했으면서도 다른 길을 걸어간 소년들도 있었습니다." 그리고 제2차 세계대전이 일어나자, 당신은 가족과 함께 멀리 동쪽 지방으로 옮겨가야 했습니다. 그것이 당신에게는 살아남을 수 있는 유일한 길이었으니까요. "그 후 소련의 모워데치노에 있는 고등학교를 다닐 때도 마찬가지였습니다. 이 학교를 다니면서 저는 생애 처음으로 학교 운동장에 나가는 것을 두려워하지 않게 되었습니다. 동료 학생들은 발길질을 하고 때리는 대신에 저를 존중해주었습니다(심지어 저를 좋아했던 것 같다는 생각이 듭니다). 학생들도 선생님들도 저를 팔레스타인이나 마다가스카르로 보내버리고 싶어 하지 않았습니다. 저는 우연한 기회에 학교에서 폴란드 문화에 대한 깊은 애정을 공개적으로 말하게 된 적이 있었습니다. 그런데도 그 자리에서 저를 비난한 사람은 아무도 없었습니다." 당신의 고등학교 시절의 동료 학생들처럼, 저도 당신을 판단하지 않습니다. 그저 당신이 살아온 길을 있는 그대로 이야기할 뿐입니다.

당신이 겪은 일이 오랫동안 이어져 온 기독교인들의 반유대주의라든가 타자에 대한 배제의 필요성과 어떤 관련이 있는 것인지를 밝히기란 결코 쉬운 일이 아닙니다. 하지만 분명한 것은, 당신이 겪은 빈곤과 구타가 아무런 이유도 없었던 것은 아니라는 점입니다. 프랑스의 저명한 역사가 쥘 이사크Jules Isaac의 표현을 빌리면, 그것은 수백 년 동안의 '경멸의 가르침'의 결과였습니다. 너무 일찍 세상을 떠난 저의 소중한 친구 스타니스와프 무샤우Stanisław Musiał는 그러한 가르침이 특히 폴란드인들이 사용하는 말 속에 어떻게 표현되어 있는지에 주목한 바 있습니다. 이 자리에서 그에 관한 이야기까지 하지는 않겠습니다. 아무튼 폴란드의 가톨릭교도들은 유대인을 '유대인'이라고 부르는 데 만족하지 못했습니다. 그들은 유대인을 '하찮은 유대인Little Jew'이나 '옴Scab'이라고 불렀습니다. 당신의 동포인 유대인들은 자신들이 사는 곳에서조차 가톨릭교도들에게 이런 욕을 숱하게 들었습니다. 하물며 가톨릭교도들이 사는 곳에 갔으니 당신이 구타를 당한 것은 그리 이상한 일이 아닙니다. 유대인이 폴란드 문화에 관심을 가진다는 것이 그들에게는 의심스러웠던 것이죠.

한마디로, 저는 당신의 선택이 놀랍지 않습니다. 당신과 같은 처지였다면, 저도 똑같은 선택을 했을 것입니다. 저의 동년배들은 시골에서 가난한 어린 시절을 보냈고 가난한 노동자가 되었다가 전후에는 새 체제를 세우는 데 열심히 동참했습니다. 저보다 연배가 위인 직장 동료들 중에도 비슷한 길을 걸은 사람들이 있습니다. 교육의 전통이 없던 폴란드의 농촌에서 태어나 자란 사람들은 대개 제2차 세계대전 후에야 비로소 알파벳을 배울 기회를 갖게 되었습니다. 그러니 이 시기에 폴란드 농민들의 지위가 비약적으로 상승했다고 말하기는 어렵습니다. 그들 대부분은 이 시기에 농민-노동자가 되었을 뿐이니까요. 그런데도 오늘날 모든 폴란드인은 자신들이 사르마티아인의 후손이라는 것을 증명하고 싶어 합니다. 그들은 명예롭지 않은 족보는 감춘 채 귀족의 후예를 자처합니다. 교회의 성직자들도 이러한 역사적 거짓에 동참해서 평민적 뿌리를 잊은 채 자신들과 타인들의 혈통을 부풀리고 있습니다. 정말로 유감스러운 일이 아닐 수 없습니다. 이런 일만 없어도 우리가 대화를 나누고 프란치스코 교황의 말을 받아들이는 것이 훨씬 더 쉬울 것입니다. 이런 이야기를 하다 보니, 나롤Narol에서 살던 소년 시절의 제가 생각납니다. 그 소년은 예수회에서 자신의 가능성과 더 나은 세계에 대한 꿈을 보았습니다. 당신처럼 저도 저의 기억을 더듬어보겠습니다. 헬무트 콜Helmut Kohl 독일 수상이 말한 것처럼, 저도 '늦게 태어나는 은총'을 입은 덕분에 극적인 선택들을 할 필요성을 면제받았다고 할 수 있습니다.

최근에 《가제타 비보르차》와 한 인터뷰에서 기자가 젊은 시절의 자신에게 말을 할 수 있다면 무슨 말을 하고 싶으냐고 묻더군요. 저는 어린 시절의 기억을 떠올려 보았고, 제가 살면서 했던 선택들에 대해 생각해보았습니다. 저는 기자에게, 나는 사회학적 용어로 하층 내지 주변부라고 부르는 환경에서 자랐다고 말했습니다. 오늘날에는 폴란드의 소위 '국가 농장post-PGR'이 있던 지역들은 매우 안 좋은 이미지로 알려져 있습니다. 그 지역들은 사실상 가난과 절망과 동의어라고 해도 과언이 아닙니다. 제가 어렸을 때는 그 정도는 아니었는데도, 저는 오랫동안 제 친구들에게 그런 지역 출신이라고 밝히지 못했습니다. 심지어 폴란드 인민공화국 시절에도 국가 농장의 이미지는 좋지 않았습니다.

제 어머니의 집안도 국가 농장에 대해 안 좋은 인상을 갖고 있었습니다. 저의 부모님은 국가 농장에서 일했는데 아버지는 용접공, 어머니는 판매원이었습니다. 저는 농민의 아들입니다. 아버지는 1세대 농민-노동자였고, 어머니는 부농 집안 출신이었습니다. 많은 형제자매 중 맏이였던 어머니는 집안의 재산을 상속받아야 했지만, 그러지 못했습니다. 두 분 말씀으로는, 어머니가 자신보다 신분이 낮은 '파기에루스pagierus'(국가 농장에 사는 사람들을 낮춰 부르는 말)와 결혼을 했기 때문이라더군요. 저의 외조부모는 저희를 보러 온 적이 거의 없었고, 심지어 어린 저희에게까지 네 어머니가 네 아버지와 결혼한 것은 그리 좋은 선택이 아니었다고 말했습니다. 우리 가족은 국가 농장에서 살았지만 크게 부족함을 느끼지 않았습니다. 아니, 저는 국가 농장에서 사는 것이 아주 좋았습니다. 국가 농장에는 아이들이 좋아하는 텔레비전 프로그램을 볼 수 있는 휴게실도 있었고, 많은 책이 갖춰진 도서관도 있었습니다.

이 도서관 덕분에 저는 매우 인기가 있던 제논 코시도프스키Zenon Kosidowski의 책들이라든가 성서 이야기책, 네 복음서 저자들의 이야기책 들을 읽을 수 있었습니다. 도서관에는《일리아드Iliad》와《오디세이Odyssey》를 비롯한 세계문학의 고전들이 있었습니다. 저는 가죽으로 제본된 마르크스, 엥겔스, 레닌, 스탈린의 책들을 아주 좋아했습니다. 혁명 지도자인 레닌과 스탈린의 연설 뒤에 편집자들이 쓴 찬사의 글들은 기억에 남았지만, 마르크스와 엥겔스는 제게는 너무 어려웠습니다. 읽고 나서 기억나는 것이 별로 없었습니다. 단지 그 책들을 대출해준 도서관 사서가 다소 놀라워했던 것만 기억이 납니다. 제게 그 책들을 읽으라고 한 사람은 아무도 없었습니다. 그저 어린아이의 호기심에서 읽었을 뿐입니다.

어찌 됐건 이런저런 책들을 읽으면서, 저는 성서 비판이라든가 성서에 나오는 비유와 기독교의 메시지에 대한 합리주의적 해석 등에 대해 알게 되었습니다. 저는 이런 책들을 읽으면서도 교회에도 나갔고 종교 수업에도 참석했습니다. 저는 멀리 있는 교회까지 혼자 걸어가는 것을 좋아했습니다. 제 기억에, 저의 형제자매들은 저와 달리 문학이라든가 종교에 대한 관심이 없었습니다. 그들이 고등학교에 진학하면서 이전에 갖고 있던 종교에 대한 의심이 다시 고개를 들었기 때문인 것 같습니다. 어쨌든 우리 7남매 중 여럿이 고등학교 졸업장을 받았는데, 이는 우리 집안 전체에서 처음 있는 일이었습니다. 어머니도 고등학교에 들어가기는 했지만, 외할아버지가 쓸데없는 시간 낭비라고 반대하는 바람에 학교를 그만두어야 했다더군요. 결국 어머니는 생활 전선에 뛰어들었고 봉급의 일부를 집안 살림에 보태야 했습니다. 어머니는 서둘러 결혼해서 집을 떠났습니다. 이런 이야기를 나중에 어머니한테 들었는데, 저는 당시에 어머니가 했던 결정에 놀라지 않았습니다.

고등학교를 마친 뒤에, 저는 크라쿠프에 있는 야기에우워 대학에 들어갔습니다. 당시에 연극 연구를 전공하는 사람들은 고상한 척하는 속물 취급을 받았습니다. 그런데도 저는 전공으로 연극 연구를 선택했습니다. 이유는 알 수 없지만, 아마 연극에 대한 관심과 호기심이 저를 그쪽으로 이끌었던 것 같습니다. 지금 생각해보면, 당시에 저의 선택은 내면의 소리를 따른 것이었다고 할 수 있습니다. 저는 많은 책을 읽고 연극을 보러 다니고 재미있는 사람들도 만났습니다. 그러던 제가 1학년을 마치고 크라쿠프의 자체크에 있는 학생 기숙사를 떠나 스타라 비에스에 있는 예수회 수련원에 들어가자, 친구들과 가족들은 깜짝 놀랐습니다. 하지만 예수회를 선택하게 된 것도 연극에 대한 관심에서 비롯된 것이었습니다. 연극 공부를 하다가, 그전까지 미지의 영역이던 예수회 연극, 예수회, 종교에 대해 알게 되었거든요. 지금 와서 생각해보면, 저의 결정은 심미적인 성격의 것이었다고 할 수 있습니다. 당시에 저는 16~17세기에 예수회가 교육에서 연극에 상당한 비중을 두었다고 쓴 글을 읽게 되었는데, 실제로 폴란드·리투아니아 공국만 해도 예수회 대학과 예수회 극장이 각기 서른 개 정도나 있었다고 합니다. 당시에 연극은 가장 효과적인 전교傳敎 수단이었습니다. 저는 16~17세기의 예수회는 연극을 매우 중시했는데, 이제는(즉, 1970년대에는) 예수회원이나 예수회 연극이 없다는 것에 호기심을 느꼈습니다.

대학을 다니는 동안, 저는 안제이 얌로스Andrzej Jamroz와 안제이 존Andrzej Zon이 이끄는 극단에서 활동했습니다. 얌로스에게 연극과 교회는 서로 비슷한 것이었습니다. 얌로스와 존은 다 같이 티니에츠에 있는 베네딕트회 수도원에 가서 그곳 수사들이 지난 천 년 동안 일종의 연극이라고 할 수 있는 성찬식을 어떻게 거행해왔는지를 보자고 극단 단원들에게 제안했습니다. 저는 그곳에 가서 베네딕트회 수사들이라든가 미술사와 철학에 관한 책들을 쓴 예수회원들과 친분을 갖게 되었습니다. 제게 그 수도회는 폴란드 인민공화국의 진부한 현실에 대한 흥미로운 대안으로 보였습니다. 만일 당시에 그들이 아니라 야체크 쿠론이나 카롤 모젤레프스키를 만났다면, 저는 아마 다른 선택을 했을 것입니다. 하지만 당시에 그들은 수감되어 있거나 감옥을 들락날락하고 있었기 때문에 청년들에게 아무런 영향도 미치지 못하고 있었고, 더군다나 크라쿠프에 있지도 않았습니다. 제가 얀 볼렌스키Jan Wolenski나 스타니스와프 렘Stanisław Lem을 만난 것은 훨씬 뒤의 일입니다. 제가 예수회를 떠나게 되는 데 얀 볼렌스키와 스타니스와프 렘의 영향이 전혀 없었다고는 할 수 없습니다. 저는 그 때문에 오랫동안 부끄러움을 느끼고 있다고 밝힌 바 있습니다.

제가 인생에서 했던 선택들에는 나름의 일관성이 있습니다. 1970년대에 예수회원들은 저로 하여금 예수회에 들어갈 결심을 하게 할 만큼 인상적이었습니다. 그런데 제가 종교 제도와 결별할 결심을 하게 된 원인도 바로 그들이었습니다. 결정적인 역할을 한 것은 2000년에 라칭어Ratzinger 추기경이 공표하고 요한 바오로 2세가 승인한 선언 〈주님이신 예수님〉이라고 할 수 있습니다. 폴란드 가톨릭은 마침내 우리가 의거할 기준을 갖게 되었다면서 이 선언에 열렬한 호응을 나타냈습니다. 폴란드의 예수회원들도 지지를 보냈습니다. 저는 그 선언을 비판한 유일한 인물이었고, 바로 그때부터 이런저런 문제들이 생기기 시작했습니다. 〈주님이신 예수님〉은 가톨릭교회에서 늘어나고 있던 개방과 다원주의의 담론을 금지하고, 심지어 비난하기까지 했습니다. 이 선언은 구원은 오로지 가톨릭교회와 예수 그리스도 안에서만 가능하다고 선언했습니다. 저는 충격을 받았습니다. 저는 종교들 간의 대화에 깊숙이 관여하고 있었고 비신자非信者들과 깊은 관련을 맺고 있었습니다. 제 기억이 틀린 것이 아니라면, 우리가 만난 것도 바로 그 무렵입니다. 저는 당신의 글들을 읽고 뛸 듯이 기뻤습니다. 우리 둘이 2002년에 발표한 《무엇이 우리를 일치로 이끄는가? 비신자들과의 대화What Unites Us? Dialogue with Non-believers》라는 책에 레셰크 코와코프스키가 써준 "믿음도 선이고 믿지 않음도 선이다"라는 머리말 또한 제게 큰 힘이 되었습니다. 하지만 그때는 그런 책이 호응을 얻기 힘든 시대였죠.

어쨌건 저는 종교적 다원주의의 신학과 관련된 글들을 열심히 찾아 읽었습니다. 그에 관한 대화를 하려고 해도 폴란드 교회에서는 대화 상대를 찾을 수 없었습니다. 그런데 외국에 나가면 그렇지 않았습니다. 하지만 외국에 나갈 때마다 갈수록 귀국하는 것이 힘들어지더군요. 그때부터 저는 교회와의 관계를 끊기 시작했고, 5년 뒤에는 교회와 완전히 결별했습니다. 결별 당시에 저는 마흔 살이 넘었고, 제 앞에 놓인 길이 가파른 비탈길이라는 것을 깨달았습니다. 저의 믿음에서 점점 더 많은 부분을 포기하지 않으면 안 될 것이라는 사실을 깨달았습니다. 2004년에 세상을 떠난 스타니스와프 무샤우가 생각납니다. 주교들은 그가 유대인들과 대화하고 교회의 반유대주의를 비판함으로써 자신의 보금자리인 교회를 모독하고 있다고 비난했는데, 저는 주교들에 맞서 그를 옹호했습니다(제가 예수회에 있을 때 그는 몇 해 동안 제 밑에서 일한 적이 있었습니다). 무샤우는 교회에 배신감을 느꼈지만 공개적으로 표현하지는 못했습니다. 아마 일찍이 10대 시절에 예수회에 들어갔기 때문일 것입니다. 그에게는 교회가 전부였습니다. 하지만 저는 이미 세상을 어느 정도 알고 있는 나이에 예수회에 들어갔기 때문에 세상일에 대해 어느 정도 짐작할 수 있었습니다.

변화의 가능성이 보이면, 곧 그 가능성을 이용하게 되는 법입니다. 1965년에 이탈리아의 이냐치오 실로네Ignazio Silone가 발표한《비상구Uscita di Sicurezza》라는 책이 있습니다. 나폴리에서 공부하던 시기에 그 책을 접했습니다. 그리고 이 저자가 쓴 것은 구할 수 있는 한 모두 찾아 읽었습니다. 당시에는 이 책이 20년 뒤에 새로운 삶의 길의 선택을 두고 고심하는 제게 영향을 주게 되리라고는 전혀 생각하지 못했습니다. 실로네는 공산주의에서 벗어날 수 있는 비상구가 필요했는데, 저 역시 폴란드 가톨릭을 떠날 수 있는 비상구가 필요했습니다. 지금의 폴란드 가톨릭은 점차 근본주의적인 쪽으로 변해가면서, 제가 1970년대에 티니에츠에 있던 베네딕트회 수사들과 크라쿠프의 예수회원들을 만났을 때 느꼈던 신선함을 잃어가고 있습니다. 인간으로서의 기본적인 품위에 필요한 것을 더 이상 제공하지 않는 것은 과감히 버리고 떠나야 합니다. 타인과의 관계를 비롯해 관계 속에 남는다는 것이 곧 자신의 의견을 제시하지 못한 채 계속 굴욕을 견뎌야 하는 것이라면, 그것은 버리고 떠나기에 필요하고도 충분한 조건입니다. 싸움을 피하거나 잘못된 서약을 지키기 위해 계속 머무는 것은 자기 자신을 종신형에 처하는 것이나 다름없습니다. 그 결과는 패배일 것입니다. 실패한 삶만이 남게 되겠죠. 다이모니온을 따르는 것이 꼭 성공과 행복을 의미할까요? 최근에 제가 가르치는 학생들과 함께 플라톤의 《소크라테스의 변명Defence of Socrates》을 읽었습니다. 그것은 우리 문화에서 중요한 텍스트입니다. 아마도 가장 중요한 텍스트가 아닐까 합니다. 제 생각은 이 텍스트의 생각과 같습니다.

이상이 빠져 있는 페이지들을 대략적으로 재구성해서 정리해본 저의 삶입니다. 물론 동일한 사실, 동일한 선택이 다른 식으로 해석될 수 있습니다. 제가 재구성한 것과는 완전히 다른 식으로 해석될수도 있을 것입니다. 하지만 당신의 기억과 과거를 이해하려는 노력 덕분에, 비록 불완전하고 파편적이기는 하지만 제 과거에 대한 모자이크를 만들어볼 수 있어서 기쁩니다. 물론 제가 존경하는 작가들이 쓴 것에 비할 바는 못 됩니다. 하지만 만일 글을 쓴다는 것이 과거를 되살리거나 현재를 창조하는 것이라면, 그리고 이러한 창조가 우리가 살아가고 더 담대하게 미래를 생각하는 데 도움이 된다면, 비록 부족한 것이 많은 글이기는 해도 나름대로 가치가 있지 않겠습니까?

지그문트 바우만

'다른 누군가 때문에 사는 것은 좋지 않다'는 당신의 말에 전적으로 동의합니다. 저처럼 당신도 결정에 대한 책임을 지게 되면 청천벽력 같은 일이 벌어진다고 해도 '우리는 항상 자신의 선택에 책임을 져야만 한다'고 믿습니다. 당신의 경우에 청천벽력은 고위 성직자들의 전

율의 산물이었습니다. 그들은 당신이 당신 자신의 행동이 아니라 자신들의 행동을 당신이 내린 결정의 배후에 있는 이유로 생각한다는 사실을 참을 수 없었던 것입니다. 즉, 오래전에 당신을 자신들에게로 이끌었던 기대를 자신들이 좌절시켰기 때문이라고 본다는 사실을 견딜 수 없었던 것입니다. 당신은 "제가 양심적으로 작성한 답변들에는 예수회, 예수회 총회장, 심지어 교황에 대한 존중이 결여되어 있다는 것이었습니다"라고 썼습니다. 그들은 당신이 "미성숙하고 책임 의식이 결여되어 있을 뿐만 아니라 온전한 정신 상태가 아닌 것은 가족의 정신적 병력의 영향일 수도 있다는 것을 인정하기"를 원했습니다. "제가 문제를 제대로 처리하지 못하는 것은 모두 제 잘못이고, 우울증이 있을지 모르니 정신의학의 도움을 받아보라는 것이었습니다. 저는 이런저런 상황으로 인해 더 이상 사제직에 적합하지 않은 인물이 되어버렸다는 것이었습니다. 다시 말해, 예수회의 고위 성직자들은 제가 스스로 책임지고 결정한 사항에 대해 문제가 있는지 의심을 해보라고 권했던 것입니다. 저는 동의할 수 없었습니다. 저는 화가 났습니다. 저는 솔직히 그들이 자아비판을 기대하고 있고, 사실이 아닌 것을 인정할 것을 요구하고 있다고 써 보냈습니다. 저는 성직자 환속 절차를 밟는 것을 포기했습니다."

친애하는 스타니스와프 씨, 윗사람들이 볼 때 당신은 답변과 행위를 통해 죄만 더 늘렸을 뿐입니다. 결국 당신이 의문을 품었던 권위의 소유자들은 당신이 길을 잃고 죄와 악함에 빠지게 되었다는 것을 인정하게 해야 자신들의 권위를 분명히 확인할 수 있었던 것입니다. 모든 시대와 모든 교파의 종교재판관들은 그러한 자백을 받아낼 때까지 고문을 자행했습니다. 이단자를 화형시키기 위한 말뚝은 당신의 죄를 구속救贖하고 영혼을 구원하기 위해서가 아니라 당신을 고발한 사람들이 수호자를 자처하면서 옹호하고자 하는 영원하고 분명한 진리를 다시 한 번 확인하기 위한 것이었을 뿐입니다.

　반세기 전에 제도는 제게 오명을 씌워 일종의 도편추방을 실시했습니다. 무릎을 꿇고 죄를 고백하고 용서를 구하는 대신에, 제도의 죄인 대열을 떠남으로써 제도를 배반한 이단자로 취급했습니다. 이제 그 제도는 더 이상 제게 벼락을 내릴 수 없습니다. 이제는 과거의 제도를 대신해 미덕과 악덕을 판정하는 자리에 정착하고 싶어 하는 다른 세력들이 그 일을 떠맡았습니다. 이제 "미성숙하고 책임 의식이 결여되어 있고, 또한 가족의 정신적 병력의 영향으로 온전한 정신 상태가 아닐 수 있다는 것을 인정하기"를—아니, 그 정도가 아니라 반세기 전보다 훨씬 더 오래전의 전통으로 거슬러 가서, 제가 악마와 손을 잡고 악마를 위해 일했다고 인정하기를—원하는 것은 이 세력들입니다. 그들은 구질서가 해체된 뒤, 제가 구질서에 반대했고 구질서를 탈출했다는 사실은 무시한 채, 제가 구질서에 들어갔다는 이유만으로 구질서에 찬성했다고 비난합니다. 제가 악한 행위를 했고, 따라서 악마와 어울렸다고 고백하게 되면 해체된 질서가 악마에 의해 만들어진 것이라는 사실이 확인되는 셈이 될 테니까요. 그리고 과거의 제도를 대체한 자신들의 고결함이 확인되는 셈일 테니까요. 이것이 바로 제가 처해 있는 상황입니다. 당신의 경우와는 다르죠. 하지만 어느 경우이건, 우리를 심판하려는 사람들을 사로잡고 있는 것은 저 옛날의 종교재판소의 전략입니다. 의문을 제기하고 자신들과는 반대되는 의견을 가진 사람들이 악마의 유혹에 빠져 악행을 저질렀다고 고백하게 함으로써 진정한 신앙을 굳건히 하려는 전략 말입니다.

당신처럼 저도 선택에 대한 책임을 포기할 생각은 추호도 없습니다. 저는 반세기 전에도 선택에 대한 책임을 포기하지 않았고, 지금도 그럴 생각이 전혀 없습니다. 선택에 대한 책임을 포기한다는 것은 양심을 저버리는 행위로서 최악의 배신행위일 것입니다. 당신은 "자신의 양심을 면밀히 조사하는 것은 지극히 불쾌한 경험"이라는 모젤레프스키의 말을 인용했습니다. 하지만 그렇다고 해서 당신의 선택들에 대한 책임을 '주위의 다른 사람들'이나 '외적' 상황이나 '위로부터의 압력' 탓으로 돌리는 것은 양심이 허락할 수 있는 일이 아닙니다. 양심은 가장 준엄한 재판관입니다. 양심은 압력을 가하는 억압자들이 아무리 강력하고 무자비할지라도 자신이 그 압력에 저항할 수 있다는 것을 압니다. '외적 상황', 설사 강제수용소와 굴라크Gulag〔소련의 강제 노동 수용소 제도〕 같은 극한 상황이라고 해도 사람들에게서 선택 가능성을 완전히 빼앗을 수는 없습니다. 저는 선택을 했던 것이고, 그 선택에는 양도 불가능한 책임이 따랐던 것입니다.

요전에 우연히 '솔티드 노션Salted Notion'[47]이라는 블로그를 운영하는 사람이 쓴 매우 예리한 글을 읽은 일이 있습니다. 그것은 원래 무대였던 영국 대신에 미국으로 배경을 바꿔 만든 미국의 텔레비전 시리즈 〈셜록 홈스의 모험The Adventures of Sherlock Holmes〉[48]에 대해 쓴 글이었습니다. 거기서 이런 문장을 보았습니다. "왓슨, 규정집들은 위험해. 그것들은 도덕적으로 산다는 것이 간단한 일인 듯한 착각을 불러일으키지. 세상을 흑과 백으로 나눌 수 있다는 환상을 심어준단 말이야. 회색을 환영하라고." 셜록은 이런 말도 합니다.

도덕 체계들은 자동차, 정원, 관계, 믿음, 기억, 꿈, 이런 것들과 같
아. 늘 잘 돌봐야 한다고. 쉬운 답 같은 것은 없어. 그렇다고 어려
운 답이 반드시 있다는 말은 아냐. 없을지도 모르지. 진정한 도덕
적 용기란 늘 경계하는 데 있어. 그것은 시시포스Sisyphos적인 거야.
하지만 '나도 너도 괜찮지 않아. 그렇다고 뭘 어쩌겠어'라는 카뮈
식의 부조리적 의미에서 시시포스적인 것은 아냐. 그것은 오히려
'빌어먹을, 없는 데가 없는 짭새 같으니라고fuck-the-cosmic-po-po.[49] 하
지만 그래도 우리는 포기하지 않을 거야. 아무것도 하지 않으면
모든 게 더 나빠질 테니까 말이야'라는 의미에서 시시포스적인 것
이지.

또 이런 말도 합니다. "자네는 결코 충분히 선할 수는 없어. 언제
나 더 노력하고 더 나아질 수 있을 뿐이지. 마음이 편하다면, 자네는
상황을 너무 쉽게 받아들이고 있는 거야." 제 생각을 이보다 더 잘
표현할 수는 없을 것입니다.

세상은 가장 짙은 검은색과 가장 밝은 흰색이 아니라 음영이 다
른 수많은 회색으로 이루어져 있습니다. 양심은 우리가 각각의 회색
의 흑백의 비율을 찾아내게 하고, 그럼으로써 이 회색을 저 회색과
구분하려는 노력을 계속하도록 촉구하고 격려합니다. 다시 말해 양
심은 신경질과 우울함을 불러일으킬 정도로 뒤범벅된 결과들에도 불
구하고 계속해서 경계심('진정한 도덕적 용기'의 기초)을 잃지 않도록

촉구합니다. 마음의 평화는 성공했다는 증거가 아니라 쉬운 선택을 했다는 증거입니다. 아무리 열심히 노력했다고 해도, 우리는 더 노력할 수 있습니다. 우리는 노력이나 경계를 느슨하게 해도 될 만큼 선한 존재가 결코 아닙니다. 일단 선택하는 인간에 속하는 한, 양심을 윤리적 길잡이로 삼는 것이 좋습니다. 왜냐하면 스스로 현자를 자처하거나 사람들이 현자라고 믿는 사람의 가르침에 따라 선택할 수도 있지만, 그런 가르침을 제시하는 사람을 선택하도록 하는 것, 다시 말해 누구의 말을 듣고 누구의 말은 무시하도록 하는 것은 결국은 양심이기 때문입니다. 양심이라는 길잡이는 목적지에 이르는 것을 보장해주지 못합니다. 하지만 양심은 목적지를 향해 나아가도록 계속 다그치는 매우 믿을 만한 인도자입니다. 무엇보다도 중요한 사실은, 양심이 결승선을 앞당겨 메달을 줄 가능성은 거의 없다는 것입니다. 양심은 우리에게 언제나 더 열심히 노력할 수 있다고 힘주어 말할 것입니다. 따라서 '나는 괜찮은 사람'이라는 생각은 잘못된 것입니다. 로마의 주교로 선출되고 나서 "당신은 어떤 사람입니까?"라는 질문에 대해 베르고글리오는 답했습니다. "저는 죄인입니다."

자신에 대한 믿음, 특히 비판의 영향을 받지 않고 어떠한 의심에도 흔들리지 않는 자신감은 도덕적 자아의 완성에 도움이 되지 않습니다. 그런 자신감은 도덕적 맹목으로 이어집니다. 몇 달 전에 저는 리투아니아의 철학자 레오니다스 돈스키스Leonidas Donskis와 이 주제에 관해 교환한 글들을 책으로 출간했습니다. 한 번 읽어보시기 바랍니다. 이 책에서 저와 돈스키스는 도덕적 자아의 운명이 계속 불확실성의 상태에 놓여 있게 될 것이고, 문제들의 모호성과 해결책들의 양가성이 도덕적 자아가 성장하고 성숙하기에 가장 비옥한 토양을 제공할 것이라고 이야기했습니다(1872년에, 오늘날까지도 상당한 영향을 미치고 있는 풍자적 유토피아 소설인《에레혼Erewhon》에서 새뮤얼 버틀러 Samuel Butler가 말했듯이, 삶은 불충분한 전제들로부터 충분한 결론을 이끌어내는 기술입니다).

끝으로, 당신이 우리 문화의 가장 중요한 텍스트 중의 하나로 생각하는《소크라테스의 변명》에 대해 이야기할까 합니다. 저도 당신의 생각에 동의합니다. 하지만 이 책에는 다소 낡은 이야기로 들릴 수 있는 것이 한두 가지 있어서, 당신은 수업을 들은 학생들에게 상당히 많은 설명을 해야 했을지도 모르겠습니다. 그렇지만 문제의 본질은 마치 오늘날의 경험에서 뽑아내기라도 한 듯이 우리에게 매우 친숙한 것입니다. 소크라테스를 고발한 아니토스Anytos와 멜레토스Meletos의 정신은 오늘날에도 우리 가운데 여전히 살아 있습니다. 두 인물은 지금도 여전히 수많은 유능한 제자를 거느리고 있다고 할 수 있습니다. 플라톤이 소크라테스의 입을 빌려 토로하고 있는 항의의 말은 아니토스와 멜레토스만이 아니라 이들의 후예들에게도 적용된다고 볼 수 있습니다. "여러분은 그들을 이 법정에 세울 수도 없고 이성으로 그들을 설득할 수도 없습니다. 여러분은 그림자와 싸워야 하고 자신들을 변호하고 혐의를 반박하지만 결국 아무런 대답도 얻지 못할 것입니다." 소크라테스도 같은 결론을 내립니다.

저는 이 재판에서 패배할 것입니다. 충분한 논거를 갖고 있지 않아서가 아니라 뻔뻔함과 오만함이 충분하지 않아서 혹은 여러분이 듣고 싶어 하는 것을 말할 뜻이 없기 때문에 말입니다. 여러분은 제가 소리를 지르고, 한탄하고, 못난 모습을 보이고, 여러분이 익히 들어온 저의 존엄성을 훼손하는 말을 가장 듣고 싶어 합니다.

소크라테스는 다음과 같은 말로 변론을 마칩니다. "그러나 이제 떠나야 할 때입니다. 저는 죽음을 향해, 여러분은 삶을 향해. 여러분과 저 가운데 누구의 길이 더 좋을지를 확실히 알 수 있는 사람은 없습니다. 아마 신만이 아실 것입니다."[50]

스타니스와프 오비레크

지그문트 씨, 당신은 "일단 선택하는 인간에 속하는 한, 양심을 윤리적 길잡이로 삼는 것이 좋습니다"라고 말했습니다. 이런 점에서 저의 생각과 당신의 말은 당신이 지난번 편지의 말미에서 인용한 소크라테스의 감동적인 말과 만납니다. 즉, 우리는 소크라테스와 같은 처지에 있는 셈입니다. "개가 짖어도 카라반은 갈 길을 간다"라는 속담이 있죠. 이 속담처럼, 우리는 선택에 불가피하게 따라붙곤 하는 혼란과 소란에 너무 신경을 쓰지 않아야 합니다. 우리의 선택을 가장 소리 높이 반대하던 사람들 중 상당수는 우리의 선택이 옳은 것으로 드러나면 우리의 결정을 찬양하는 사람들로 돌변합니다. 지난번 서한에서 제 안에 쌓여 있던 불만과 분노를 털어놓을 수 있었던 것은 당신의 솔직한 이야기 때문이었습니다. 당신도 기만당했다는 느낌을 받은 적이 있다는 것을 알게 되니, 제 심정을 이해하실 것이라는 생각이 들었습니다. 당신이 비판받고 있는 것은 공산주의를 선택한 일이 있었기 때문이고, 제가 비판받고 있는 것은 예수회를 떠났기 때문이지만, 이때 작동하는 메커니즘은 동일합니다. 그것은 자율적이고 독립적인 결정을 할 권리를 인정하지 않는 것입니다. 그리하여 우리가 산 시대는 다르지만 우리의 운명은 서로 얽혀 있습니다. 저는 수많은 경험이 애초의 선택이 옳지 않았다는 것을 보여주는데도 자신이 선택한 삶의 길이나 배움의 길을 고수하는 것은 오히려 선택에 대한 배신이자 선택의 포기와 같다고 생각합니다.

너무 당연한 말이라서 진부하게 들릴지도 모르겠습니다. 과학에서의 패러다임 전환에 대한 토머스 쿤Thomas Kuhn의 분석은 이를 뒷받침하는 매우 설득력 있는 근거입니다. 쿤은 폴란드 학자인 루드비크 플레츠크Ludwik Fleck의 발견에 영향을 받았습니다. 그의 발견은 쿤의 발견에 비해 거의 알려져 있지 않지만, 플레츠크는 처음으로 인식의 사회적 성격에 대해 깊이 있는 고찰을 한 인물입니다. 그런데 최근에 저는 인식의 사회적 성격이라는 것이 많은 이에게 결코 당연한 사실이 아니라는 것을 깨달았습니다. 폴란드의 정치적·경제적 이행기에 중요한 정치가이기도 했던 한 유명한 경제학자와의 의견 충돌이 그 계기가 되었습니다. 논쟁거리가 된 것은 그다지 중요한 것도 아니었고, 그리 적절한 것도 아니었습니다. 하지만 논쟁이 너무 과열된 데다 참가자들의 입장이 너무 확고해서 저는 그러한 비타협적인 태도의 배후에 있는 이유들을 더 생각해보게 되었습니다. 이 모든 소동의 출발점이 된 것은 한 라디오 프로그램이었습니다. 그 프로그램에서는 우리가 앞서 이야기했던 카롤 모젤레프스키의 책에 대해 이야기했는데, 그중에서도 특히 폴란드의 정치적·경제적 이행기인 1989~1993년에 관해 쓴 여러 장章 가운데 하나가 초점이었습니다. 시종일관 사회주의를 견지했고 이 시기의 일들에 적극 참여했던 모젤레프스키는 이 장에서 국가 자산의 민영화를 비판하면서 비교경제학의 주장들을 논거로 제시하고 있습니다. 그는 특히 민영화 지지론자였다가 신자유주의 이데올로기와 결별한 미국 경제학자 제프리 색스Jeffrey Sachs의 주장을 근거로 제시하고 있습니다. 저는 모젤레프스키의 의견에 동의한다는 이야기를 하면서 아직도 신자유주의를 옹호하는 사람이 많다는 것을 믿을 수 없다고 말했습니다. 그러면서 실직자들과 인생의 낙오자들의 대열을 길게 만들고 있는 고삐 풀린 자본주의는 건재를 과시하면서 신자유주의적 변화에 함께 기뻐하지 않는 사람들을 향해 경멸을 내보인다고 말했습니다. 그런데 논쟁 상대방인 유명한 경제학자는 저의 견해에 전혀 동의하지 않았습니다. 신자유주의적 변화가 초래하는 엄청난 비용을 지적하는 사람은 끔찍할 정도로 순진할 뿐만 아니라 현실과 유리된 마르크스주의에 빠져 있는 게 아니냐는 혐의를 받습니다. 논리적 설득 같은 것은 통하지 않습니다.

고삐 풀린 자본주의의 수혜자들보다 희생자들의 수가 훨씬 많은데도 이런 분위기가 지배적이라는 것은 놀라운 일입니다. 게다가 폴란드의 가톨릭교회는 마르크스주의적 사회 분석에 가까운 프란치스코 교황의 입장을 등에 업고 국가의 보호적 기능을 부활시키는 데 참여할 수 있는데도 불구하고 차가운 침묵만 지키면서 다소 이상한 문제들에만 매달리고 있습니다. 이 문제들에 대해서는 이 자리에서 언급하지 않고 넘어가겠습니다. 지금 여기, 비스툴라에서 사람들이 말하고 쓰는 내용은 잘 이해할 수도 없고 실망스러운 것이 대부분입니다. 아마도 저의 관심사가 국내적 문제가 아닌 데다 현실과는 다소 거리가 있는 것이기 때문일 것입니다. 저는 주로 예수라는 역사적 인물에 대한 오늘날의 해석과 그러한 해석이 기독교와 유대교 간의 대화라든가 비신자나 다른 종교들과의 소통 가능성에 가져올 결과에 관심이 있습니다. 언제나 저의 마음을 사로잡고 있는 것은 이와 같은 신앙과 비신앙의 만남입니다. 그렇다고 해서 제가 경제문제에 관심이 없는 것은 아닙니다.

저는 경제학자는 아니지만, 경제에 관심이 많습니다. 특히 경제학자들이 우리의 일상생활에 미치는 영향에 관심이 있습니다. 그렇기 때문에 경제학자들이 제시한 분석들을 놓치지 않고 따라가려고 애쓰는 편입니다. 당신은 그런 분석들에 대해 아주 잘 알고 있을 테니까, 그것들에 관해서는 굳이 이야기하지 않겠습니다. 예를 들어 《지구화Globalization》라는 책에서 당신은 전 지구적 차원에서 더 많은 경제적 이익이 확보될 수 있는 곳을 추구하는 것이 초래하고 있는 결과와 어디에서도 환영받지 못하는, 날로 늘어나는 버림받은 사람들의 비참한 운명에 대해 지적했습니다. 당신은 다른 책들에서도 이 특정한 이데올로기가 낳고 있는 부작용들에 대해 논하고 있지만, 그에 대한 소개는 생략하도록 하겠습니다. 하지만 몇 년 전에 출간된 《부수적 피해: 지구화 시대의 사회 불평등Collateral Damage: Social Inequalities in a Global Age》이라는 책에 대해서는 이야기하지 않을 수 없습니다. 이 책도 앞서 말한 문제들을 다루고 있습니다. 더군다나 이 이데올로기를 주장하던 대표적인 인물들도 이미 오래전에 이 이데올로기의 문제점과 파괴적 측면을 폭로했습니다. 그런데도 이 이데올로기가 왜 폴란드에서 그토록 사라지지 않고 있는 것인지 잘 이해가 되지 않습니다. 물론 전혀 이해 못할 일은 아닙니다. 왜냐하면 그러한 이데올로기를 주장하는 대표적 인물들(적어도 그들 중 일부)이 그런 조치들을 통해 이득을 보게 되면서, 그러한 변화의 혜택을 받지도 못한 채 변화의 희생자가 된 사람들의 상황에 갈수록 더 둔감해지고 있기 때문입니다.

전반적인 상황을 이해하려고 하면서 자신의 개인적 경험을 거론하는 것은 과학적이거나 객관적인 태도가 아닐지도 모릅니다. 하지만 저는 이러한 변화를 저의 가족, 친구, 친지 들 속에서 지켜보고 있습니다. 저는 책을 통한 경험만 한 것이 아니라 57년 동안 실제 삶을 살아왔습니다. 저는 가난한 대가족 집안에서 태어났기 때문에, 그러한 변화는 저와 저의 환경에 영향을 미쳤습니다. 가난은 저의 집안에는 그저 이론적인 문제가 아닙니다. 눈이 있는 사람이라면 누구나 알 수 있듯이, 오늘날 전 세계는 해체되고 있습니다. 이러한 해체의 원인 중 하나는 고귀한 의도들을 효과적으로 전달하려는 개혁가들의 열정과 투지가 고갈된 것입니다. 그들은 오직 자신들의 이익에만 관심이 있는 노동자들의 요구를 들어주기 위해 개혁을 중단할 수는 없다고 말합니다(그들은 애초에 개혁을 가능하게 한 것이 저 생각 없는 노동자들이라는 사실을 잊은 듯합니다). 저는 바로 그러한 인식과 태도가 오늘날 폴란드에서 파시즘적 청년 집단들이 갈수록 세력을 확장해가고 있는 원인이라고 생각합니다. 폴란드의 파시즘적 청년 집단들은 사회적 불안과 오랫동안 쌓여온 불만을 자양분으로 삼고 있는 준加가톨릭 라디오 방송국인 라디오 마리Radio Mary를 통해 불화의 씨앗을 뿌리고 있습니다. 오만한 성직자들도 문제입니다. 그들은 누구에 대해서도 책임을 지지 않으면서 교묘한 암시와 반쪽짜리 진실로 먹고삽니다. 페미니즘과 젠더 이론이 가족과 기존 사회질서를 파괴하고, 특히 인류의 행복을 위한 하느님의 계획을 파괴하는 사악한 것이라는 희한한 이론들이 가능했던 것은 바로 그 때문입니다. 교회의 폐해를 별것 아닌 것으로 생각하는 것 또한 그 때문입니다. 하지만 그러한 태도는 종교 영역에서만 존재하는 것이 아닙니다. 근래에 이르러 온갖 사이비 가설을 지지하는 증거를 찾아 나서는 사이비 역사학자들이라든가 필요하기만 하면 부끄러운 줄도 모르고 견해를 바꾸는 사이비 정치가들이 늘어나고 있습니다. 저의 견해를 현재 진행되고 있는 변화들의 복잡성을 이해하지 못하는 '단변량 가설'이라고 반박하는 사람도 있더군요. 하지만 제가 보기에 폴란드에서 국가는 점차 붕괴되고 있습니다. 많은 이에게 이런 견해가 비관주의적일 뿐만 아니라 폴란드가 최근에 이룬 비약적 발전을 제대로 평가하지 못하는 것으로 보일 수 있다는 것은 잘 압니다. 다른 사람들은 저와는 다른 삶의 경험을 가졌고, 저는 그들의 경험을 존중합니다. 하지만 저 자신의 경험도 이해해줄 사람을 만나보고 싶습니다. 제가 대중을 선동하고 있다는 비난은 공정하지 못합니다.

저는 에바 레토프스카Ewa Letowska라는 사람의 글을 읽고 저의 직관이 옳다는 확신을 갖게 되었습니다. 우군을 발견한 셈이죠. 그녀는 '정치적 비판Political Criticism'이라는 웹사이트[51]를 통해 현실의 이러한 측면에 대한 감동적인 견해를 피력하고 있습니다. 그녀는 정평 있는 변호사로서 1989년부터 시민권 옴부즈맨 겸 최고행정법원과 헌법재판소의 판사로 일하고 있습니다. 그렇기 때문에 그녀는 공적 영역에서 한 사람의 결정과 선택에 얼마나 많은 것이 달려 있는지를 그 누구보다도 잘 알고 있습니다. 그녀는 신자유주의가 득세함으로써 초래된 법적 결과들을 통해 신자유주의가 강자들에게 얼마나 유리한 것인지를 보여줍니다. 그녀는 현재 폴란드 정치체제의 문제점을 정확히 진단하는 많은 탁월한 주장을 제시합니다. 레토프스카에 따르면 이렇습니다.

폴란드에서 시장과 화폐의 역할을 노골적으로 강조하는 신자유주의 이데올로기는 이상한 결합을 보여주고 있습니다. 신자유주의는 각자 자기의 삶을 혼자 알아서 책임져야 하고, 많은 영역이 상품화될 것이고, 우리는 모두 법 앞에 평등하다고 하면서, 동시에 이때의 평등이 실질적 평등이 아니라 형식적 평등을 의미할 뿐이라고 말합니다. 우리에게는 한편으로는 갑자기 자율권이 주어지면서 다른 한편으로는 매우 강력한 이데올로기적 압력이 가해집니다. 이렇듯 우리 폴란드에서는 근대국가의 법과는 너무도 거리가 먼 체제가 만들어지고 있습니다.[52]

특히 끔찍한 것은 신자유주의 철학이 법의 작동 방식에도 영향을 미치고 있다는 것입니다.

우리는 법정 접근에 필요한 절차적 요건들을 계속 강화해가고 있습니다. 그러면서 법률 구조는 제공하지 않고 있습니다. 이는 사실상 힘 있는 사람들의 편을 드는 것입니다. 왜냐하면 더 똑똑하고 더 효율적이고 더 부유하고 이런저런 면에서 더 강한 사람들은 어떤 식으로건 대처하겠지만, 빈자와 약자, 전문 지식이 부족한 자, 조직에 속해 있지 않은 자 들은 대처하지 못할 것이기 때문입니다. 우리는 다음과 같은 원칙에 따라 행위를 한다고 할 수 있습니다. 나는 약하다. 나는 훨씬 더 약해질 것이다. 나는 가난하다. 나는 훨씬 더 가난해질 것이다. 나는 강하다. 법은 나의 강함을 보호할 것이다. 법은 나의 강함을 훨씬 더 강하게 만들 것이다. 하지만 이는 법의 역할이 아닙니다. 그런데도 우리는 법이 이런 식으로 끔찍하게 작동하는 것을 그냥 바라보고만 있습니다. 현재 이루어지고 있는 형법 개정 시도들은 이를 여실히 보여줍니다. 우리는 경보기가 울리도록 맞춰놓지 않으면 안 됩니다.[53]

그렇습니다. 우리는 경보음을 듣고 정신을 차려야 합니다. 강자를 지지하고 약자를 무시하는 신자유주의의 주장에 반대해야만 합니다.

문명의 가치는 약자의 편을 들 수 있는 능력과 의지에 있습니다. 왜냐하면 그러한 능력과 의지만이 세계를 변화시키고 세계의 병을 치유할 수 있기 때문입니다. 이는 세 가지 대표적 일신교들의 기초였습니다. 세 가지 종교 모두 억압받는 사람들과 권리를 박탈당한 사람들의 편에 서야 할 필요성에서 출현했습니다. 이 종교들은 약자의 곤경에 민감할 것을 가르쳤다는 점에서 오늘날에도 인류의 자부심의 정당한 근거라고 할 수 있습니다. 이집트에서 도움을 간구했던 이스라엘인들이든, 기독교에서 평등 실현의 가능성을 보았던 강력한 로마 제국의 빈자들과 권리를 박탈당한 시민들이든, 아라비아 반도의 사막에 흩어져 있다가 예언자 마호메트Mahomet에게 계시를 내린 알라에 대한 믿음으로 하나가 되었던 부족들이든 간에 말입니다. 이러한 핵심적 가치는 마르크스주의 철학에도 존재했습니다. 마르크스주의 철학이 20세기 초에 러시아를 비롯해 유럽의 여러 나라에서 커다란 희망을 불러일으켰던 것도 바로 그 때문입니다. 그러한 가치는 해방신학에도 존재합니다. 그리고 해방신학에 조예가 깊은 인물이 교황이 되었습니다. 그런데 가톨릭 국가인 폴란드가 어찌 이 교훈을 잊은 듯한 모습을 보일 수 있단 말입니까? 어떻게 그럴 수 있죠?

다른 나라들도 비슷하지 않느냐는 말은 위안이 되지 않습니다. 저는 우리가 제프리 색스 같은 경제학자들의 생각을 현실에 실현하려고 하면 훨씬 더 좋겠습니다. 제프리 색스의 최근 저서인《문명의 대가The Price of Civilization》에는 '자유 시장 오류'라는 제목의 장이 있습니다. 여기서 색스는 자유 시장의 잘못된 가정들에 관해 이야기하면서 자유 시장과는 완전히 다른 해법들을 제안합니다. 이런 생각을 가진 사람은 색스만이 아닙니다. 저는 조지프 스티글리츠Joseph Stiglitz, 아마르티아 센Amartya Sen, 그리고 당신 같은 사람들이 촉발한 태도 변화를 기대하면서 상황을 예의 주시하고 있습니다. 전 지구적 차원에서 필요한 변화들을 대하는 태도상의 변화 말입니다. 제가 볼 때, 이들은 인내심을 가지고 일관되게 사회주의적 견해를 견지하고 있는 대표적인 인물들입니다. 물론 너무나 잘 아시겠지만, 이들이 항상 환영을 받는 것은 아닙니다. 제일 먼저 변화의 수혜자가 되었고 오늘날까지도 자신들이 이룬 업적에 취해 있을 뿐만 아니라 그 업적을 찬양하는 수많은 추종자를 거느리고 있는 개혁가들의 열정을 이해할 수는 있지만, 그로 인해 20년쯤 뒤에 초래될 사회적 비용을 외면하는 것은 결코 받아들일 수 없습니다. 정말로 슬픈 일이 아닐 수 없습니다.

그러나 저는 슬픔에 잠겨 눈물을 흘릴 생각은 없습니다. 문제점을 인식한다는 것은 곧 문제점을 극복하는 출발점이니까요. 저는 '현대화된' 셜록 홈스의 말이 너무 마음에 듭니다. 저는 진정한 도덕은 항상 '돌봄'과 경계警戒에 있다는 셜록의 말에 동의합니다. 오직 그럴 때만 우리는 우리 모두에게 위험한 타성에서 벗어날 수 있습니다. 그런데 당신과 레오니다스 돈스키스가 주장하는 도덕적 불감증의 위험에 주목하고 그것을 알아차릴 수 있는 명료한 사고 능력을 어디서 찾을 수 있을까요? 오랜 전통의 지혜? 하지만 현명하다고 하는 수많은 사람도 인류에게 치명타를 입힐 의심스러운 길을 따라 걷고 있습니다. 저는 얼마 뒤에 이스라엘에 갈 일이 있는데, 그때《도덕적 불감증Moral Blindness》을 가지고 가서 읽어볼 생각입니다. 폴란드처럼 열정에 사로잡힌 일부의 사람들에 의해 탄생한 이스라엘에서 당신의 책을 읽으면서 새로운 통찰을 찾아볼 생각입니다. 이스라엘을 세운 사람들은 '자신들의 나라'가 디아스포라로 흩어져 살아온 수많은 세대의 소망을 실현시켜줄 것이라고 믿었습니다. 하지만 이 신생국가는 오래지 않아 오래된 질병들에 굴복하고 말았습니다. 오래된 질병들은 신생국가의 젊음에 의해 약해지기는커녕 오히려 강해졌습니다.

우리는 자신 안의 들보는 못 보고 남의 눈의 티끌은 쉽게 탓합니다. 하지만 저는 시도할 것입니다. 저는 지금 여기에서 어떻게든 서로가 서로에게 눈을 뜨게 해줄 수 있는 가능성을 모색할 것입니다. "도덕적 자아의 운명은 계속 불확실성의 상태에 놓여 있게 될 것이고, 문제들의 모호성과 해결책들의 양가성이 도덕적 자아가 성장하고 성숙하기에 가장 비옥한 토양을 제공할 것이다"라는 당신의 말에 비추어 볼 때, 저의 이런 시도는 옳은 것같이 생각되지만 확신할 수는 없습니다. 사실 저는 끊임없는 의심에 사로잡혀 있습니다.

지그문트 바우만

당신처럼 저도 경제학자가 아닙니다. 경제학자들이 자신들의 전유물이라고 주장하는 주제에 관해 제가 자신 있게 내세울 만한 독자적인 견해를 가질 수 있다고는 전혀 생각하지 않습니다. 유명한 경제학자들의 저술을 통해 경제학자들이 다루는 문제를 더 깊이 이해하려고 할수록 저는 그들의 논쟁에 끼어들고 싶지 않다는 생각이 강해졌습니다. 유명한 경제학자의 경제적 예측은 말할 것도 없고 주장이나 평가에 대해서조차 그 못지않게 권위를 인정받고 있는 또 다른 경제학자들의 반대 주장이나 평가가 있다는 것을 곧 깨달았기 때문입니다. 그러니 경제학자들을 권위 있는 길잡이로 믿고 따르기는 힘듭니다.

요컨대 경제학자들이 제시하는 가르침들은 경제학 분야에 명료성을 더하기보다는 오히려 혼란만 가중시키는 것 같습니다.

자신의 한계를 의식하면서 자신이 알고 있는 것을 밀고 나가는 것이 훨씬 더 현명합니다. 저는 이런저런 경제정책에 대해서는 잘 모릅니다. 제가 알고 있는 것은 경제정책들이 원래 지원한다고 했던 사람들의 조건과 복지에 어떤 결과를 미치고 있는가 하는 것입니다. 이는 제가 경제학자들의 저술을 읽을 때 제일 관심을 갖고 보는 것이기도 합니다.

안타깝지만 그러한 정보들을 접하기는 쉽지 않습니다. 그러한 정보 자체가 별로 없다고 하는 것이 더 정확한 말일 것입니다. 경제학자들은 '경제 발전'에 대해 생각하거나 글을 쓸 때 경제 발전의 결과는 거의 고려하지 않는 것 같습니다. 그들이 쓴 논문들은 대부분 GDP를 늘리는 방안으로 시작해서 그것이 실제로 얼마나 효과적이었는지에 대한 이야기로 끝납니다.

하지만 타데우시 코발리크Tadeusz Kowalik의 뛰어난 저술들은 보기 드물게 예외적인 경우에 속합니다. 코발리크의《연대에서 배반으로: 폴란드에서 자본주의의 부활From Solidarity to Sellout: the Restoration of Capitalism in Poland》[54]만큼 사람들의 삶에 미친 복잡한 영향에 주목하면서 동유럽의 '변화'의 본질적 성격을 깊이 있고 종합적으로 조사하고 연구한 책은 아직까지 본 적이 없습니다.

코발리크는 '현존 사회주의'의 중앙집권적 계획경제가 '역사적으로 경제 발전에 실패한 길'로 여겨지는 일반적 현상을 고찰하고 나서 "그러한 일반적 견해가 사태 전체를 말해주는 것은 아니다"라고 덧붙입니다. "실제로 (21세기가 시작되고, 적어도 폴란드에서 자본주의가 부활하고 나서 10년이 지난 시점에서 실시된) '공산주의 폴란드와 오늘날의 폴란드 중에서 어느 때가 더 살기 좋은가?'라는 설문조사에서 50퍼센트 이상이 구질서가 더 살기 좋았다고 답했고, 현존 질서를 선택한 사람은 11퍼센트에 불과했다(Diagnoza, 2003). 응답자의 3분의 2 이상이 1989년 이후 폴란드에 새로운 체제가 들어서고 나서 살기 힘들어졌다고 보고 있다." 이는 사회주의 붕괴 이후 모든 동구권 국가에서 공통적으로 볼 수 있는 경향입니다. 20세기의 마지막 25년 동안에 폴란드인들의 삶에 무슨 일이 있었기에 사회 분위기와 여론에서 이러한 역설적 변화가 일어난 것일까요?

'현실 사회주의'를 대체한 새로운 사회체제하에서 삶의 경험이 알려준 것은 이 체제의 규칙에 대한 다음과 같은 해석입니다. "나는 약하다. 나는 훨씬 더 약해질 것이다. 나는 가난하다. 나는 훨씬 더 가난해질 것이다. 나는 강하다. 법은 나의 강함을 보호할 것이다. 법은 나의 강함을 훨씬 더 강하게 만들 것이다." 부자는 더 부유해지고 빈자는 더 가난해지고 있습니다. 그런데도 법은 스스로를 돌볼 수 있는 부자들이 그럴 형편이 안 되는 빈자들을 돌볼 필요가 없도록 하는 데만 관심이 있습니다. 빈자들은 부자들의 허리띠가 늘어나도록 하기 위해 자신들의 허리띠를 졸라맬 뿐입니다. 피고용인들은 그들의 노력으로 고용주들이 더 부유해지고 주주들의 주머니가 더 두둑해지도록 하기 위해 고용될 뿐입니다. 만일 피고용인들이 이런저런 조건을 제대로 충족시키지 못하면, 그들은 주저 없이 거리로 내쳐집니다. 그렇게 하지 않을 이유가 전혀 없습니다. 하지만 당신의 말처럼, "문명의 가치는 약자의 편을 들 수 있는 능력과 의지에 있습니다. 왜냐하면 그러한 능력과 의지만이 세계를 변화시키고 세계의 병을 치유할 수 있기 때문입니다." 당신의 말이 맞는다면―당신의 말은 맞습니다―우리가 문명의 미래를 우려하는 것은 당연한 일입니다.

당신은 제프리 색스가 사울이 다마스쿠스로 가는 길에 받은 계시와 비슷한 깨달음을 얻고 나서 쓴 편지를 인용했습니다. 예수는 도덕적 맹목과 불감증이 지배하는 세계에서 약자를 위해 목소리를 냈습니다. 사울은 그런 예수를 비난하기 위해 다마스쿠스로 향했습니다. 저 계시 때문에 성 바울이 찬사를 받고 있듯이, 깨달음을 얻은 이후의 색스는 찬사를 받고 있습니다. 하지만 색스는 눈을 뜨기 전에는 자신이 지금 폭로하고 있는 허구성과 치명적인 사회적 결과들의 원천인 '자유 시장'의 열렬한 숭배자이자 급진적 주창자였습니다. 그는 자유 시장이라는 이름하에 사람들에게 영향을 미친 권위자였습니다. 그 결과는 코발리크의 주장처럼 "원시적 자본축적과 비슷하게 새로운 자본주의적 사회구조를 세우는 수단이 된……충격요법", 환자의 느낌과 정신 상태는 전혀 고려하지 않는 '치료법'이었습니다. 이 치료법은 갇혀 있던 호리병에서 우연히 풀려난 램프의 요정이 치는 잔인한 장난들이나 괴테의 담시譚詩[〈마법사의 제자〉를 가리킴]에 나오는 마법사의 무지한 제자가 겪는 일과 몹시 닮았습니다. 그런데 괴테의 담시의 줄거리와 그것을 기초로 뒤카Dukas가 작곡한 교향시는 그래도 얼마 안 가 행복한 결말을 맞이합니다. 대부분의 폴란드인들은 지금도 날마다 마법사의 제자가 겪은 것과 비슷한 일들로 인한 결과와 싸우고 있습니다.

하지만 저 이야기에서와 달리, 바르샤바에는 산책에서 돌아와 주문을 외움으로써 미친 빗자루들의 파괴적 활동을 중단시키는 마법사 같은 존재는 결코 어디에서도 찾아볼 수 없습니다. 인간을 선택을 할 수 있는 존재로 보는 것은 역사적으로 반드시 필요합니다. 자신들의 의견을 피력하고 일간신문의 1면이나 라디오, 텔레비전에 그들의 의견이 보도되는 사람들은 지겨울 정도로 '대안이 없다'는 주문을 외워댑니다. 취업의 기회도 저녁 식사 자리에 참석할 기회도 박탈당한 실직자들을 만들어내는 것은 어쩔 도리가 없는 일이라는 것입니다. 운 좋게 일자리(얼마 동안 지속될지 알 수 없는 일시적인 일자리)를 차지한 사람들의 운명을 '노동시장'이라는 미명하에 기업주들의 기분에 따른 처분에 맡기는 것, 혹은 속박에서 풀려나 제멋대로 다른 사람들의 자본을 파산 상태로 몰고 가느라 바쁜 집 없는 자본의 걷잡을 수 없는 방랑(즉, '지구화'라는 활동)에 맡기는 것 외에는 다른 대안이 없다는 것입니다.

아닙니다. 대안은 있습니다. 상황은 달라질 수 있고, 실제로 다릅니다. 적어도 일반적인 선택과는 다른 선택들을 하고 반대쪽에서 불어오는 강풍과 폭풍에도 불구하고 꿋꿋이 성공적으로 다른 선택들을 고수한 사회들에서는 그렇습니다. 코발리크가 말하고 있는 스웨덴의 경제가 좋은 예입니다.

〔그것은〕 국제시장이 요구하는 고도의 효율성이라는 조건에 맞춰 작동한다. 그리하여 거기에는 비효율적인 기업이나 경제 부문들에 대해 온정주의가 적용될 여지 같은 것이 전혀 없다. 노동조합

들이 여전히 힘을 갖고 있는데도 불구하고, 조선 산업(최근까지도 세계에서 가장 근대적인 산업의 하나로 간주되었던 산업)의 사실상 거의 전부를 정리하는 거대한 구조조정 프로그램이 평화적으로 진행되고 있다. 이러한 성공의 비밀은 스웨덴에서 적극적 고용 정책이라고 부르는 것에 있다. 이 정책은 실업 급여 지원 자금 확충보다는 해고될 처지에 있는 사람들을 위한 일자리 창출을 추구한다. 문을 닫은 조선소들에서 일하던 노동자들 중에 자구책을 마련하도록 방치된 사람은 하나도 없었다. …… 스웨덴에서는 경제적 급진주의가 사회적 연대와 공존한다. 갈등 상황을 해결하기 위한 철학은 대처리즘과는 정반대되는 것이다.[55]

대안이 없다는 이유를 들어 어쩔 수 없는 선택임을 강조하는 것이 오류라는 것을 입증하는 사례는 스웨덴만이 아닙니다.

지금도 많은 나라가 선진적 사회보장제, 누진세, 공적 소득 이전 등을 통해 시장과 급여 수준에 강력히 개입하고 있다. 그런데도 폴란드의 사회학자들과 통계학자들의 조사, 연구는 대개 더 많은 소득과 임금 평등은 효율성과 함께 갈 수 없다는 잘못된 믿음에 기초하고 있다. 하지만 둘은 함께 갈 수 있다. 더 나아가 이런 정책을 추구하는 국가들이 오히려 지식 기반 경제들 중에서 높은 순위를 차지할 수 있다(21세기 초에 최상위에 속한 나라는 핀란드, 스웨덴, 덴마크였다).[56]

코발리크는 묻습니다. "이 나라들이 과연 레셰크 발체로비치 Leszek Balcerowicz의 말이나 워싱턴 컨센서스의 처방에 귀를 기울였기 때문에 이런 '기적'을 달성했던 것일까?"[57]

혁명은 사회적 불평등의 주요 생산물이 아닙니다. 사회적 불평등의 주요 산물은 지뢰 매설 지역들입니다. 무작위로 매설된 지뢰들이 가득한 지역 말입니다. 그 지뢰들 중 어떤 것이 언젠가 폭발하리라는 것은 분명합니다. 하지만 어떤 지뢰가 언제 폭발할지는 정확히 알 수 없습니다. 혁명이 문제가 될 때는 제때에 혁명의 소재를 찾아내 폭탄의 뇌관을 제거하기 위해 뭔가 할 수 있지만, 지뢰 매설 지역의 지뢰들은 그럴 수 없습니다. 물론 한 부대의 군인들이 지뢰를 매설한 지역에 다른 부대의 군인들을 보내 지뢰를 제거하게 할 수는 있습니다. 하지만 실제로 그렇게 하는 것은 위험합니다. 군대에서 전해 내려오는 말처럼, "토목 공병은 딱 한 번 실수할 뿐이니까요." 그런데 사회적 불평등이 만들어낸 지뢰밭들의 경우에는 그러한 위험한 제거 방법조차도 쓸 수 없습니다. 지뢰를 매설하고 제거하는 것은 같은 부대가 해야 합니다. 그 부대는 전에 매설한 지뢰들 외에 새 지뢰들을 매설하는 것을 그만둘 수도 없고, 지뢰를 밟는 일을 피할 수도 없습니다. 이런 일이 계속 되풀이됩니다. 지뢰들을 매설하는 것과 폭발에 희생되는 것은 분리될 수 없습니다. 무슨 이유로 갑자기 노동자들의 임금을 두 배로 인상했느냐는 기자들의 질문에, 헨리 포드Henry Ford는 "내 회사에서 일하는 노동자들이 내가 파는 자동차를 살 수 있게 하기 위해서"라고 답했습니다. 그가 그러한 결정을 내린 데는 사실 훨씬 더 현실적이고 합리적인 이유가 있었습니다. 노동자들은 포드에게 생계를 의존했지만, 포드도 자신의 부와 권력을 위해 컨베이어 벨트가 계속 작동하게 하려면 현지에서 구할 수 있는 노동자들에게 의존할 수밖에 없었습니다. 의존은 상호적인 것이었습니다. 포드는 소유하고 있는 부와 권력의 장대함과 고정성 때문에, 자기 공장에서 일하는 숙련 노동자들이 경쟁 업체의 더 좋은 제안에 넘어가지 않도록 지키는 것 외에 별다른 대안이 없었습니다. 1세기 뒤의 기업인들과 달리, 헨리 포드에게는 마지막으로 기댈 '불안정성이라는 무기'가 없었습니다. 다시 말해 공장의 조건이 아무리 끔찍해도 한마디 불평 없이 터무니없는 수준의 최저 생활 임금을 기꺼이 감수할 태세가 되어 있는 사람들이 가득한 곳으로 부를 옮겨가는 선택지가 주어져 있지 않았습니다. 포드의 자본은 그의 공장에서 일하는 노동자들과 마찬가지로 그곳에 '고정되어' 있었습니다. 육중하고 거대한 기계들의 형태로 높은 공장 벽 안에 갇혀 있었습니다. 그렇기 때문에 서로 의존하고 있고, 따라서 앞으로 오랫동안—정말로 아주 오랫동안—서로 함께할 수밖에 없다는 것은 자본과 노동 양측 모두 아주 잘 알고 있는 공공연한 비밀이었습니다.

긴밀한 상호 의존이 오랫동안 지속될 것으로 예상되었기 때문에, 양측은 얼마 안 있어 잠정 협정을 맺고 준수하는 것이 자신들에게 이익이 된다고 결론을 내릴 수밖에 없었습니다. 잠정적 협정은 자신들의 행동의 자유에 대한 불가피한 제한이라든가 이해관계가 상충하는 상대를 밀어낼 수 있고 밀어내야 하는 거리에 대한 불가피한 제한을 자발적으로 받아들이는 공존 양식입니다. 헨리 포드와 그를 찬양하고 추종하고 모방하는 사람들에게 그 외의 선택지는 원하든 원치 않든 간에 자신들이 앉아 있는 가지를 자르는 것밖에 없었습니다. 결국 그들은 노동자들이 작업대에 묶여 있듯이 그 가지에 묶여 있었습니다. 더 편안하고 구미가 당기는 장소로 이동할 수 없었습니다. 상호 의존의 한계를 벗어나는 것은 자신들의 부의 원천을 파괴하는 것 혹은 자신들의 부가 성장한 토대였고 앞으로도 계속해서, 아마도 영원히 토대가 되기를 바라는 땅의 비옥도를 빠르게 소진시키는 것을 의미했습니다. 요컨대 불평등에는 그것을 넘어서게 되면 자본이 살아남을 수 없는 한계가 있었습니다. 서로 갈등하는 양 당사자의 지속적 관심사는 무엇보다도 불평등이 통제권 밖으로 벗어나지 않게 하는 것이었습니다.

다시 말해, 사회적 불평등에는 '자연적' 한계가 있었습니다. 그랬기 때문에, '프롤레타리아트의 절대적 궁핍화'에 대한 칼 마르크스 Karl Marx의 예언은 자기 부정적인 것이 되었고, 흔히 '복지국가'라는 다소 부적절한 이름으로 불리는 사회국가—언제나 노동자들의 고용에 관심을 기울이고, 노동자들이 잠재적 고용주들에게 매력적일 수 있도록 하는 데 힘쓰는 국가—가 '좌우를 넘어' 비당파적인 쟁점이 되었던 것입니다. 또한 국가가 자본가들의 병적인 선호와 빨리 이윤을 획득하고자 하는 탐욕을 방치할 경우에 초래될 자살적 결과들로부터 자본주의적 질서를 보호해야 할 필요도 있었고, 그런 필요에 입각해 최저임금제나 노동 일수에 대한 제한을 도입한다든가 노동조합을 비롯한 노동자들의 자기방어 수단을 법으로 보호할 필요도 있었습니다. 부자와 빈자의 간극이 확대되는 것을 막거나 감소시키도록 한 것은 바로 이러한 필요들이었습니다. 불평등은 살아남기 위해서 스스로를 제한하는 기술을 만들어내야 했습니다. 불평등은 그런 기술을 만들어냈고, 비록 간헐적이기는 했지만 1세기 넘게 그 기술을 실제로 사용했습니다.

하지만 이제는 그렇지 않습니다. 스칸디나비아와 주목할 만한 몇몇 나라를 제외하면, 많은 나라가 '자유화liberation'라는 이름하에 금융시장과 노동시장에 대한 일괄적인 탈규제 정책을 펼치고 있습니다. 그런데 사람들을 '해방시킨다liberate'고 하는 탈규제 정책은 정반대로 자유화된 자본들의 자산을 유례없는 수준으로 증폭시키면서 노동자들로부터 교섭력의 대부분을 박탈해버렸습니다. 고대 로마의 메네니우스 아그리파Menenius Agrippa는 상호 의존의 일방적 파기가 초래할 병적 결과에 관해 평민들에게 경고하곤 했는데, 바로 그러한 파기가 지금 진행되고 있습니다. 아그리파가 경고할 때는 평민들이 파기를 주도한 반면, 지금은 귀족들이 주도하고 있다는 차이만 있을 뿐입니다. 우리 시대는 엘리트들의 대규모 이탈이 이루어지고 있는 시대입니다. 그들은 '지방민들', 즉 '장소에 붙박여 있는' 노동자들을 고생하게 내버려 둔 채 풀이 더 많거나 많아 보이는 곳으로 자유롭게 옮겨갑니다. 부자들은 실천적 의도와 목적이 언제나 탈영토적이기 때문에, 중간 기착지의 복지에 기여하는 것에는 관심이 없습니다. 그리고 그들이 중간 기착지의 숙소를 항구적인 집으로 삼게 하기 위해 '지방민들'이 할 수 있는 일은 거의 없습니다.

그렇다면 부자들이 계속 존속하면서 힘을 강화시키는 한—그들의 논리대로 하도록 내버려 둘 경우—, 가난한 자들과 약자들은 늘어날 것이고, 빈곤과 취약함에서 벗어나 엄청난 부자가 되는 사람들은 줄어들 것이고, 결국 점점 더 많은 사람이 굴욕적이고 존엄성을 약화시키고 능력을 앗아가 버리는 삶의 불확실성의 처분에 맡겨질 것입니다.

사회구조는 인간의 선택을 결정하지 않습니다. 하지만 사회구조는 인간의 선택의 개연성을 결정합니다. 한때 사회구조는 연대, 상호적 돌봄, 상호부조를 촉진했습니다. 그런데 오늘날 사회구조는 상호 의심, 질투, 경쟁을 조장합니다.

오늘 조간신문 《가제타 비보르차》에는 프란치스코 교황이 자정 미사에서 행한 강론에 대한 기사가 실렸습니다. "신과 이웃을 사랑한다면, 우리는 빛 속을 걸어갑니다. 그러나 만일 우리의 마음이 닫혀 있다면, 자만심과 허위와 이기심이 승리한다면, 어둠이 내려와 우리를 에워쌀 것입니다"라고 교황은 말했습니다. 그는 사도 성 요한의 말도 인용했습니다. "자기 형제를 미워하는 사람은 어둠 속에 있습니다. 그는 어둠 속에서 살아가면서 자기가 어디로 가고 있는지 모릅니다. 어둠이 그의 눈을 멀게 했기 때문입니다."[58] 어떤 독자(물론 폴란드인)가 이 기사가 실린 신문의 웹사이트에 이런 댓글을 달았더군요. "프란치스코 교황은 예수가 사람들을 어둠에서 해방시키기 위해 세상에 왔다고 말했다. 그는 우리에게 자만심, 기만, 자기 이익을 추구하려는 유혹, 증오를 극복하라고 호소했다.

세상에! 과연 사람들이 교황을 위해 자신이 가톨릭 신자가 되었다고 생각할까?"

결론을 대신해서

액체성은 우리 삶의 성가신 짐들을
변화시킬 수 있는 능력입니다.

스타니스와프 오비레크

저는 《가제타 비보르차》의 웹사이트에 실린 프란치스코 교황의 말에
그 독자가 어처구니없다는 반응을 보인 것이 전혀 놀랍지 않습니다.
그런 반응이 처음도 아니고, 게다가 마지막일 것 같지도 않습니다.
분명히 프란치스코 교황의 말은 수십 년 동안 기존의 어법에 익숙해
져 있던 폴란드의 가톨릭 신자들에게 충격을 주고 있습니다. 그런 반
응은 폴란드 성직자들이 지속적으로 수행하고 있는 성전聖戰의 영향
도 있지만, 그것 때문만은 아닙니다. 이를테면 비스툴라에 있는 가톨
릭 언론인 《가제타 비보르차》는 독자들에게 계속해서 현실에 대한
마니교적 비전을 제공했고, 그 결과 우리는 빛과 어둠으로 나뉜 이분
법적 세계에 놓여 있게 되었습니다. 그런데 프란치스코 교황은 바로

이러한 일반적 믿음에 심각한 타격을 가하고 있는 것 같습니다. 그러니 교황의 말에 대한 반발의 움직임이 일어나는 것은 어찌 보면 자연스러운 일입니다.

그런데 저에게 무엇보다도 중요한 것은, 당신이 계속해서 프란치스코 교황에 관해 이야기하고 교황에게서 당신과 공통된 영혼과 느낌을 발견한다는 점입니다. 제게는 이러한 일치 내지 공감이 정말로 중요합니다. 그러한 일치나 공감이야말로 가장 고무적인 희망의 원천들 가운데 하나라고 생각하기 때문입니다. 그리고 그러한 일치나 공감으로 인해, 지금 여기를 이해하고자 하는 우리의 시도가 다소 예기치 않게 과거를 보는 새로운 시각들을 가능하게 했습니다. 그래서 다소 역설적인 질문을 던져볼까 합니다. 과거의 미래는 무엇인가? 프란치스코 교황의 새로운 목소리 덕분에, 지금 여기에 관한 고찰이 종교적 전통을 비롯한 우리의 유산을 아주 다르게 볼 수 있게 해주지는 않을까?

이런 질문을 던지는 이유는 현재 우리의 유산이 공적 영역에서 기능하는 방식에 대한 비판적 질문(주로 제가 정식화한)이 다른 가능성(종교의 기능의 경우에도 대안이 있습니다!)을 보여줄 수도 있기 때문입니다.

타데우시 코발리크가 제시한 현 상황에 대한 통찰력 있는 분석은 바로 이러한 질문들에 대한 응답이었습니다. 그러한 물음들이 아직 폴란드인들의 의식 속으로 침투하지 못하고 있는 것이 안타까울 뿐입니다. 폴란드인들은 여전히 신자유주의 이데올로기의 '유일하게 참된' 세계 해석에 매몰되어 있습니다. 이러한 정신 상태는 경제적 관점에서만이 아니라 다른 관점에서도 살펴봐야 할 주제이지만, 이에 관해서는 다른 기회에 다루어야 할 것 같습니다. 어쨌건 코발리크의 분석과 프란치스코 교황의 크리스마스 자정 미사 강론을 비교해보면, 교황의 강론 내용의 배경은 코발리크조차도 예상 못했을 만큼 새로운 것이었습니다. 그 배경은 종교적인 것이었고, 심지어 사회복음주의적인 것이었습니다. 교황의 말은 독실한 가톨릭 신자들로서는 격분할 만한 말이었을 것입니다. 그들에게 가톨릭은 다른 어떤 것과도 연결될 수 있지만 마르크스주의적 분석과는 결코 연결될 수 없습니다. 그렇기 때문에 그들은 아르헨티나 출신의 교황에 대해 교황이라기보다는 마르크스주의자에 더 가까운 것이 아니냐고 의혹을 제기합니다. 호르헤 베르고글리오 자신도 그러한 의혹에 크게 반대하는 것 같지 않습니다. 그는 자신이 마르크스주의에 동의하지는 않지만, 자신이 알고 있는 마르크스주의자들 중에는 훌륭하고 정직한 사람들이 많다고 거듭 이야기합니다. 저는 교황의 말을, 타데우시 코발리크 같은 훌륭한 마르크스주의자의 생각에서는 복음적 요소들을 많이 볼 수 있다는 뜻으로 해석할 수 있다고 생각합니다. 이런 해석이 대단히 역설적으로 보일 수도 있겠지만, 저는 이데올로기의 영향에서 벗어나 현실 경제를 정직하게 분석한 코발리크의 연구가 신자유주의적이고 자유 시장적인 경제가 과거 공산권 국가들에 도입됨으로써 발생한 극적인 결과에 비추어 볼 때 그 강점을 잘 보여주었다고 확신합니다. 충격요법은 극도로 침체된 사회주의경제를 치료하지 못했는데도, 충격은 여전히 가해지고 있습니다. 이는 갈수록 더 광범한 영역에서 충격요법이 시행되고 있다는 것을 의미합니다. 사회의 주변부에서는 배제된 다수의 희생을 바탕으로 재산을 늘리는 운 좋은 사람들이 갈수록 줄어들고 있습니다. 이제 우리는 자본주의경제에 참여할 기회를 박탈당한 프롤레타리아트와 농민에 대해서가 아니라 '프레카리아트'에 대해 이야기합니다. 모든 사회집단에서 프레카리아트가 만들어지고 있는데도, 프레카리아트는 여전히 자신들이 영향력을 행사할 수 있고 부자가 될 수 있다는 환상을 갖고 있습니다. 당신은 이 문제에 관해 이미 많은 글을 쓴 바 있습니다. 이 자리에서는 당신과 레오니다스 돈스키스가 《도덕적 불감증》에서 이 문제를 다루었다는 사실만 언급하는 것으로 그치겠습니다.

우리는 가톨릭 신자들을 비신자들과 가르는 것을 너무 많이 보았습니다. 그런데 기억하시겠지만 이번 세기 초에 당신과 제가 《무엇이 우리를 일치로 이끄는가? 비신자들과의 대화》라는 책을 쓰면서 느꼈듯이, 그런 태도는 거의 쓸모없어 보였죠. 요즈음 이러한 의구심을 갖는 사람들이 아주 많아지고 있습니다. 이런 의구심을 가장 분명하게 표현한 인물은, 네덜란드 신학자인 한스 아드리안선스Hans Adriaansens의 제자로 1994년에 《유신론 이후After Theism》라는 유명한 에세이를 출간한 헨트 데 프리스Hent de Vries일 것입니다. 프리스는 2000년에 쓴 글에서 다음과 같이 말했습니다. "포스트 유신론post-theism이라는 용어와 현상은 현대 종교의 종언을 선언하는 것이 아니라, 고전 신학과 근대 종교학이 꿈꾸었을 것보다 훨씬 더 다루기 어려운 과제에 대한 지적 도전이자 학제 간 연구를 의미한다."[1]

이런 제안들이 이루어지고 난 뒤, 많은 시간이 흘렀습니다. 그러한 제안들의 결과, 신자들과 비신자들을 구분하고 대립시키는 낡은 전통을 그저 낡은 것이 아니라 완전히 해로운 것으로 보는 많은 저술이 출간되었습니다.[2] 《무엇이 우리를 일치로 이끄는가? 비신자들과의 대화》를 쓰기 위해 함께 작업할 때를 상기해보면, 당신은 우리가 함께 겪은 시대에 대해 저와 비슷한 견해를 갖고 있었습니다. 당시에 우리는 우리를 일치로 이끄는 많은 유대 관계를 발견했습니다. 서로 함께 발전시켜나갈 만한 훨씬 더 광범한 영역이 있다는 것을 발견했습니다. 그렇기 때문에 저는 암울한 현실 진단에서 멈추고 싶지 않습니다. 왜냐하면 당신처럼 저도 대안이 있다고 믿기 때문입니다. 저는 미래를 꿈꿀 수 있는 능력과 미래에 대한 전망이 지닌 변혁의 힘을 믿습니다. 역사에서 볼 수 있듯이, 그러한 전망은 때로 현실이 됩니다. 저는 그러한 전망을 공유하고 싶습니다. 제게도 꿈이 있습니다! 우리의 지금 여기에 관한 대화가 끝나가는 지금, 우리는 이제 그 꿈을 현실로 만들고 우리의 일상적 삶으로 구현할 때임을 밝히고 믿어야만 할 것입니다. 인종적 편견에 찌든 1960년대의 미국에서 흑인 목사가 사람들의 생각만이 아니라 법까지 바꿀 수 있었듯이, 오늘날 꿈을 가진 사람들도 대안적인 생각을 더 분명하게 표현할 수 있고, 표현해야만 하고, 정치가들만이 아니라 입법자들에게도 영향을 미칠 수 있고, 미쳐야만 합니다. 오늘이 아니라면 언제, 우리가 아니라면 누가 하겠습니까? 이를 위해 우리는 최선의 실천들을 참고해야 하고, 이제는 구호만 남고 지나간 일이 되어버린 1963년의 마틴 루서 킹의 연설 〈나는 꿈이 있습니다〉를 출발점으로 삼아야만 합니다. 그것은 몇 분간의 연설에 불과했지만, 미합중국의 역사상 가장 중요한 연설의 하나입니다. 1963년 8월 28일 대행진 끝에 워싱턴 광장에 모인 수십만 군중 앞에서 행해진 이 짧은 연설에서, 킹 목사는 배제와 굴욕 아래에 있는 사람들의 존엄성을 회복하는 데 기여하는 성서적 전통, 미합중국의 헌법, 마하트마 간디의 철학(폭압적인 상황에서도 대항 폭력을 배제하는 것)의 다양한 요소를 훌륭하게 결합시켰습니다.

이 위대한 연설에서 몇 대목만 살펴보겠습니다. 첫째, 킹은 불의에 대한 의식이 정의를 회복하는 과정에서 폭력으로 이어져서는 안 된다고 말합니다.

정의의 궁전으로 들어가는 문 앞에 선 여러분에게 꼭 하고 싶은 말이 있습니다. 우리의 정당한 자리를 찾으려는 과정에서 불법행위의 죄를 저질러서는 안 됩니다. 원한과 증오의 잔으로 자유에 대한 갈증을 채우려 하지 마십시오. 높은 수준의 품위와 규율을 잃지 않으면서 우리의 투쟁을 지속해나가야만 합니다. 전과는 전혀 다른 새로운 방식의 우리의 항의가 물리적 폭력으로 전락하게 해서는 안 됩니다. 거듭거듭 말하지만, 우리는 물리적 힘에 영혼의 힘으로 맞서는 위대한 단계를 향해 나아가야 합니다.[3]

킹에게 새로운 미래에 대한 위대한 꿈을 가능하게 하는 것은 저 영혼의 힘에 대한 의식이고, 이러한 의식은 모든 사람은 평등하다는 믿음에서 나옵니다.

나에게는 언젠가 이 나라가 일어나 "우리는 모든 인간이 평등하게 창조되었다는 것을 당연한 진리로 여긴다"는 신조의 진정한 의미를 실현하게 될 것이라는 꿈이 있습니다. 나에게는 언젠가 조지아의 붉은 언덕들에서 노예의 후손들과 노예 주인의 후손들이 형제애의 식탁에 함께 앉을 수 있으리라는 꿈이 있습니다.[4]

이 연설이 행해진 때는 현실이 평등의 꿈을 조롱하던 때였습니다. 바로 그런 시대에 이 연설은 행해졌습니다. 그의 말은 어떤 변화든 시도해봐야 한다는 생각조차 해본 적이 없는 정책 수립자들, 정치가들에게 전달되었습니다.

나에게는 꿈이 있습니다. 언젠가는 앨라배마 주가, '연방 정부 간섭 배제주의'와 '주 내 연방법 효력 거부'라는 단어들로 주 정부의 입술이 지금 흠뻑 젖어 있는 이 주가, 어린 흑인 소년·소녀들이 형제자매로서 어린 백인 소년·소녀들과 손을 잡고 함께 걸을 수 있는 곳으로 변화될 것이라는 꿈이 있습니다. 오늘 나에게는 꿈이 있습니다! 언젠가 모든 골짜기가 높아지고, 모든 언덕과 산이 낮아지고, 울퉁불퉁한 곳이 평지가 되고, 굽은 곳이 곧아지고, 하느님의 영광이 드러나 모든 인간이 함께 그것을 목격하게 될 것이라는 꿈이 있습니다.

마틴 루서 킹의 꿈은 현실이 되었습니다. 1960년대의 꿈은 미 합중국만 바꾸어놓은 것이 아닙니다. 학생운동의 물결은 서구 세계의 대학 생활만 바꾸어놓은 것이 아닙니다. 많은 지식인이 대학생들과 보조를 함께했습니다. 예를 들어 미셸 드 세르토Michel de Certeau〔1925~1986년. 프랑스의 예수회원. 학자〕는 프랑스 혁명 때처럼 거리가 '말을 장악했다'고 생각했습니다. 말은 주된 수행적 기능을 발견했습니다. 말한다는 것은 곧 현실에 영향을 미치는 것이었습니다. 지그문트 씨께서도 이 시대를 직접 경험해서 잘 알고 계시죠.

가슴 설레는 이야기가 아닐 수 없습니다. 물론 모든 사람이 당시의 학생운동을 좋아했던 것은 아닙니다. 오늘날까지도 자신들의 머릿속에서만이 아니라 역사의 장에서도 완전히 지워버리고 싶을 만큼 당시에 겪은 일들을 대단히 고통스러운 기억으로 간직하고 있는 사람들이 있습니다. 이것은 변화입니다. 그것도 일회적인 변화가 아니라 끊임없는 변화입니다. 당신의 표현으로 하면, 액체성이죠. 당신의 책들 때문에 일상 어휘가 되었을 뿐만 아니라 우리 자신과 세계에 대한 우리의 인식에 돌이킬 수 없는 영향을 준 바로 그 액체성 말입니다. 그것은 또한 우리 삶의 성가신 짐들을 변화시킬 수 있는 능력입니다. 아니, 어쩌면 이 능력이 가장 중요할 것 같습니다. 어쨌건 세상이 달라지고 더 나아지게 되는 것은 다름 아닌 액체성과 변화 능력 때문입니다. 종교적 근본주의는 최종 결정권을 갖고 있지 않습니다. 그렇기는커녕 종교적 근본주의의 비정상적이고 살인적인 발작들은 소멸을 향한 돌이킬 수 없는 몰락의 표현입니다. 변화의 방향을 결정하는 것은 분파주의와 분열이 아니라 대화와 공통점 찾기입니다. 저는 기독교 교파들 사이에서 급속히 확산되고 있는 세계교회운동과 빠른 속도로 결실을 낳고 있는 종교 간 대화에서 그러한 가능성을 봅니다. 이것은 단지 희망적인 관측이 아닙니다. 제가 보기에 우리는 사실상 '제2차 축의 시대'에 살고 있고, 따라서 전 지구적인 차원에서의 인간 이해를 추구하고 있다고 믿을 만한 현상이 세계 곳곳에서 출현하고 있습니다. 그렇다고 해서 제가 차이를 외면하고 있는 것은 아닙니다. 우리는 차이에 관해 많은 이야기를 하지 않았습니까? 그러나 차이는 결정적인 것이 아닙니다. 차이는 훨씬 더 큰 이해에 이르기 위한 배경일 뿐입니다.

끝으로, 우리가 함께 작업하고 있는 이 책과 관련해 이야기할 것이 있습니다. 이 책은 당신이 참여한 많은 공동 저서 중의 하나입니다. 당신이 했던 공동 작업은 대화 의지가 있는 사상가의 특징일 뿐만 아니라 대화를 통해 자신의 사상 체계를 만들어가는 사람의 징표라고 할 수 있습니다. 그것은 체계에 대한 반감의 공개적 선언이라고 할 수 있습니다. 당신이 공동 저술한 책들은 대화 당사자들이 어떻게 끝날지도 모르고 다음에 어떻게 이어질지도 예상할 수 없는 대화에서 탄생했습니다. 이렇듯 미리 알 수 없는 것이 바로 대화의 매력이자 가치입니다. 우리 문명의 지적 모험은 소크라테스의 대화와 우리가 가질 수 있는 유일한 확신은 무지無知의 지知라는 믿음에서 출발했습니다. 당신과 함께 작업한 공동 저자들은 당신과 상당히 비슷한 생각을 갖고 있는 사람들이었습니다. 아마 그들은 자신들의 신념이 옳다는 확인을 받고 싶었을 것입니다. 서로 의견이 다른 점도 있었고 주장들을 완전히 확신한 것도 아니었지만, 우리 또한 그들과 마찬가지라고 할 수 있습니다. 저는 우리 둘이 나눈 대화 덕분에 헨트 데 프리스와 그가 주도하는 국제적 연구 팀 같은 종교 연구자들의 최신 성과들을 접할 수 있었습니다. 제가 보기에는 피터 버거Peter L. Berger도 비슷한 생각을 갖고 있습니다. 그는 정교분리의 원칙을 고수하고 장려하는 것을 포기했습니다. 그는 모두를 위한 최선의 해결책은 위르겐 하버마스Jürgen Habermas나 마크 위르겐스마이어Mark Juergensmeyer처럼 다원주의에 동의하는 것이라는 점을 이해했습니다. 하버마스는 종교인들이 정교분리의 원칙을 지지하는 사람들에게 말해줄 중요한 것을 가졌을 수 있다고 보았고, 마크 위르겐스마이어와 그의 동료들은 사회학과 신학이 서로 배타적일 필요가 없는 상보적 영역이기 때문에 사회학자들이 신학에서 많은 것을 배울 수 있다고 보고 사회신학이라는 새로운 개념을 제안했습니다. 이런 사례는 얼마든지 제시할 수 있습니다. 학자들만이 아니라 참고할 만한 저술도 얼마든지 제시할 수 있습니다. 저는 우리의 대화를 통해 이것이 그저 이론이기만 한 것이 아니라 진정한 실천이기도 하다는 것을 깨달았습니다. 즉, 그것은 현재 진행되고 있는 종교 연구에서 일어나고 있는 변화에 대한 기술이기도 합니다. 한스 게오르그 가다머는 지적 영역에서만이 아니라 단순한 삶의 영역에서도 지평들의 융합이 필요하다고 말했는데, 바로 이것이 그에 해당하는 것이 아닐까요? 제가 보기에는 당신과 함께 정체성의 문제와 위험에 관해 다룬 베네데토 베치Benedetto Vecchi도 같은 생각을 갖고 있는 것 같습니다. 당신과 함께 당신의 사상의 배경에 대해 이야기를 나눈 로만 쿠비츠키Roman Kubicki와 안나 자이들러 야니셰프스카Anna Zeidler-Janiszewska, 당신과 함께 당신의 사회학적 작업의 비결을 두 차례나 분석한 바 있는 키스 테스터Keith Tester, 당신과 함께 국가의 위기를 진단한 카를로 보르도니Carlo Bordoni, 당신과 함께 시간에 관해 논의한 시탈랄리 로비로사 마드

라조Citalali Rovirosa-Madrazo, 당신과 함께 상시 감시의 빅브라더의 비전이 얼마나 일상이 되었는가를 이야기한 데이비드 라이언David Lyon도 마찬가지입니다. 마지막으로 당신과 함께 잃어버린 순수, 더 정확히 말하면 우리 시대의 도덕적 불감증에 관해 논한 레오니다스 돈스키스도 같은 생각을 갖고 있습니다. 우리의 지금 여기를 볼 수 있게 해주었고, 우리로 하여금 자신 있게 미래를 바라볼 수 있게 하는 것은 과거입니다. 솔직한 대화를 통해 서로에 대해 많은 것을 알게 된다면, 대화는 나눌 만한 가치가 있고 필요한 것이기 때문입니다.

우리가 서로 다를 때는 특히 그렇습니다. 아니, 사실은 서로 다른 것이 아니라 서로 다르다고 생각만 하는 것인지도 모릅니다. 그렇다면 그러한 환상은 그에 맞서 싸울 때만 떨쳐버릴 수 있습니다.

주

1장 | 고독한 방랑자들의 몽상

1   *The Pleasure of Revenge: A Social History of Genocidal Mobilization*, Warsaw: Wydawnictwo Naukowe Scholar, 2013.

2   'No peace between the nations without peace between the religions': Global Ethics Foundation, www.weltethos.org/data-en/c-10-stiftung/10a-definition.php.

3   Paul Connerton, *How Societies Remember*, Cambridge University Press, 1989 ; Connerton, *How Modernity Forgets*, Cambridge University Press, 2009.

4   Karl Jaspers, *Vom Ursprung und Ziel der Geschichte*, Hamburg: Fischer Bucherei, 1955[1949].

5   '아쿠닌'은 러시아 작가 그리고리 샬보비치 치하르티시빌리(Grigory Shalvovich Chkhartishvili)의 필명이다. 작품 장르에 따라 '아나톨레 브루시킨(Anatole Brusikin)', '안나 보리소바(Anna Borisova)'라는 필명을 쓰기도 한다.

6   Ignacy Karpowicz, *Bones*, Kraków, 2013.

7   Alasdair MacIntyre, *After Virtue: A Study in the Theory of Morality*, 3rd edition, University of Notre Dame Press, 2007.

8   Ibid.

9   Andrzej Werblan, *Stalinism w Polsce(Stalinism in Poland)*, Warsaw: Towarzystwo Wydawnicze I Literackie, 2009.

10   Christopher Lasch and Cornelius Castoriadis, *La culture de l'égoisme*, Paris: Flammarion, 2012, pp. 29-30.

11   Hans Jonas, *Philosophical Essays: From Ancient Creed to Technological Man*, Englewood Cliffs: Prentice Hall, 1974, ss. 176, 178.

12   Jean Claude Michea, *L'empire du moindre mal: essai sur la civilisation libérale*, Paris: Flammarion, 2007, p. 54

13   Ireneusz Krzemiński, *Solidarity: The Unfulfilled Project of Polish Democracy*, Gdańsk, 2013, p. 560.

14   Jan Pasek, *Diaries*, Wrocław, 1979, p. 38.

2장 | 얽히고설킨 정체성

1   Maria Bobrownicka, *Narkotyk mitu. Szkice o świadomości narodowej I kulturowej Słowian zachodnich i południowych*(The Myth Drug: Studies of National and Cultural Consciousness of Western and Southern Slavs), Kraków: Universitas, 1995, p. 24.

2   Ibid., p. 90.

3   Maria Bobrownicka, *Patologie tożsamości narodowej w postkomunistycznych krajach słowiańskich*(Pathologies of National Identity in Post-Communist Slav Countries), Kraków: Universitas, 2006, p. 121.

4   Paul Connerton, *How Societies Remember*, Cambridge University Press, 1989, p. 41.

5   Aleksander Hertz, *Wyznania starego człowieka*(Confessions of an Old Man), Warsaw: Państwowy Instytut Wydawniczy, 1991, p. 169.

6   Maciej Stasinski, 'The Gate Keeper from Lublin', *Gazeta Wyborcza*, 8 August 2013.

7   Izabela Skórzyńska, 'Teatr-bohater pogranicza wschodniego doby transformacji'('Theatre-its Role in the Transformation of the Eastern Borderland'), in *Historia-Pamięć-Tożsamość: postaci upamiętniane przez współczesnych mieszkańców różnych części Europy*(History-Memory-Identity: Character Commemorated by the Modern Inhabitants of Different Parts of Europe), ed. Maria Kujawska and Bogumił Jewsiewski, Poznań: Wydawnictwo Instytutu Historii UAM, 2006, p. 155.

8   François Hartog, *Regimes d'historicité: Présentisme et expérience du temps*, Paris: Seuil, 2003 ; 여기에 실려 있는 대목은 폴란드어 번역본에서 인용한 것이다. 'Reżimy historyczności', in *Historia – Pamięć-Tożsamość: postaci upamiętniane przez współczesnych mieszkańców różnych części Europy*, ed. Maria Kujawska and Bogumił Jewsiewski, Poznań: Wydawnictwo Instytutu Historii UAM, 2006, p. 25.

9   여기에 실린 대목은 폴란드어 번역본에서 인용한 것이다.: Milan Kundera, *Zdradzone testamenty (Testaments Betrayed)*, trans. Marek Bieńczyk, Warsaw PIW, 1996, p. 212.

10 www.ncregister.com/blog/edward-pentin/pope-francis-calumny-is-of-the-devil.

11 Hannah Arendt, *Men in Dark Times*, New York: Harcourt Brace & Co., 1983[1968].

12 Arendt, 'Bertolt Brecht 1898-1956', ibid.를 보라.

13 Bertolt Brecht, 'To Posterity', in *Selected Poems of Bertolt Brecht*, trans. H. R. Hays, New York: Grove Press, 1959, p. 173.

14 www.vatican.va/holy_father/francesco/cotidie/2013/it/papa-francesco-

cotidie_20130415_calunnia_it.html.

15 www.cittanuova.it/c/430465/Le_proposte_di_Francesco_alla_societ_liquida.html.

16 Martin Buber, *Die Erzählungen der Chassidim*, Zurich: Manesse, 1949, p. 793.

17 *On Heaven and Earth: Pope Francis on Faith, Family, and the Church in the Twenty-first Century*, trans. Alejandro Bermudez and Howard Goodman, New York: Image Books, 2013.

18 Andrzej Stasiuk, 'Hibernatus', *Tygodnik Powszechny*, 5 August 2013.

19 www.vatican.va/lumen-fidei/en/html/44(공식적으로 발표된 회칙의 34조와 표현은 약간 다르지만, 의미는 같다).

20 www.vatican.va/lumen-fidei/en/html/74(공식적으로 발표된 회칙의 55조와 표현은 약간 다르지만, 의미는 같다).

21 Bruno Latour, *Sur le culte moderne des dieux faitiches*, Paris: La Découverte, 2009 ; Alf Hornborg, Global Ecology and Unequal Exchange: Fetishism in a Zero-Sum World, London: Routledge, 2012.

22 이 통계 수치는 특히 가톨릭교회에 관심이 있는 에스파냐 매체에 실린 것이다. 예를 들어 Jose Manuela Vidala는 2009년에 다음과 같이 썼다. 'En números redondos, serían unos 5.500 curas. Sólo en España. En todo el mundo se calcula que el número de los curas casados podría rondar los 150.000': www.elmundo.es/demundo/2009/09/29/espana/1254237920.html.

23 지그문트 바우만과의 개인적 서한.

24 지그문트 바우만과의 개인적 서한.

3장 | 지금 여기

1 www.repubblica.it/cultura/2013/10/01/news/pope_s_conversation_with_scalfari_english-67643118.

2 Ibid.

3 http://americamagazine.org/pope-interview.

4 Gazeta Wyborcza, 4 September 2013, http://wiadomosci.gazeta.pl/wiadomosci/1,114871,14719496,Papiez__Kosciol_musi_wyrzec_sie_swiatowosci__proznosci_.html.

5 *Corrupción y pecado*, Buenos Aires: Editorial Claretiana, 2005.

6 'Against Hatred', *Gazeta Wyborcza*, 18 September 2009.

7 'Social monad', *Etyka*, 36, 2003, pp. 107-113.

8   Jorge Bergoglio and Abraham Skórka, *On Heaven and Earth: Pope Francis on Faith, Family, and the Church in the Twenty-first Century*, trans. Alejandro Bermudez and Howard Goodman, New York: Image Books, 2013.

9   Ernesto Sabato, *Uno y el Universo*, Mexico: Barcelona-Caracas, n. d., p. 7 ; Bergoglio and Skórka, On Heaven and Earth, p. 6.

10   Sabato, *Uno y el Universo*, p. 7.

11   Bergoglio & Skórka, *On Heaven and Earth*, p. 9.

12   Ibid., p. 11.

13   Ibid., p. 12.

14   Ibid., p. 25.

15   Ibid., p. 237.

16   Giulio Brotti, 'L'illusione di una felicità solubile'('The Illusion of Instant Happiness'), interview with Zygmunt Bauman, L'Osservatore Romano, 20 September 2013, p. 5; translated from *Gazeta Wyborcza*, 26-27 October 2013.

17   Barbara Skarga, 'Gadamer', in *Człowiek to nie jest piękne zwierze(Man is not a Pretty Beast)*, Kraków: Znak, 2007, p. 204.

18   Skarga, 'Social Monad', in *Man is not a Pretty Beast*, p. 109.

19   Skarga, 'Gadamer', p. 208.

20   Mirosław Konkiel, 'Ilu przyjaciół potrzebuje człowiek?', www.Focus.pl.

21   Andrzej Walicki, 'Neoliberalna kontrrewolucja'('Neoliberal counterrevolution)', *Gazeta Wyborcza*, 29 November 2013.

22   Karol Modzelewski, *Zajeździmy kobyłę historii. Wyznania poobijanego jeźdźca(We'll Ruin the Jade of the Past: Confessions of a Battered Rider)*, Warsaw: Iskry, 2013.

23   Wiesław Mysliwski, *Ostatnie rozdanie(The Last Deal)*, (Kraków: Znak, 2013), p. 304.

24   Ibid., p. 358.

25   Ibid., p. 23.

26   Ibid., p. 21.

27   Ibid., p. 29.

28   Ibid., p. 24.

29   Ibid., p. 157.

30   Ibid., p. 310.

31   Ibid., p. 379.

32 Ibid., p. 405.

33 Ibid., p. 7.

34 Ibid., pp. 6, 33-34.

35 http://forum.liceum36.pl/pomoce/lektury/tango_mrozek.htm.

36 지그문트 바우만과의 개인적 서한.

37 Hannah Arendt, *The Origins of Totalitarianism*, London: Andre Deutsch, 1973, p. 328.

38 Speech, House of Commons, 18 November 1783.

39 Akunin[Chkhartishvili], *Aristonomia*, Moscow, Zakharov, 2012, p. 206.

40 Ibid., p. 207.

41 Ibid., p. 539.

42 Ibid., p. 540.

43 지그문트 바우만과의 개인적 서한.

44 Modzelewski, *Zajeździmy kobyłę historii. Wyznania poobijanego jeźdźca(We'll Ruin the Jade of the Past: Confessions of a Battered Rider).*

45 John W. O'Malley, *Trent: What Happened a the Council*, Cambridge, MA: Harvard University Press, 2013.

46 http://en.wikipedia.org/wiki/John_Amos_Comenius를 참고할 것. "1655년 북방전쟁 동안에, 그는 프로테스탄트인 스웨덴인들에 대한 지지를 선언했다. 그 때문에 폴란드의 저항군들은 1656년에 그의 집과 원고, 인쇄기를 불태워 버렸다."

47 http://saltednotion.wordpress.com/2013/12/13/postmodern-heroism-in-elementary//more-361.

48 'Elementary'; première on CBS channel, 27 September 2012.

49 'cosmic po-po'는 미국에서 쓰이는 속어로서 '없는 데가 없는 경찰'을 뜻하기도 하고 '엄청난 분노, 짜증, 마음의 상처, 모욕'을 뜻하기도 한다.

50 www.faculty.umb.edu/adam_beresford/courses/phil_100_11/reading_apology_of_socrates.pdf.

51 *Krytyka Polityczna*, www.krytykapolityczna.pl/.

52 http://m.krytykapolityczna.pl/artykuly/opinie/wo131221/letowska-w-polsce-prawo-sluzy-tylko-silnym.

53 Ibid.

54 Tadeusz Kowalik, *From Solidarity to Sellout: The Restoration of Capitalism in Poland*, trans. Eliza Lewandowska, New York: Monthly Review Press, 2011.

55 www.przeglad-tygodnik.pl/pl/artykul/wrogie-panstwo-opiekuncze.

56 Ibid.

57 Ibid.

58 www.rmf24.pl/raport-boze-narodzenie/najnowsze-fakty/news-pierwsza-pasterka-papieza-franciszka-w-watykanie,nId,1080615.

결론을 대신해서

1 Hent de Vries, 'Philosophy and the Task of Contemporary Comparative Religious Studies', in *Post-Theism: Reframing the Judeo-Christian Tradition*, ed. Henri A. Krop, Arie L. Molendjik, and Hent de Vries, Leuven: Peeters Publishers, 2000, p. 550.

2 대표적인 예로 《종교: 개념을 넘어Religion: Beyond a Concept》, ed. Hent de Vries, New York: Fordham University Press, in 2008을 들 수 있습니다. 천 페이지에 이르는 이 대작은 종교 연구에 대한 우리의 사고방식을 근본적으로 바꾸어 놓을 것이 분명합니다. 아마 종교 자체에 대한 이해도 변화시킬 것입니다.

3 www.archives.gov/press/exhibits/dream-speech.pdf, p. 3.

4 Ibid.